朝日新書
Asahi Shinsho 784

キリギリスの年金

統計が示す私たちの現実

明石順平

朝日新聞出版

はしがき

本書は、公的年金（国民年金、厚生年金）の財政（資金繰り）に焦点を当てた本です。年金について書いた本の中には、楽観的なもの、悲観的なもの、様々あると思います。この本は容赦なく現実を書いた本ですので、最も悲観的な本と言ってよいかもしれません。

私は、楽観的な未来を信じて悲惨な目に遭うよりは、悲観的な未来を知った上で今自分がどうするのかを判断したいと考える方です。したがって、どんなに悲観的で不都合な未来であっても、正面から受け止めたい、と思っています。

公的年金が現在どのような財政状態であり、将来についてどのような予想に基づいて運営されているのかを知った時、本当に驚くと思います。この本のタイトルがなぜ「キリギリスの年金」なのかも、読んだ後に理解できることでしょう。

「不安を煽《あお》るな！」と言われそうですが、私はそういった言葉を意に介しません。「不安を煽るな！」は日本人の思考停止スイッチを押す魔法の言葉であり、この言葉のせいで様々なことが先送りにされてきました。年金もそうです。「負担の増大」という見たくない現実から逃げ続けてきたことにより、異常な状況になっています。

私は現在35歳。私が高齢者になる頃には、確実に年金支給開始年齢は70歳に引き上げられているでしょう。75歳になっている可能性すらあります（なお、２０２０年５月29日に成立した年金制度改正法〔正式名称：年金制度の機能強化のための国民年金法等の一部を改正する法律〕により、支給開始年齢を最大で75歳まで遅らせて、その分支給額を多くすることを受給者の側で選択可能な制度にはなっています。この制度の適用は２０２２年４月１日からであり、現状では70歳まで遅らせることが可能です）。つまり、私はあと35〜40年間は年金保険料を負担する側になります。そして、そんなに長期間、不都合なことを先送りにすることはできません。だから私はどんなに不都合な現実でもそれを受け止め、対処しなければならないと考えています。

なお、「年金が将来もらえなくなるのではないか」という不安をよく聞きますが、たしかに原則の支給開始年齢が70歳や75歳にまで引き上げられれば、その前に亡くなる方も増えます。そういう意味では、もらえなくなる人が増えるとは言えるでしょう。しかし、支給開始年齢に達した人に対する支給額そのものはゼロにはなりません。額がどんどん削られていくだけです。それはこの本を読めば分かります。

キリギリスの年金

統計が示す私たちの現実

目次

第4章 アベノミクスと年金 133

第5章　MMTと年金　189

図表作成　朝日新聞メディアプロダクション

第1章　老後2000万円問題

世間を騒がせた報告書

令和元年6月3日、「金融審議会　市場ワーキング・グループ報告書『高齢社会における資産形成・管理』」と題する書面が公開されました。この報告書の16～17頁にこんな記載があります。

「(2)で述べた収入と支出の差である不足額約5万円が毎月発生する場合には、20年で約1、300万円、30年で約2、000万円の取崩しが必要になる。支出については、特別な支出(例えば老人ホームなどの介護費用や住宅リフォーム費用など)を含んでいないことに留意が必要である。」

これが「老後2000万円問題」などと言われ、大騒ぎになった発端となったものです。あまりにも国民の反響が大きかったため、麻生太郎財務・金融相は、同月11日の閣議後の記者会見において、「正式な報告書としては受け取らない」と言ってしまいました。

報告書の内容に戻りましょう。ここで「(2)で述べた収入と支出の差である不足額約5万円」と言っているのは、厚生労働省「第21回　市場ワーキング・グループ」にて提出された資料記載の数字を根拠にしています。当該資料から、図を引用します(図1-1)。

図 1-1 高齢夫婦無職世帯の収入・支出

・引退して無職となった高齢者世帯の家計は、主に社会保障給付により賄われている。

・高齢夫婦無職世帯の実収入と実支出との差は、月5.5万円程度となっている。

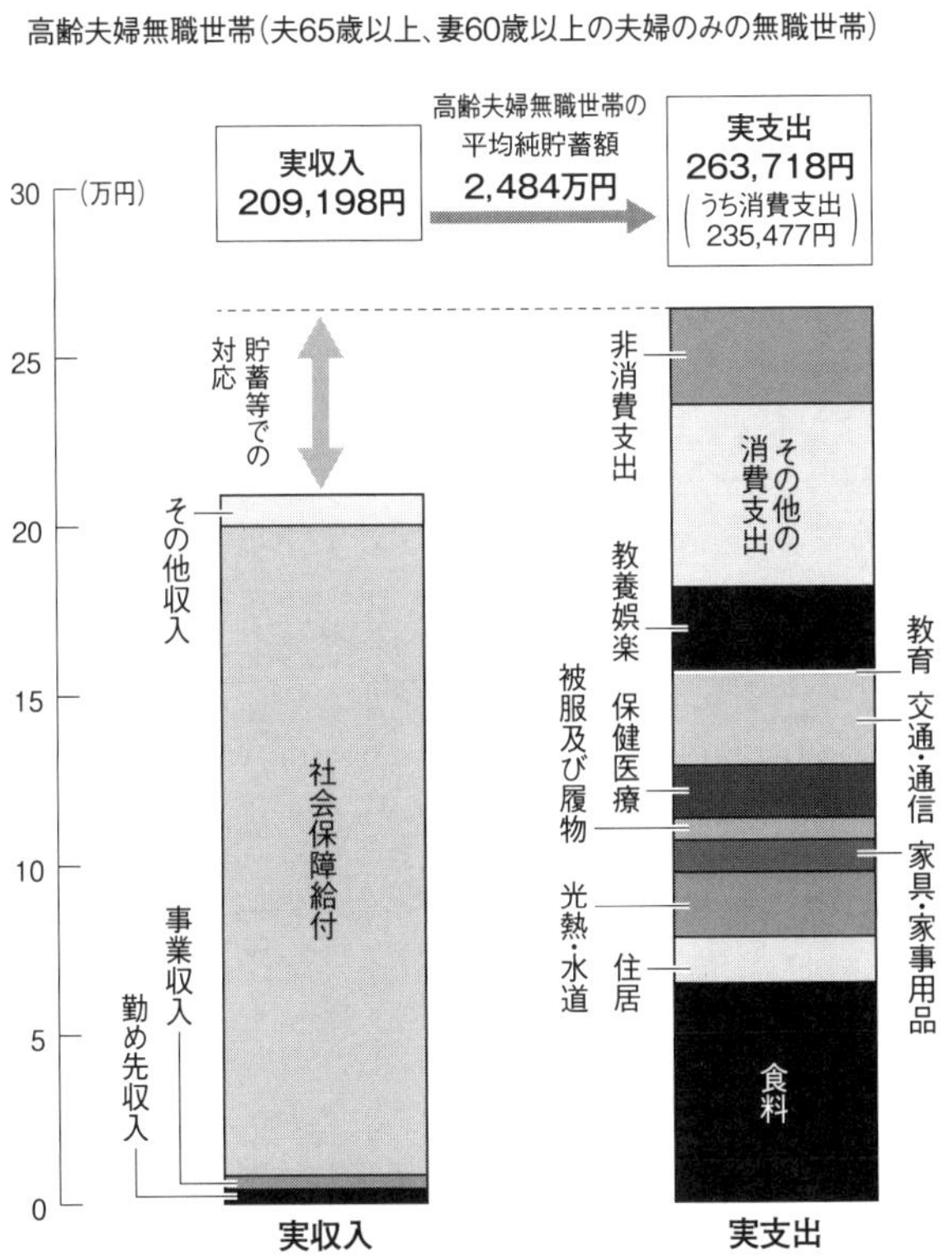

出典:厚生労働省 提出資料「iDeCoを始めとした私的年金の現状と課題」（2019年4月12日 厚生労働省年金局 企業年金・個人年金課）

この図によれば、平成29年（2017年）高齢夫婦無職世帯の一カ月の平均実支出は26万3718円、一方、平均実収入は20万9198円です。その差は5万4520円。これを根拠に、報告書は「赤字約5万円」と言っています。そして、30年これが続く場合、5万4520×12×30＝1962万7200円。つまり、約2000万円ということになります。なお、報告書も指摘しているとおり、**これは、介護費等の特別な支出を含んでいません**。大きな病気をして医療費がかさんだり、寝たきりになって介護費用がかかる場合には、2000万円を大きく超えてしまうでしょう。また、図を見る限り、住宅ローンの返済も入っていません。したがって、住宅ローンの返済を既に終えている人が前提になっていると言えます。

この「2000万円」という数字は、どれくらいの人に当てはまるのでしょうか。

高齢夫婦無職世帯の割合

厚生労働省「国民生活基礎調査」において、図1-1と同じ年である平成29年（2017年）の65歳以上の高齢者がいる世帯の割合を見てみると（図1-2）、夫婦のみの世帯は32・5%です。高齢夫婦無職世帯はこの中に含まれますが、それ以外の方はここに含まれません。つまり、先ほどの報告書に記載されていた試算は、**65歳以上の高齢者がいる世帯のうち、70%近くには当てはまらない**ことになります。ただ、親と未婚の子のみの世帯や、三世代世帯は、ほとんど

図 1-2 65歳以上の高齢者がいる世帯の内訳（2017年）

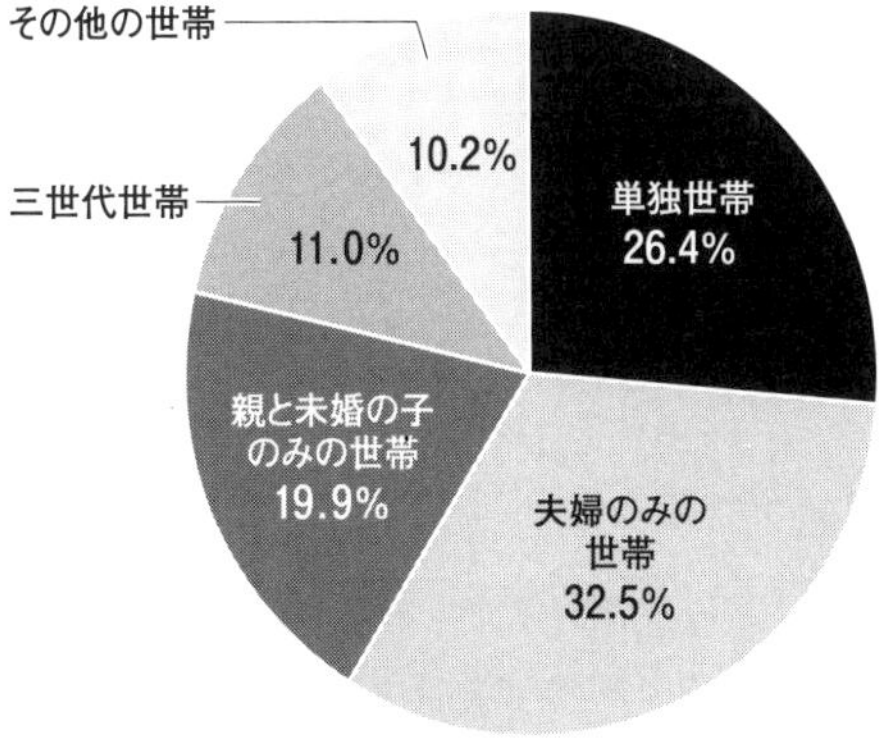

出典:厚生労働省「平成29年　国民生活基礎調査の概況」(「65歳以上の者のいる世帯の世帯構造の年次推移」)をもとに作成

の場合、高齢者以外の収入もあるでしょうから、生活費の負担は他の種類の世帯と比べて軽いでしょう。問題は単独世帯です。**ここが26・4%もあります。**夫婦2人で暮らしていれば、妻の分の年金も入ってきますし、1人暮らしよりも2人暮らしの方が1人当たりの生活費を抑え込めます。単独の場合は年金収入も減る上、生活費も2人暮らしよりは1人で負担する額が大きくなります。

　この単独世帯の割合ですが、今後増えていくでしょう。結婚しない人が増えているからです。内閣府「少子化社会対策白書」にて公表されている50歳時の未婚割合を見ると、男性・女性共に上昇しており、将来的には男性で30%近く、女性で20%近くにまで上昇します（図1－3）。

図 1-3　50歳時の未婚割合の推移と将来推計

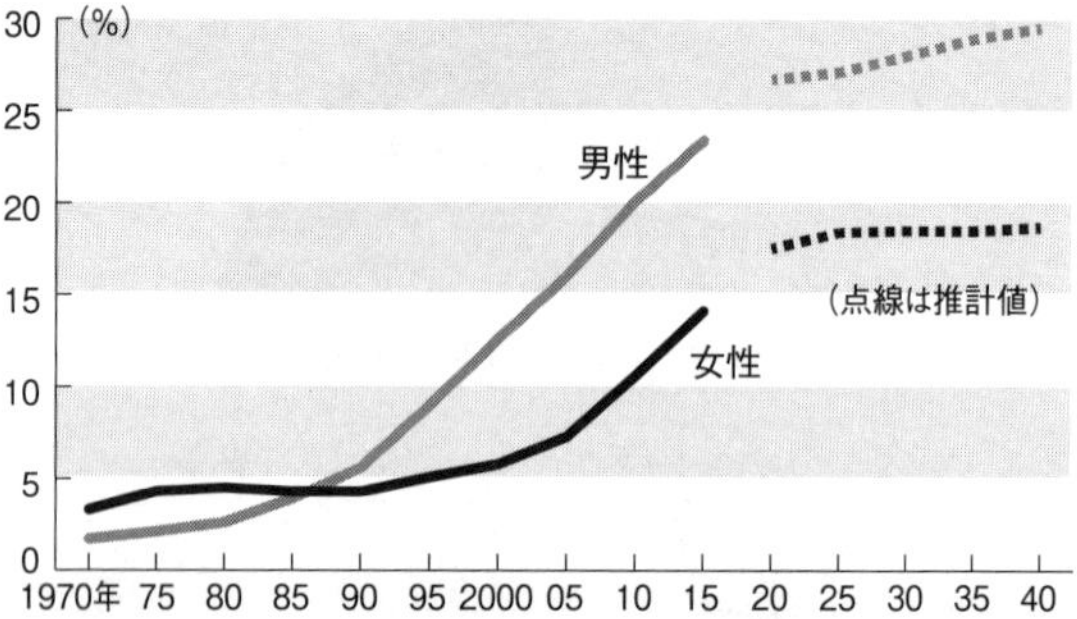

資料:1970年から2015年までは各年の国勢調査に基づく実績値(国立社会保障・人口問題研究所「人口統計資料集」)、2020(令和2)年以降の推計値は「日本の世帯数の将来推計(全国推計)」(2018年推計)より、45〜49歳の未婚率と50〜54歳の未婚率の平均値。

出典:内閣府「令和元年版　少子化社会対策白書」「第1部 少子化対策の現状(第1章 3)」

預貯金が2000万円ある人はどれくらいいるのか

総務省統計局「家計調査年報」2018年版によると、2人以上の高齢者世帯（世帯主が60歳以上の世帯）の貯蓄現在高階級別の世帯分布は図1－4のとおりです。

これによると、平均値は2284万円です。しかし、平均値というのは、一部貯蓄が多い人がいると大きく上がってしまいますので、この場合は中央値（貯蓄「0」世帯を除いた世帯を貯蓄現在高の低い方から順番に並べたときに、ちょうど中央に位置する世帯の貯蓄現在高）を見るのが適切です。**中央値は1515万円です。**しかも、これは**「2人以上の世帯」**です。単独世帯につ

図1-4 高齢者世帯の貯蓄現在高階級別世帯分布（二人以上の世帯、2018年）

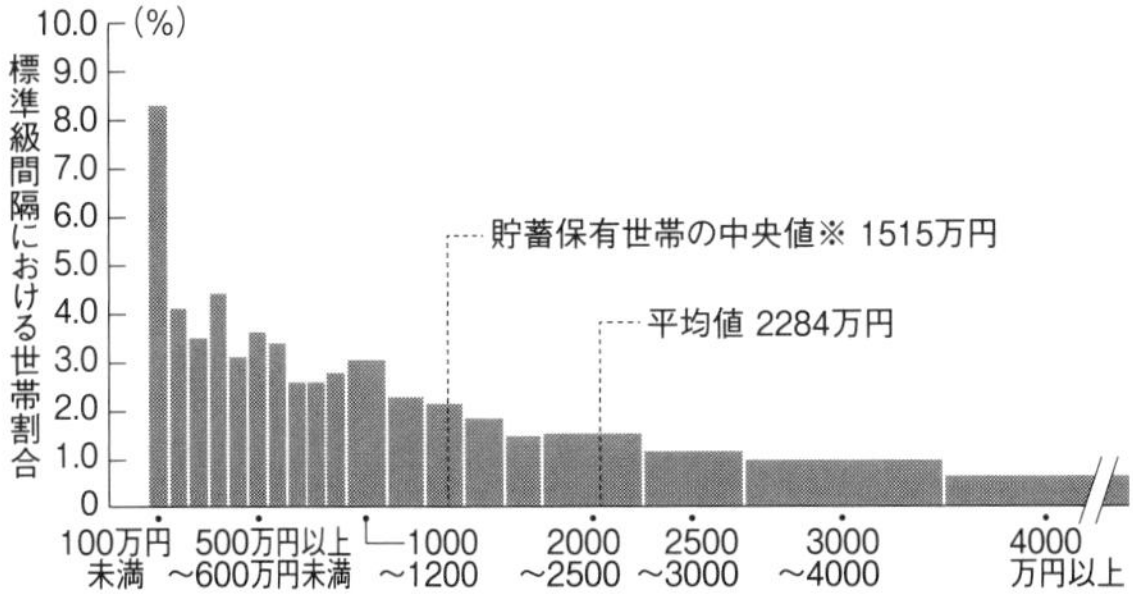

標準級間隔100万円（1000万円未満）の各階級の度数は縦軸目盛りと一致するが、1000万円以上の各階級の度数は階級の間隔が標準級間隔よりも広いため、縦軸目盛りとは一致しない。※貯蓄保有世帯の中央値とは、貯蓄「0」世帯を除いた世帯を貯蓄現在高の低い方から順番に並べたときに、ちょうど中央に位置する世帯の貯蓄現在高をいう。

出典：総務省統計局「家計調査年報（貯蓄・負債編）2018年（平成30年）貯蓄・負債の概要」〔Ⅲ.世帯属性別にみた貯蓄・負債の状況〕

いてはデータが無いので分かりません。単独の場合は、前述のとおり、入ってくる年金も夫婦2人の場合に比べて少なくなるので、貯金が減る速度が速いでしょう。そうすると、貯金額は確実に下がります。さらに、この図の数字を足し合わせていくと、**貯蓄2000万円未満の世帯の割合は60・1%**です。「貯蓄2000万円」というのはかなり恵まれている方と言ってよいでしょう。

　この貯金額ですが、将来的にはさらに減っていくと思います。可処分所得（給料から税・社会保険料を差し引いた収入）が減っているからです。これは、賃金が長期的な下落傾向にあることが一番大きく影響していますが、高齢者の増大に伴い、税・社会

図 1-5　1世帯当たり年平均1か月間の収入と支出
二人以上の世帯のうち勤労者世帯

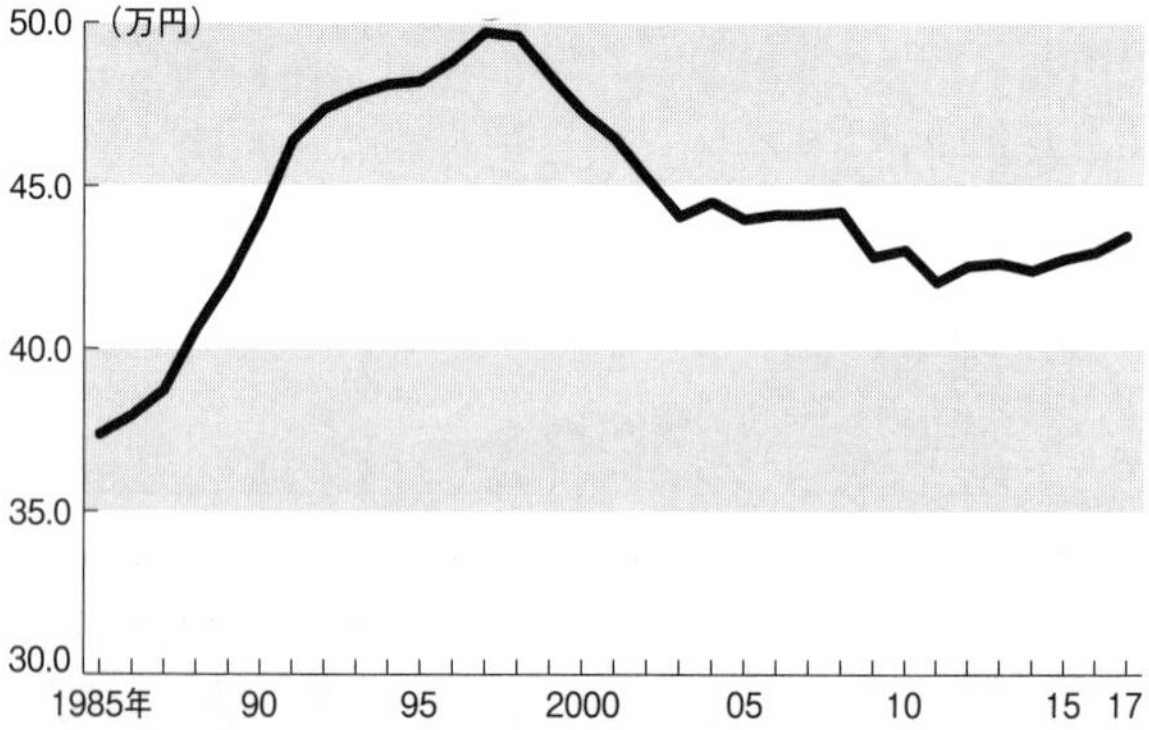

出典:総務省統計局「家計調査(家計収支編)調査結果」〔過去に制作していた結果表(二人以上の世帯)〕より作成

保険料の負担も増えていくことも影響しています。推移を見てみましょう（図1－5）。

　2人以上の世帯のうち勤労者世帯で見てみると、可処分所得は、1997年に49万7036円でピークを迎えてから、2003年まで大きく下落し、そこからはおおむね横ばいになっています。2017年の時点では43万4562円ですから、1997年と比べると、**約13％**も落ちています。なお、2018年以降については、調査に用いる家計簿の様式を変えたせいで、大きく数字がかさ上げされてしまったため、過去のデータとの連続性が欠けています。したがって、ここでは用いていません。

　この統計も2人以上の勤労者世帯ですから、単独世帯ではもっと数字が下がります

図 1-6　男性の賃金カーブ

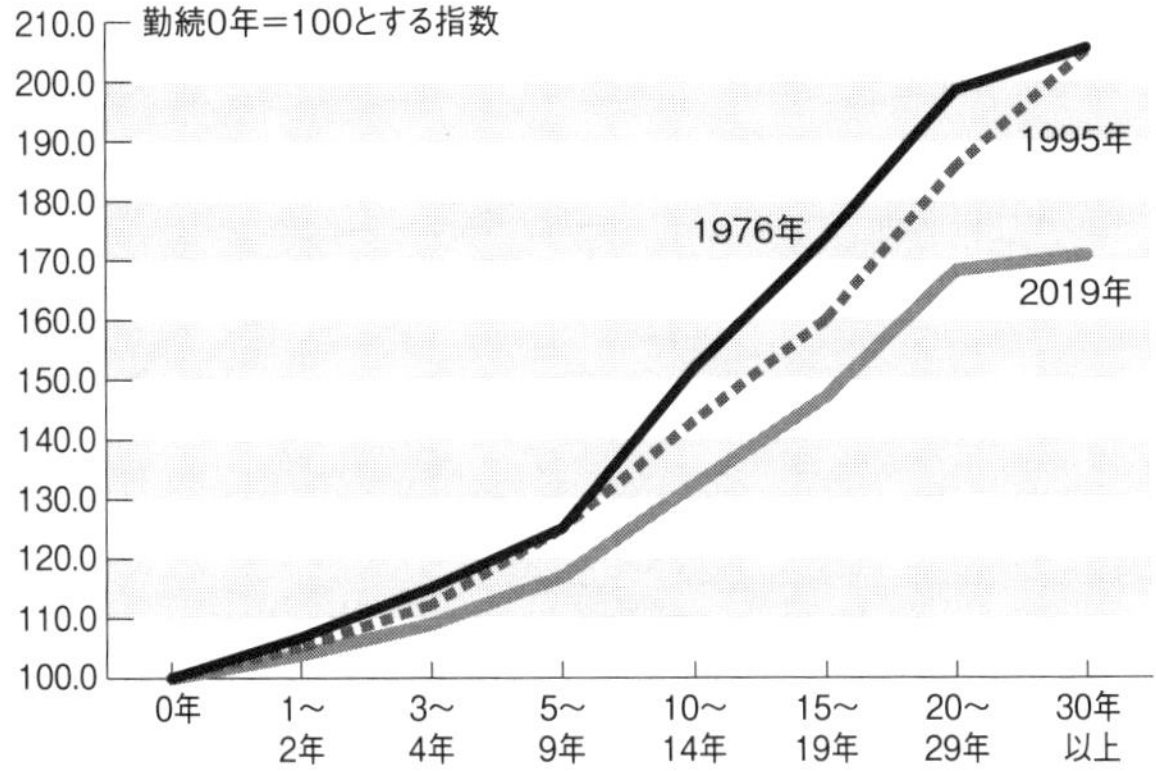

出典:独立行政法人 労働政策研究・研修機構「早わかり グラフで見る長期労働統計」（性別、勤続年数階級による賃金カーブ〔所定内給与額〕）より作成

（なお、単独世帯のみの長期時系列データはありません）。

もう一つ、賃金カーブも見てみましょう。これは勤続０年、つまり入社時の給料を１００とした場合に、平均的にいってどれくらい給料が上がっていくのかをグラフにしたものです（図１－６）。１９７６年、１９９５年、２０１９年の賃金カーブを比較します。まず男性の賃金カーブを見ると、１９７６年は勤続30年以上で２０５・５、つまり、給料が2倍以上になっています。１９９５年も２０５ですからほぼ同じです。ところが、２０１９年になると賃金カーブが全体的に大きく下がっており、勤続30年以上で１７０・７です。２０１９年の賃金カーブは、１９７６年・１９９５年と比べ、

図 1-7 女性の賃金カーブ

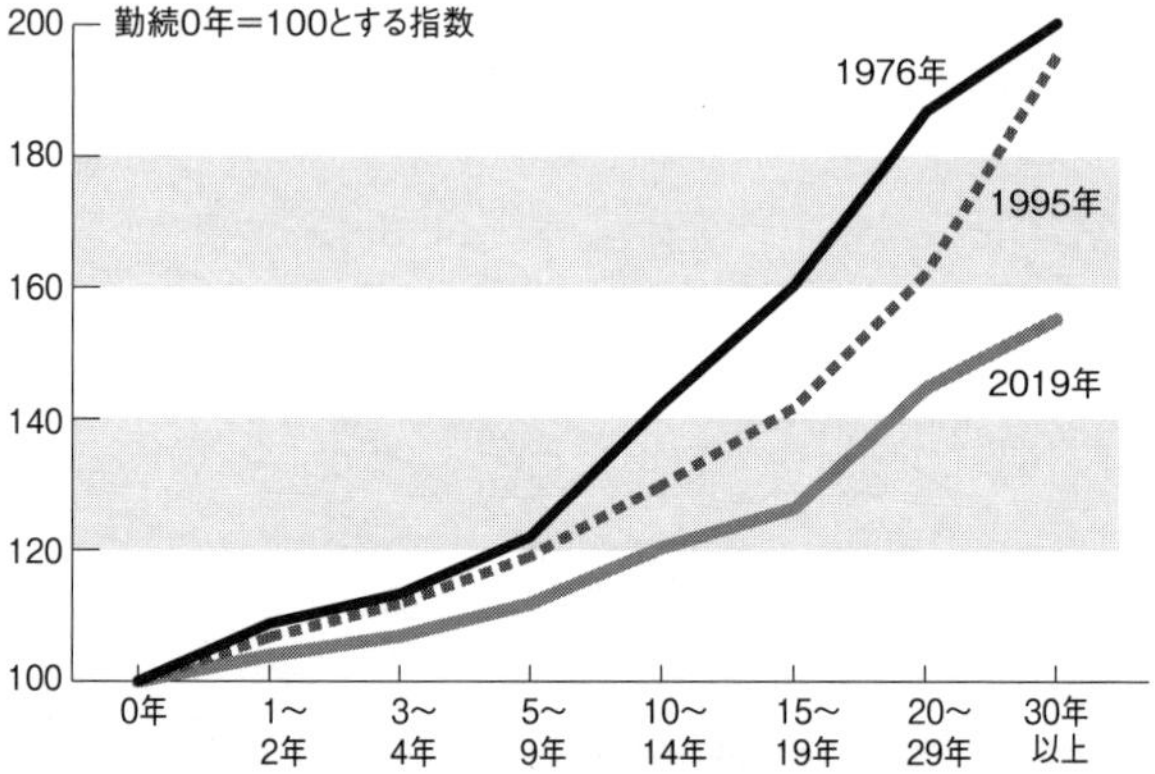

出典：独立行政法人 労働政策研究・研修機構「早わかり グラフで見る長期労働統計」（性別、勤続年数階級による賃金カーブ〔所定内給与額〕）より作成

約35%落ちたことになります。

この傾向は女性も同じです（図１－７）。勤続30年以上について、１９７６年は２００・３、１９９５年は１９５・４ですが、２０１９年は１５５・２です。２０１９年の賃金カーブは、１９７６年・１９９５年と比べ約45%落ちたことになり、男性よりも落ち方が酷《ひど》いです。この傾向が続くと、貯金をするのがどんどん厳しくなっていきます。

国民年金のみ受給している人は入らない

報告書でモデルケースとして取り上げられた高齢夫婦無職世帯では、社会保障給付が19万１８８０円となっています。これは主に年金収入のことでしょう。次章で説明しますが、年金は、国民年金と厚生年金の2階建てになっています。1階部分である国民年金の平均受給額は、平成29年度で5万5615円であり、夫婦2人でこれを受給したとしても約11万円にしかなりません。したがって、「19万1880円」というのは、国民年金に加え、厚生年金の受給額も含めた平均値ということになります。そして、厚生年金は、サラリーマンや公務員等、「雇われている人」しか加入対象になりませんので、自営業の方等が受給できる公的年金は国民年金のみです。したがって、自営業の方等の収入はより厳しい状態となるでしょう。

なお、平成29年度の国民年金の受給権者は3547万人です。そのうち、厚生年金と、共済年金（※平成27年10月に厚生年金に統合されました）のいずれの受給権も無く、国民年金しか受給しない人は851万人です。

平均的にどれくらい生きるのか

報告書の「2000万円」というのは、夫65歳、妻60歳以上の夫婦が30年以上生活する場合にかかる費用のことでした。つまり、夫は95歳、妻は90歳以上まで生きることを前提にしています。

ここで、2019年4月12日付で厚労省が作成した資料を見てみましょう（図1－8）。男性について、2015年に65歳の方は35％の確率で90歳まで生存するようです。女性の場

図 1-8　65歳が特定の年齢まで生存する確率

	男性			女性		
	80歳	90歳	100歳	80歳	90歳	100歳
2015年に65歳(1950年生まれ)	73%	**35%**	4%	87%	**60%**	14%
2025年に65歳(1960年生まれ)	75%	38%	5%	89%	64%	17%
2035年に65歳(1970年生まれ)	77%	41%	6%	90%	67%	19%
2045年に65歳(1980年生まれ)	78%	43%	6%	91%	69%	20%
2055年に65歳(1990年生まれ)	79%	**44%**	6%	91%	**69%**	**20%**

※厚生労働省「完全生命表」「簡易生命表」、国立社会保障・人口問題研究所「日本の将来推計人口(平成29年推計)」より試算したもの。

出典:厚生労働省　提出資料「iDeCoを始めとした私的年金の現状と課題」(2019年4月12日 厚生労働省年金局 企業年金・個人年金課)

合は60%であり、男性の倍近くあります。

そして、いずれも確率が上がっていきます。2055年に65歳を迎える男性は44%、女性は69%の確率で90歳まで生きるようです。

なお、平均寿命は、平成30年簡易生命表によると、男性が81・25年、女性が87・32年です。ただ、「平均寿命」というのは、0歳の人の平均余命のことです。そして、平均余命というのは、ある年齢の人があと何年生きられるかという期待値のことです。つまり「平均寿命」というのは、0歳の人が平均してあと何年生きられるのかを示す値ということです。早くして亡くなる方がいれば、平均寿命は当然下がります。そこで、年金受給期間を考えるにあたっては、65歳からの平均余命、つまり、65歳まで生きた人が、平均的に言ってあと何年生きるのかを見るのがより適切でしょう。平成30年簡易生命表によると、65歳の方の平均余命は、**男性19・70年、女性24・50年**です。

報告書はインフレを考慮していない

ここまで書いたことをまとめると次のとおりです。

- 報告書のモデルケースは夫婦であり、単身者はより厳しい。
- モデルケースでは介護費用等の特別な費用の支出は考慮していない。
- 60・1％の人が貯蓄2000万円未満であり、貯蓄は今の傾向だと減少していく。
- モデルケースは厚生年金を受給している世帯であり、国民年金のみの世帯はより厳しい。
- 老後30年生きる人は多数派ではないものの、割合が低いとまでは言えない。平均的には男性20年、女性25年といったところ。

書いていてかなり気分が暗くなってきますが、この報告書はあともう一点、重要なところが抜けています。それは、インフレ（物価上昇）を考慮していない、ということです。極端な例で言うと、物価が倍になってしまえば、貯金は実質的に見て半額になってしまいます。つまり、物価が上がっていくということは、貯金が実質的に目減りしていくことを意味しています。

日本銀行は「前年比２％」の物価上昇を目指していますが、これは毎年２％貯金が削られていくのと同じです。毎年２％ずつ物価が上がると、10年で約22％物価が上がることになります（1・02の10乗）。それは、（利息を無視すれば）貯金が22％減ることを意味し、２０００万円の貯金であれば、実質的に４４０万円減ったのと同じです。「今は物価が上がっていないから大丈夫だ」と思われるかもしれませんが、その現状認識は誤りです。これは後で詳しく述べます。

一生働くという現実

「我々の世代はきっと一生働かなければならないのだろうな」とぼんやり思っていましたが、データを見て改めてその思いを強くしました。報告書で取り上げられたモデルケースは、新卒で入った企業に定年まで勤めあげ、住宅ローンも支払い終わっており、多額の退職金を得て夫婦で暮らしていくような方しか当てはまりません。貯蓄が２０００万円以上ある人は全体の40％に過ぎません。我々の世代よりは恵まれているであろう現在の高齢世代ですらこのような状況です。

ここで、65歳以上の就業者数と就業率（就業者が人口に占める割合）の推移を見てみましょう（図1－9）。

図 1-9　65歳以上就業者数及び就業率

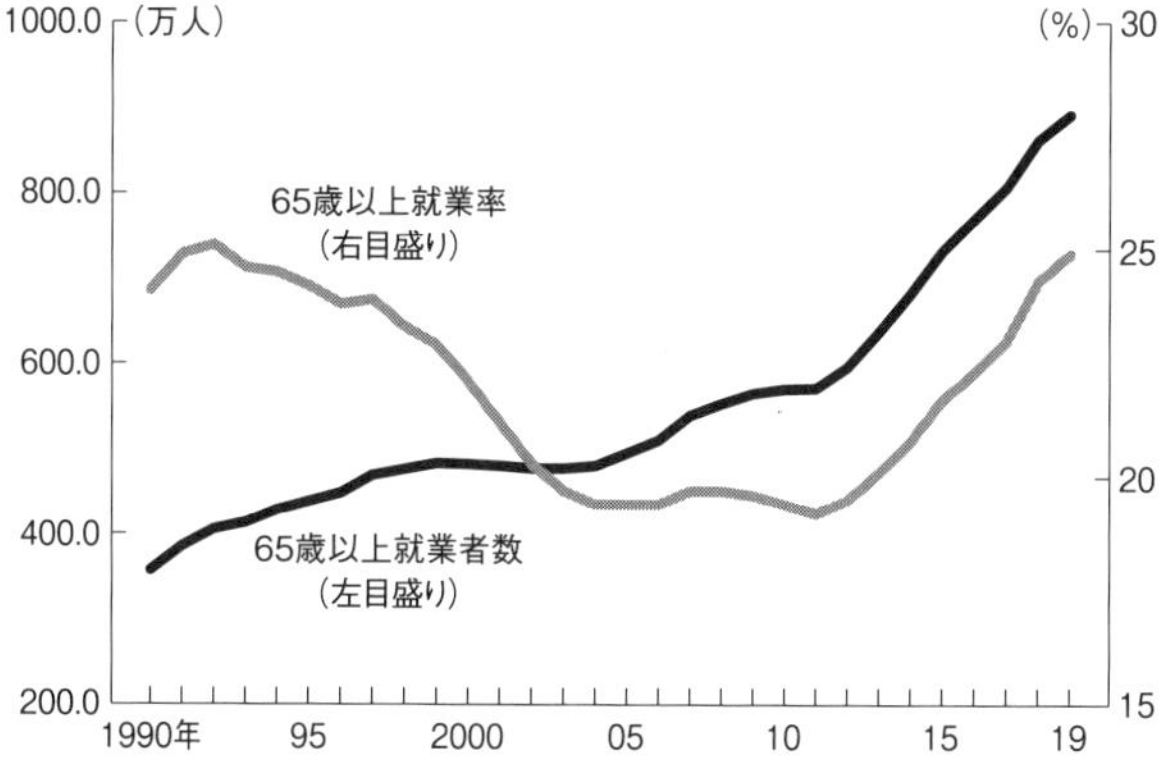

出典:総務省統計局「労働力調査　長期時系列データ」より作成

65歳以上就業者は右肩上がりです。1990年は357万人だったのが、直近2019年は892万人であり、およそ2・5倍になっています。ただ、これは団塊の世代が65歳以上になったことによる増加も大きく寄与しています。そこで、就業率を見てみると、1992年に25・1%でピークを迎えてから下落し、2011年の19・2%で底を打った後、一貫して上昇していき、直近2019年では24・9%になっています。65歳以上の高齢者のうち、およそ4人に1人が働いていることになります。要因は色々あるでしょうが、年金だけでは暮らしていけないことも大きく影響しているでしょう。私が高齢者になるころにはこの就業率がもっと上がっているのでしょうね。

現状について把握できたところで、次章では年金の歴史と仕組みについて見ていきましょう。

第2章　公的年金の歴史と仕組み

年金は保険の一種

年金は、保険の一種です。保険というのは、リスクに備えてみんなで少しずつお金を出し合っておき、そのリスクが誰かに生じた時に、お金を渡す仕組みです。例えば、健康保険は、誰かに病気というリスクが現実化した時に、みんなで出し合ったお金から支払いをするものです。こういう仕組みがあるおかげで、自己負担を原則3割に抑えることができます。

もしも保険という仕組みがこの世に一切無ければどうなるでしょう。私たちは生きていく上で様々なリスクにさらされているわけですが、いざそのリスクが生じた時に、その負担を全部自分で背負い込むことになります。例えば、裕福な人は病気になっても医療費を出せますが、そうではない人の場合、医療費を負担できず、必要な治療を受けられないことになってしまいます。現代の医療水準なら死ぬはずのないような軽い病気で死んでしまう、といったことが起きるでしょう。また、年金制度というものが一切ない場合、人々は老後が不安なので、稼いだお金を一生懸命貯めるようになり、経済活動が停滞するでしょう。預貯金が無い場合、子供が両親の生活費を捻出することになり、子の世代が経済的に圧迫され、子供を産み育てる余裕が無くなります。そして、子供がいない人の場合は、生活費を捻出してくれる人がいないため、自らが働けなくなれば、もう生きていけません。リスクを個々人が全部背負い込むことになると、こういう悲惨な状況になります。

そこで、みんなでお金（保険料）を出し合うことにより、いざ誰かにリスクが生じた時に、その負担を軽減させることができるのが保険です。「助け合いの仕組み」と言えばよいでしょう。そして、年金は、3つのリスクに備えたものであり、老齢年金、障害年金、遺族年金の3種類があります。老齢年金は老いて働くことができなくなるというリスク、障害年金は障害によって働けなくなるか、あるいは稼働能力が落ちるリスク、遺族年金は家族の稼ぎ手が亡くなるというリスクに備えるものです。「年金」というと思い浮かべるのはこのうち老齢年金でしょう。この3つのリスクに共通するのは「収入を得られなくなる（または収入が減る）」というリスクに備えるもの、という点でしょう。

そして、老齢年金が他の保険と大きく異なるのは、リスクが顕在化する可能性が非常に高いということです。平均寿命が大きく伸び、多くの人が長生きするようになったからです。保険料を負担する人に対して、保険金を受け取る人の割合が高い場合、財政は非常に苦しいものになります。そして、老齢年金は、少子化によって保険料負担者が減る一方、高齢化によって年金受給者は増えていくという極めて困難な状況に直面しています。

戦前の公的年金制度の歩み

日本の公的年金制度の始まりは、明治のはじめにできた恩給制度です。恩給制度は1875年の海軍退隠令、1876年の陸軍恩給令によってまず軍人恩給の制度ができました。しかし、恩給制度は国の恩給的給与、報酬的給与という性格のものであり、現在の公的年金制度とは性格が異なります。その後、1884年の官吏恩給令によって、恩給の対象が一般官吏にまで拡大されました。しかし、官吏ではなく、その補助的実務に従事する雇員及び肉体的労働に従事する傭人は恩給の対象ではありませんでした。

現在の公的年金制度と性格も仕組みも類似し、その原型ともいえるのは、明治の終わりから大正にかけて官業、民業の工場や事業所に従業員の相互扶助組織としてつくられた共済組合です。官業の共済組合はまず1905年に官営八幡製鉄所でつくられ、1907年には帝国鉄道庁で現業員共済組合がつくられました。その後、大正にかけて専売局、印刷局、海軍工廠、陸軍工廠、造幣局等に相次いで共済組合が設立されました。恩給の対象外であった傭人は、ここに加入していました。これらの共済組合は、当初は業務上の災害や事故による従業員の傷病や死亡の際の見舞金などを中心とした給付を行っていました。その後、業務外の私傷病に対する疾病給付や養老、廃疾、遺族等の年金給付を行うようになりました。つまり、共済組合は年金保険や健康保険を運営していたということです。なお、事務職員である雇員についての共済組合ができるのは、戦後、1948年に国家公務員共済組合法が制定された時でした。戦前は雇員の共済組合が無かったということです。

民間でも1905年に鐘紡に共済組合がつくられ、男子満15年勤務した者には退社後15年間給料の15%、女子満10年勤務した者には退社後15年間給料の10%の年金を支給しました。年金といっても勤続手当的性格が強く、額も低いものでしたが、民間の年金制度の先駆です。

国が保険者になり、一般の民間労働者を対象とした社会保険としての年金制度は、1939年に制定された船員保険制度が最初です。この船員保険における支給開始年齢は**50歳**でした。当時は戦時下であり、たくさんの船員を必要としていましたが、船員は労働時間も長く、退職年齢も早かったので、確保するのが難しかったのです。したがって、船員の確保と定着を目的として、船員を対象とする年金制度が整備されたのでした。

なお、社会保険制度は、資本主義の発達に伴い発生した労働問題や労働運動に対処するために、19世紀の終わりにドイツで始まった制度です。これは、労使が予《あらかじ》め保険料を出し、疾病給付や年金給付を行うもので、労働者の保護、労働力の保全が目的です。こういった制度を設けることで、労働者は安心して働くことができます。そうすると、労働者の不満が溜まって労働争議等が起きることを防止できるので、国や企業にとってもメリットがあるのです。日本において社会保険として整備されたのは年金保険よりも健康保険が先であり、1922年に一定規模以上の従業員を使用する工場労働者を対象に健康保険法が制定されました。

船員保険法が制定されると、一般の陸上労働者についても年金保険制度の創設の機運が急激に高まりました。しかし、**産業界からは保険料の負担が重いといって反対論が上がりました。**産業界が保険料の負担を嫌がるのはいつの時代もそうであり、現在でもそうです。ここは非常に重要なポイントなので覚えておいてください。これに対し、当時の厚生省は、労働者の老後の不安を取り除き、精神的に安心感を与え、生産活動に専念させることが生産の拡充、ひいては戦力の増強につながるといって説得しました。つまり、船員保険法と同様、戦争遂行のために必要という意味あいがありました。また、保険料を徴収することで、当時進行していたインフレを抑え込むことや、集めたお金を戦費に使う狙いもあったようです。この制度の創設にあたってもめたのが、集めたお金の運用権限を厚生省が持つか大蔵省が持つか、という点でした。結局、大蔵省預金部（のちの資金運用部）が管理することになり、一部が労働者の福祉施設に還元融資されることになりました。

労働者年金保険法は、1941年2月に帝国議会に提出され、翌3月に成立しました。被保険者は常時10人以上の従業員を使用する工業、鉱業などの事業所に使用される男子労働者でした。つまり、戦争遂行に役立つような工場に勤務している男性労働者が対象です。そして、養老年金の**支給開始年齢は55歳**（坑内夫は50歳）。年金額は平均報酬年額の4分の1が基本金額で、被保険者期間が20年以上ある場合、1年ごとに平均報酬年額の1％が加算されました。ただし、平均報酬年額の2分の1が限度でした。最初は55歳から支給されていたということです。**当時の平均寿命は、男子46・92歳、女子49・63歳**でした。今と全く違いますね。保険料は労使折半で、給付の1割が国庫負担とされました。

戦時下において、この労働者年金保険法の制定だけは、労働者に安心感と高揚感を与え、士気を高揚させる明るいニュースであったと言われています。この法律は、翌1942年6月から全面的に施行されました。

ここから2年後、戦争が敗色濃厚となる中で、労働者年金保険法が改正され、制度が拡充されました。名称も厚生年金保険法に改称されました。この改正により、被保険者の範囲が従業員5人以上10人未満の事業所の従業員、事務職員及び女性に拡大されました。また、結婚した際、女性に対して結婚手当金が支給されました。この改正の特徴は、対象事業所が鉱工業以外に拡張されたことに加え、女性への配慮がされたことです。勤労動員等によって女性が工場労働者等へ大量進出していたことが背景にありました。

このように振り返ってみると、公的年金の前身となる恩給制度は軍人を対象として始まりましたし、国が保険者となる年金制度は戦時下でできたものです。戦争をきっかけに年金制度が発達してきたと言ってもよいでしょう。

戦後の厚生年金

戦後の公的年金制度の歩みは非常に複雑ですが、ポイントになる点を見ていきましょう。まず、大きいのは1954年の厚生年金保険法の改正です。この改正により、男性の老齢年金の支給開始年齢が55歳から60歳になりました。ただし、いきなり引き上げるのではなく、4年に1歳ずつ、20年かけて引き上げることになりました。この支給開始年齢の引上げは、労働者団体が反対し、社会党も断じて反対するとして撤回を求め、国会で大きな論争となりました。この際の政府側の答弁に「諸外国の年金制度にも55歳という例はなく、**全部60歳、65歳、甚だしいのは75歳である**」というものがありました。結局法案は成立しましたが、**日本はもともと支給開始年齢が低く、その引上げにも強い抵抗があった、という点は非常に重要なので覚えておいてください**。なお、5年ごとに年金財政を再計算する規定もこのとき置かれました。

そして、財政方式の転換も行われました。それまでは、年金支給に必要となる財源を、現役時代の時に積み立てておく「積立方式」でした。しかし、戦後の激しいインフレの進行により、年金保険料の負担が労使双方にとって重くなったため、賦課方式の要素を加味した修正積立方式になりました。賦課方式というのは、現役世代が納めた保険料を、年金支給に使う方式です。

いわば世代間の仕送りです。積立方式は現役の時に自分で積み立てたお金を取り崩すイメージですが、賦課方式は他人からお金をもらうイメージです。

戦後のインフレ対策として、年金支給額を変えないまま、暫定的に保険料率を引き下げたのですが、それを引き上げようとした際、労使双方から反対があったため、結局据え置かれることになりました。そうなると、保険料が不足することになりますが、その不足分は次の世代が負担することになります。このように、自分の世代ではなく次の世代に負担してもらう部分が出てきたため、「賦課方式」の要素が加わり、「修正積立方式」といわれることになったのです。

戦後のインフレがどれほど激しいものであったか、1945年を100としたグラフを見てみましょう（図2－1）。

これを見ると、卸売物価は、1951年の時点でおよそ10000、すなわち100倍になっています。これは積み立てたお金の価値が100分の1になってしまったのと同じであり、とても老齢年金の支給をすることはできません。このように、積立方式はインフレに弱いという欠陥を持っています。積み立てたお金を株や国債、貸付等でうまく運用できれば増えていくかもしれませんが、失敗すれば逆に減ってしまいます。他方、賦課方式ではこのような心配はありません。インフレに伴って通常は賃金も上がっていき、保険料収入が増えていきますので、それを老齢年金に充てれば支給を賄うことができます。また、積立方式では、積立に必要な額

図 2-1　戦前戦後卸売物価指数

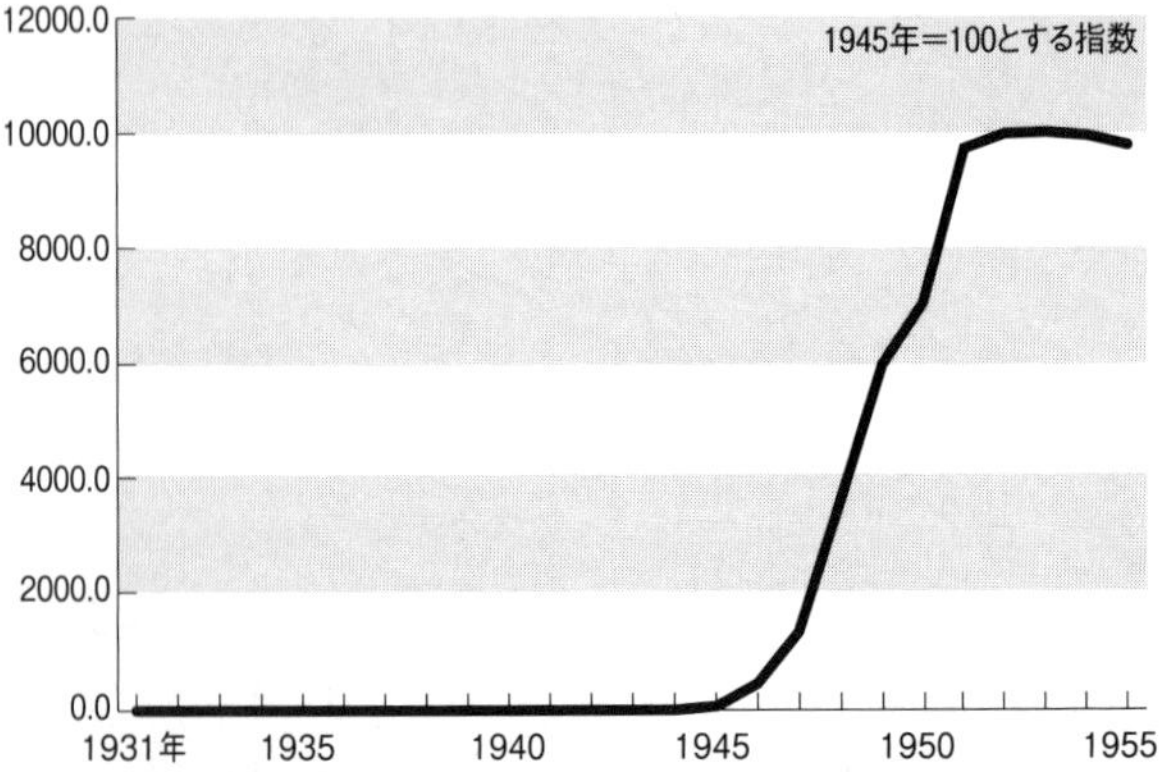

出典:『日本長期統計総覧』第4巻「17-1 戦前基準総合卸売物価指数
—総平均(明治33年〜昭和60年)」

の見積もりを誤るとお金が足りなくなります。

平均寿命は、１９４７年には男性50・06歳、女性53・96歳でしたが、１９５０年〜52年には男性59・57歳、女性62・97歳であり、わずかな期間で約10歳平均寿命が延びています。その後も平均寿命は延び続け、１９７０年には男性69・31歳、女性74・66歳であり、１９４７年と比べると約20歳寿命が延びました。そして２０１８年には男性81・25歳、女性87・32歳です。１９４７年と比べると30歳以上寿命が延びています（図２－２）。これほど急激に寿命が延びることなど誰も正確に予想することはできなかったでしょう。積立方式は寿命を正確に予測し、老後に支給する分を現役時代に積み立てておかなければなりませんが、これでは不可能です。その点、賦課

図 2-2 平均寿命推移

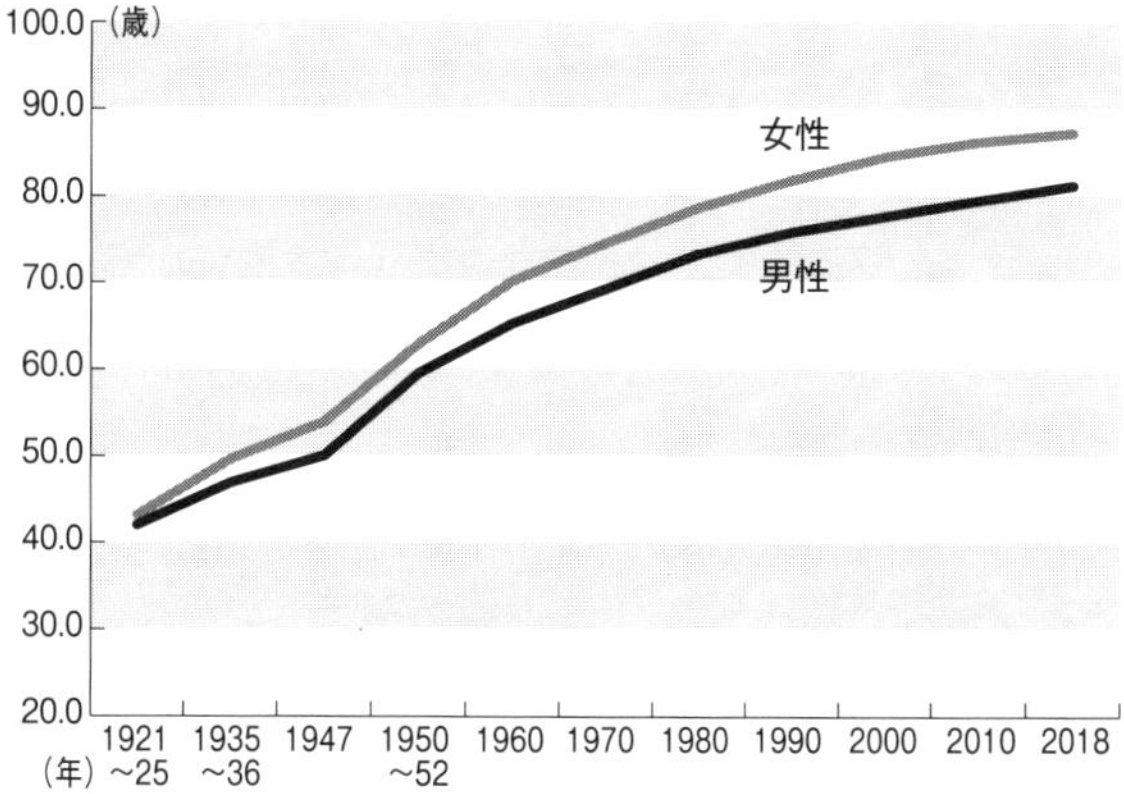

出典:厚生労働省「完全生命表」、「平成30年簡易生命表の概況」をもとに作成

方式であれば、寿命の延びに合わせて現役世代の保険料負担を上げるなどすれば対応できます。こういう事情があるので、現在の公的年金制度は賦課方式が基本となっており、諸外国もそうなっています。ただ、積立分もあるので、完全な賦課方式というわけでもありません。積立分が枯渇してしまった場合、完全賦課方式ということになります。

なお、この当時はまだ完全積立方式に近い修正積立方式でしたが、その後、高齢化の著しい進行に伴い、賦課方式の要素が強くなっていき、現在では、厚労省の説明を見ても「賦課方式を基本とする」という表現になっています。

厚生年金以外の被用者年金

ここまでは厚生年金の話ですが、年金制度は厚生年金だけではありません。先述のとおり、1948年に国家公務員共済組合法（旧法）が制定され、雇員や傭人が組合員となりました。ただし、戦前の「官吏」と呼ばれる立場の人達には引き続き恩給が支給され、国家公務員についての年金制度が2本存続する状態が続きました。そこで1958年、官吏や雇員、傭人とした区別をすることなく一本化した新しい国家公務員共済組合法が制定されました。なお、厚生年金よりも支給水準はかなり高く、給付体系も定額部分のない全額俸給比例の年金でした。

これ以外の共済組合法の制定年をまとめると次のとおりです。各分野ごとに被用者年金制度が作られていきました。

- 1953年　私立学校教職員共済組合法、市町村職員共済組合法
- 1956年　公共企業体職員等共済組合法
- 1958年　農林漁業団体職員共済組合法

国民年金の創設

今まで紹介したのは、一定規模以上の事業所や工場で働く被用者や公務員を対象としたものであり、それ以外の自営業者、零細事業所の被用者には年金制度がありませんでした。1957年当時、年金制度でカバーされている人数は全体で1250万人であり、全就業者人口約4000万人の3分の1程度、全被用者人口約1800万人の約70％に過ぎませんでした。

そこで、1959年、国民年金法が制定されました。被保険者の対象は20歳～59歳で、厚生年金等の既存の年金制度に加入している人は除外されました。また、その配偶者（妻）及び学生は任意加入とされました。老齢年金は、保険料納付期間が25年以上ある者に対し、**65歳**から支給されました。厚生年金と異なり、こちらは最初から65歳だったのです。

なお、保険料の納付を条件に支給する拠出制が原則でしたが、それだけだと既に制度発足時に老齢、障害、母子の状態にある者が支給を受けることができません。そこで、無拠出制の福祉年金も併設され、費用の全額を国庫負担としました。また、厚生年金と同様、5年ごとに財政再計算を行うことも法律に明記され、完全積立方式でスタートしました。

これにより、全ての国民が年金でカバーされることになりました。国民年金の保険料は、当初も今も定額ですが、その他の被用者保険は、標準報酬月額に保険料率をかけた金額を労使で折半します。つまり、**国民年金以外の年金保険の保険料収入は、労働者の賃金に比例します。賃金が上がれば上がるほど保険料収入が増え、年金財政が安定するということです。**これは非常に重要な点ですので、覚えておいてください。

ところで、この時点で公的年金制度は、国民年金、厚生年金保険、船員保険、国家公務員共済組合、市町村教職員共済組合、私立学校教職員組合、公共企業体職員等共済組合、農林漁業団体職員共済組合と、制度が8つも並立する状態になっていました。例えば厚生年金保険に加入後、脱退して国民年金に加入する等、制度間をまたぐ人が出てくるので、そういった人の受給資格期間をどうするのか、という問題が生じました。そこで、異なる制度間の加入期間を通算する制度が1961年に創設されました。なお、制度が8つも並立していたという状態が、後に大きな問題を生じますので覚えておいてください。

厚生年金基金

厚生年金が誕生する以前から、退職金や企業年金が存在しており、企業側はこれらと厚生年金の調整を強く要望していました。企業側としては、退職金や企業年金で事実上年金制度を代行しているのだから、これにプラスして厚生年金があると、機能と負担の面で重複していると主張したのです。具体的には、厚生年金と同等以上の企業年金がある場合には厚生年金の適用除外を認めるべきであると要望していました。他方、労働者側は、既得権である退職金が厚生年金によりなし崩しにされる恐れがあること等を理由として調整に反対していました。つまり、退職金も企業年金もそのままで、それにプラスして厚生年金をもらえる形にしたかったのです。

この労使双方の要望を取り入れ、1965年の法改正により実現されたのが厚生年金基金というものでした（施行は翌年10月から）。これは、1000人以上の被保険者を有する事業主が、単独又は共同で被保険者及び労働組合の同意と、厚生労働大臣の認可を得て設立する基金です。基金は、厚生年金の老齢給付を**一部代行**すると共に、これを上回るプラスαの企業独自の給付を行うことになりました。そして、基金加入者は、厚生年金保険料の一部を免除されたので、「重複している」という状態はある程度解消されました。基金には、1社のみで設立される単独型、グループ企業等で構成される連合型、業界団体等で構成される総合型の3つがありました。

各基金は集めた年金保険料を、生命保険会社、信託銀行、投資顧問会社等を通じて運用していましたが、バブル崩壊と共に運用成績が悪化しました。そして、厚生年金の一部を基金が国から預かって運用する「代行部分」の積立金が、あるべき水準を下回る「代行割れ」の状況が相次いだのです。これは後でまた触れます。

物価スライドと賃金スライド

厚生年金は1960年に第1回、1965年に第2回の財政再計算が行われ、いずれの際も給付水準の引上げが行われました。

1966年には国民年金の第1回財政再計算に伴い、国民年金の改正が行われました。この改正によって、国民年金も、厚生年金と同様、修正積立方式に移行しました。当時は高度経済成長期であり、物価上昇も著しかったので、やはり完全積立方式では無理があったのでしょう。

その後、1974年に予定されていた財政再計算が1年繰り上げて1973年に実施され、物価スライド制の導入等を柱にした改正が行われました。物価スライド制の導入は国民年金も厚生年金も同様です。物価スライド制というのは、前年度の消費者物価指数の変動に応じて、年金支給額を調整する仕組みです。物価が上がった場合、年金支給額も上がらなければ、生活は苦しくなります。当時は高度経済成長に伴って物価が大きく上昇していました。そのため、5年に1度の財政再計算の際に年金給付水準を引き上げるというペースでは、物価上昇に追いつかなくなっていたのです。

さらにもう一つ、賃金スライド制も採り入れられました。厚生年金支給額は、定額部分と報酬に比例する部分があります。その報酬比例部分の基準となる平均報酬月額について、年金受給者の過去の標準報酬をそのまま使わずに、一定の率をかけて現在の報酬の水準に評価し直す、というものです。これは、賃金が大きく上昇していたことが原因です。高度経済成長期（1954年~1973年）における、消費者物価指数及び製造業の名目・実質賃金の推移を見てみ

図 2-3 消費者物価指数及び製造業の名目・実質賃金の推移（高度経済成長期）

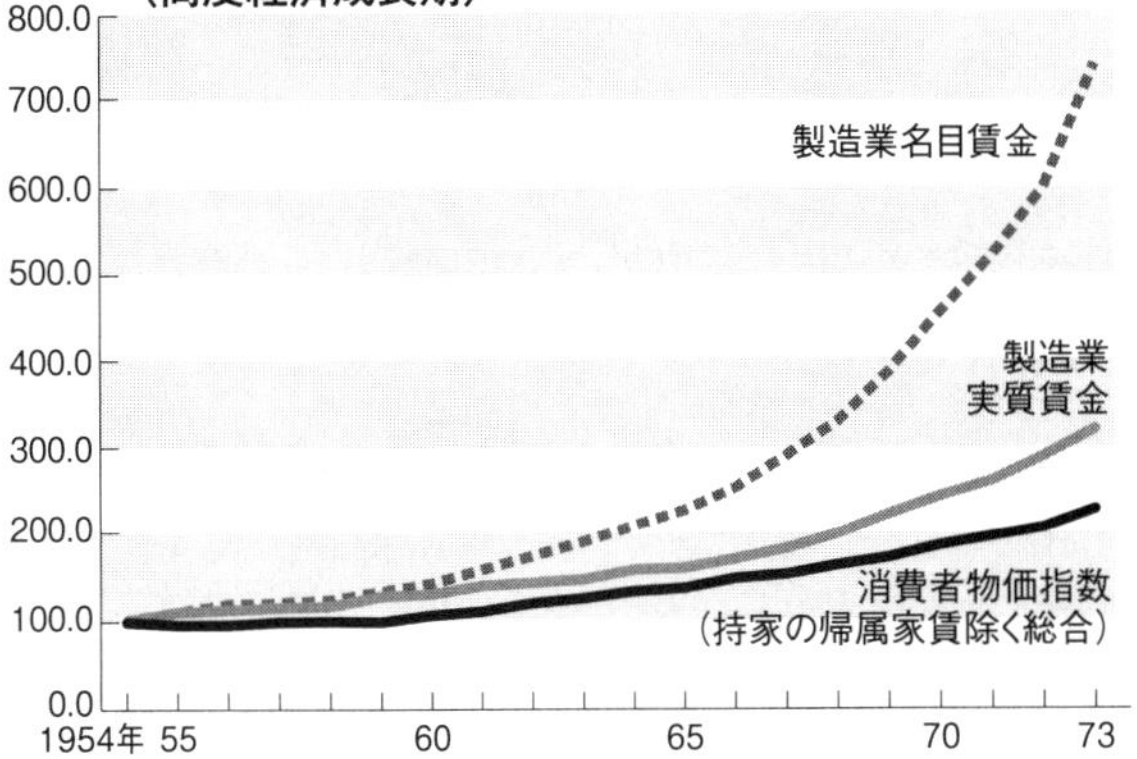

出典：新版『日本長期統計総覧』第4巻「19-48-a 産業別名目賃金指数（現金給与総額）（事業所規模30人以上）（昭和27年〜平成15年）」、総務省統計局「消費者物価指数」

ましょう（図2－3）。これは1954年の数字を100として指数化したものです。なお、名目賃金とは見たままの額をいい、実質賃金は名目賃金から物価の変動を取り除いた値です。例えば名目賃金が5％上昇したとしても、物価も5％上昇したとすれば、実質賃金の上昇率は0％です。

これを見ると、物価は1954年〜1973年までの約20年間で2倍以上になっていますが、名目賃金はそれを大きく上回る7倍以上になっています。そして、名目賃金の伸びが物価を大きく上回った結果、実質賃金が3倍以上になっています。実質賃金がこれほど伸びているということは、それだけ労働者が豊かになっているということです。この豊かになった賃金水準に合わせないと、年金受給世代は、社会の豊かさを享受できないことになります。だから、賃金を現在の基準に合わせて再評価し、年金支給額を算定する必要が出てきます。

ただ、このように、物価スライド制や賃金スライド制を導入すると、当然、年金支給額が上がりますので、その分現役世代の保険料負担は増えます。したがって、どんどん賦課方式的要素が強まっていくことになります。当時は完全賦課方式に移行すべきであるという意見もありましたが、現役世代の負担が過重になることから、修正積立方式を維持しつつ、修正の度を深めていく、つまり、賦課方式の要素を強めていくことになりました。

見送られた65歳への引上げ

1980年、厚生年金法が改正されましたが、このとき、改正の最大の柱とされながら実現できなかったのが、老齢年金の支給開始年齢の60歳から65歳への引上げでした。厚生年金発足時の支給開始年齢は、男女とも55歳でしたが、1954年に男子のみ60歳に引き上げられました。当時の男性平均寿命は63・6歳、女子は67・7歳でしたが、1980年には、男性72・6歳、女性77・9歳と、男女ともに10年以上も延びていたのです。**当時、既に諸外国は大多数が65歳であり、日本の支給開始年齢は非常に早かったのです**。そして、その後も老齢人口が急増し、それに伴って年金支給額が増大していくことは目に見えていましたから、65歳への引上げが避けて通れないものであることは明らかでした。これをそのまま放置すれば、現役世代の保険料負担が過重になるからです。現役世代の負担が重くなりすぎてしまうと、子を産んで育てる余裕を奪うことになり、少子化が進んでしまいます。

そこで、厚生省は1980年改正にあたり、老齢年金の支給開始年齢を、20年かけて65歳に段階的に引き上げることにし、社会保険審議会に諮問しました。引上げについて、学識委員は賛成したのですが、労使双方の代表委員は、定年制等高齢者の雇用環境が十分整っておらず、共済年金の支給開始年齢もまだ50歳であることを理由に、引上げに着手すべきではないとして強く反対しました。これを受けて与党自民党も慎重に取り扱うよう政府に異例の申し入れをし、事実上反対したため、結局法案に盛り込むことができませんでした。ただし、法案には、次期再計算期の課題とする趣旨の訓示規定が置かれて、国会に提出されました。せめて次の再計算の際には通そうとしたのでしょう。しかし、その訓示規定すら、国会修正で削除され、支給開始年齢の引上げ問題は、2000年の厚生年金法改正の時まで、**実に20年間も棚上げされたのでした。**

特に大企業においては、終身雇用・年功序列型賃金ですから、若い時の賃金は低いですが、高齢になればなるほど賃金が上がっていきます。これはもともと、労働力を安定して確保・維持するために発達してきた賃金体系です。勤続年数が長くなればなるほど賃金が上がり、容易に解雇もされず、地位が安定します。だから労働者が定着し、スキルも上がっていく。これは生産力の増強につながり、戦争遂行にも都合が良いので、政府もこの終身雇用・年功序列型賃金を後押ししてきました。そして、戦後もこのシステムが維持され、特に重工業系の産業において、日本は目覚ましい発展を遂げることができたのです。しかし、このような賃金体系において、定年を延長すると、給料の高い労働者を企業がずっと抱え込むことになり、人件費が企業経営を圧迫します。また、世代交代をして生産性を上げていくことの障害にもなるでしょう。だから、企業としては定年を延長したくありません。そして、労働者としては、定年が延長されないのであれば、支給開始年齢を引き上げてほしくありません。定年退職から年金が支給されるまでの間、収入が途絶えてしまうからです。

このように、支給開始年齢の引上げは、労使双方に反対理由があるので、極めて困難なのです。労使双方の利害が一致することは、与野党一致して反対することにつながります。しかし、客観的に見れば、支給開始年齢を引き上げなければ、いずれ現役世代の負担が過重になることは目に見えています。が、この問題は先送りにされました。

基礎年金の導入

1985年、国民年金法等が改正され、国民年金の加入者が20歳以上60歳未満の全国民となりました。これによって、国民年金は全国民共通の基礎年金が支給されるものとなったのです。農業などを営む自営業者は国民の第1号保険者、厚生年金、共済組合等の被用者年金の加入者は国民年金第2号保険者、被用者年金の加入者（サラリーマンや公務員等）に扶養されている配偶者は、国民年金第3号保険者、となりました。つまり、国民年金は、全国民共通の「1階部分」となり、厚生年金や共済組合等の被用者年金は、「2階部分」として、1階部分にプラスして報酬比例の年金を支給されることになったのです。

この際、老齢厚生年金の支給開始年齢が60歳から65歳に引き上げられました。しかしながら、同時に「特別支給の老齢厚生年金」として、60歳から65歳までの間、従来の定額プラス報酬比例の年金が給付されることになりました。**つまり、実質的に見ると、支給開始年齢は引き上げられていません**。同様の規定は共済組合にも設けられました。

また、女性の老齢厚生年金の支給開始年齢は、1995年に60歳となるよう、段階的に55歳から60歳に引き上げることになりました。

65歳への引上げ

1994年、厚生年金法が改正され、男性は2001年から2013年にかけて、女性は2006年から2018年にかけて、特別支給の厚生年金の定額部分の支給開始年齢を引き上げていくことになりました。ポイントは、「定額部分」のみの引上げ、ということです。報酬比例部分については、60歳のままとなりました。実は１９８９年にも支給開始年齢の引上げが試みられたのですが、労働組合の強い反対にあって頓挫していました。これは、支給開始年齢の引上げに合わせた雇用確保の措置が講じられていなかったからです。１９９４年改正では、同時に高年齢者雇用安定法（正式名称：高年齢者等の雇用の安定等に関する法律）が改正され、60歳未満定年の禁止になると共に、65歳までの定年延長、継続雇用、再雇用などについて企業に努力義務が課されました。さらに、雇用保険法も改正され、定年後低賃金で雇用を継続する60歳代前半の者を対象に賃金の25%を限度とする高齢者雇用継続給付が創設されました。こういった措置がされたことと、引き上げられるのが定額部分のみであったため、労働組合も同意したのです。

　報酬比例部分については、２０００年の法律改正において、男性は２０１３年から２０２５年にかけて、女性は２０１８年から２０３０年にかけて、３年ごとに１歳ずつ、60歳から65歳に引き上げられることになりました。最初に65歳への引上げが提案されたのは１９８０年改正の時であり、その頃から引上げは避けられないという認識であったにもかかわらず、実際に引上げが完了するのは、**男性についてはそこから45年、女性については50年もかかる**、ということになります。既に１９８０年の時点で諸外国は65歳支給開始が標準的でしたが、現時点でも日本は全ての年金の支給開始年齢が65歳になっているわけではありません。しかも現在では世界で最も男女の平均寿命が長い国が日本です。なお、2020年5月29日に成立した年金制度改正法により、年金の受給開始年齢を最大で75歳まで遅らせて、その分支給額を多くすることが選択可能になっています（以前は70歳まででした）。

日本は予想を超える速度で平均寿命が延び、他方で少子化が進行しました。つまり、必要な年金支給額は増える一方、負担者の数は伸びなかったのです。年金保険料のみでこれをやりくりするとなれば、企業と労働者の負担が重くなり過ぎてしまいます。そこでどうしたのかといえば、国庫から支出することで負担額を抑えたのです。国庫というのは一般会計のことであり、これについては後で詳しく説明します。2000年の法改正以前は、基礎年金支給額に対する国庫負担割合は3分の1でしたが、企業及び労働者の社会保険料負担を抑えるため、これを2分の1に引き上げることを図る、とされました。実際には2004年から徐々に負担率を引き上げていくことになりました。

なお、改正の議論の際、経済界と労働組合は、基礎年金について、全額を税金で負担することを求めました。基礎年金を全額税方式にするとなると、当時の試算では、1999年度で新たに約8兆8000億円、2010年度で約13兆円という巨額の財源が必要となり、財政の現状から見て実現の可能性はありませんでした。これを捻出するには急激な増税が必要ですが、法人税増税は企業が反対するでしょうし、所得税や消費税の増税は国民が反対します。「**みんな負担を嫌がる**」という点がポイントです。

ただ、国庫負担率2分の1の引上げについても、2004年の時点で約2兆7000億円の新規財源が必要であり、なんらかの増税が必要であることに変わりはありませんでした。しかし、その手当はされず、結局借金で賄うことになりました。つまり、**負担の押し付け合いの結果、結局未来の国民に負担が先送りされたということです**。

この2000年の改正の際、総額147兆円にのぼる年金積立金について、大蔵省資金運用部への全額預託が廃止され、(旧)厚生省が市場で自主運用することになりました。現在、この積立金は年金積立金管理運用独立行政法人(GPIF)が運用しています。これは後で触れます。

また、これまで改正の都度2・5%ずつ必ず引き上げられてきた保険料の引上げが見送られ、5年間凍結されました。そして、その凍結の解除は、国庫負担の引上げとセットにされました。日本の年金は積立方式と賦課方式の中間的な財政方式で運営されてきたため、当時の保険料率は将来の給付に必要な保険料率の6~7割程度の水準に抑えられており、足りない分は将来世代に先送りになっていました。それでも保険料率引上げが凍結されたため、**世代間の不公平がさらに広がることになりました。**

マクロ経済スライド

2002年に発表された将来人口推計により、従来よりもはるかに少子高齢化が進むことが明らかになりました。1997年の推計では2050年に1・61まで回復するとされていた合計特殊出生率が、2002年推計では1・39までしか回復しませんでした。他方で、2050年の65歳以上人口比率は、32・3%から35・7%に跳ね上がりました。国庫負担を2分の1にした場合、最終的に19・8%に収まるはずであった厚生年金保険料率も、22・8%になります。(3分の1のままだと26%)。国民年金保険料は国庫負担が2分の1の場合1万8500円から2万円へ、3分の1のままの場合は2万8900円になることが分かりました。

このように想定が外れることは、実はそれまでと同様です。想定が当たらないので5年ごとの再計算のたびに給付と負担が見直され、2000年が最後の見直しとされていたにもかかわらず、またもや見直すことになりました。このように何度も変更を繰り返すと制度への信用を失いますし、改正への抵抗も強まります。

そこで2004年の法改正の際に導入されたのが「マクロ経済スライド」です。これは年金支給額を実質的に減額する仕組みです。まず、厚生年金の報酬比例部分は、過去の賃金(平均報酬月額及び平均賞与額)を**現在の名目手取賃金水準で評価し直し、**それと被保険者期間を元に支給額を決めます（なお、定額部分は、単に被保険者であった期間に比例して金額が決まります）。つまり、過去の賃金を現在の手取賃金水準に合わせるということです。これを賃金スライドといいます。なお、年金を支給し始める際の年金額を新規裁定年金、それ以降の受給中の年金額を既裁定年金といいます。新規裁定年金は、賃金スライドのみ適用されます。

既裁定年金は、物価に合わせて変動させます。2004年の法改正前までは賃金にも合わせていましたが、この改正で物価にのみ連動させることになりました。例えば、物価が1％上がれば年金支給額も1％上げる、というように調整します。これを物価スライドといいます。ただし、ここがややこしいのですが、物価上昇率が賃金上昇率を上回ってしまった場合、物価ではなく、賃金上昇率に合わせます。これは、新規裁定年金も既裁定年金も同じです。賃金上昇率が物価スライドの上限ということです。例えば、物価が2％上がったとしても、手取り賃金の伸びが0％の場合、スライドはさせません。

まとめると、新規裁定年金は名目手取賃金に、既裁定年金は物価に応じてスライドさせる、ということです。「マクロ経済スライド」というのは、この賃金スライド又は物価スライドによる年金支給額の**上昇を抑える仕組み**です。マクロ経済スライド率は、次の①と②を合計した額で決まります。

①公的年金全体の被保険者数の減少率の実績
②平均余命の伸びを勘案した一定率（0・3％）

①は少子化に対応するもので、実績によって毎年変動します。②は高齢化に対応するもので、こちらについては固定です。具体的に、マクロ経済スライドのスライド率が0・9（①が0・6、②が0・3）で、それを既裁定年金の物価スライドに適用する場合について考えてみましょう。例えば前年の物価上昇率が2％だったとします（なお名目賃金上昇率はそれ以上ということにします）。以前までだと、年金支給額の方も2％引き上げるはずです。そうしないと、生活が苦しくなるからです。しかし、「マクロ経済スライド」によって、この2％から、0・9％が差し引かれます。つまり、**物価が2％上がっても、年金支給額は1・1％しか上がらない、**ということになります。したがって、名目だけ見ると年金支給額が1・1％上がったように見えますが、物価変動の影響を除いた実質で見てみると、**以前より年金支給額を0・9％減らされたことになるのです**。

要するに、マクロ経済スライドというのは、物価が上昇した場合、既裁定年金を実質的に減額する効果を発揮します。ただし、既裁定年金について、名目額を下げることはしません。例えば前年の物価上昇率が0％だった場合、名目の支給額を0・9％削る、ということはしないということです。既裁定年金について言えば、**物価が上がった場合のみ発動されるのがマクロ経済スライドです**。なお、新規裁定年金については、前述のとおり、物価ではなく、賃金に連動して裁定されるため、マクロ経済スライドによって抑制されるのは、賃金スライドのみです。

これは年金の増額を抑える仕組みとして非常に巧妙です。**なぜなら、「分かりにくい」からです**。名前もよく意味が分かりませんし、仕組みも複雑です。その効果に即して適切な名前を付けるのであれば、新規裁定年金については**「年金増額抑制スライド」**、既裁定年金については**「実質年金減額スライド」**とでもするべきでしょう。

新規裁定年金については、どういう仕組みで裁定されるのか、詳しく知っている人は多くは無いでしょう。したがって、年金増額が抑制されても気付かないと思います。

そして、既裁定年金については、マクロ経済スライドによって名目額が前年よりマイナスになることは無いため、金額だけを見れば減っていません。物価を考慮して初めて実質的に減額されたことに気付きます。しかし、多くの人は消費者物価指数なんて見ていないですから、「実質的に減額された」と感じることは無いでしょう。ただ「生活が苦しくなったな」と感じるだけです。名目額を減額してしまうと非常に分かりやすいので国民の猛反発を受けますが、このような手法を取ればばれません。

ところが、想定よりも賃金・物価共に上昇しなかったため、結局マクロ経済スライドが発動されたのは2015年度と2019年度および2020年度の3回のみとなっています。つまり、実質的に見れば、年金支給額増大はあまり抑制されませんでした。日本が経済成長して賃金も物価も上昇すれば、マクロ経済スライドは威力を発揮し、年金支給額は実質的に大きく減額され、年金財政が改善されたでしょうが、それは実現しなかったのです。

なお、2018年度からは、マクロ経済スライドについて、未調整分を次年度以降に繰り越す仕組み（キャリーオーバー制）が導入されました。ある年において物価が全然上昇しなかったのでマクロ経済スライドを発動できなかった場合、その分を物価が上昇した年度に持ち越すということです。余計に分かりにくい制度になりました。ただ、この場合も、結局名目金額では下がっていないので、多くの国民は実質的に減額されたことに気付かないでしょう。

保険料上限固定

2004年法改正の際には、再計算のたびに引き上げられていた保険料について、**次のとおり上限固定が設けられました。**

- 厚生年金の保険料率を2004年10月から毎年0・354%ずつ引き上げ、2017年の18・30%を上限として固定する。

・国民年金の保険料は、2005年4月から毎年280円ずつ引き上げ、2017年の16900円を上限として固定する。

この原稿を書いているのは2020年です。つまり、厚生年金保険料率は既に18・3%、国民年金の保険料は1万6900円で、以後上がることはない、ということです（実際は2019年度より1万7000円になりました）。少子高齢化はこれからの方が勢いを増していきます。つまり、負担者は減り、受給者は増えていきます。

ここで、20歳〜64歳の人口を、65歳以上人口で割った数字のグラフを見てみましょう。これは、高齢者1人を、現役世代が何人で支えなければいけないかを考える目安になります（図2－4）。

2015年は2・1すなわち現役世代2人で高齢者1人を支えていることになりますが、急激に数字が落ちていき、2043年には1・4を切ります。そこから減少は緩やかになっていきますが、2065年には1・2になっています。およそ現役世代1人で高齢者1人を支える計算となります。このような状況でなぜ負担の上限を固定してやりくりができるのか。これは次章で述べますが、**異常に楽観的な将来見通し**をしていることが最も大きな要因です。

なお、2004年改正の際、週20時間以上の短時間労働者に対する厚生年金の適用拡大も検

図 2-4 65歳以上1人を何人で支えるか

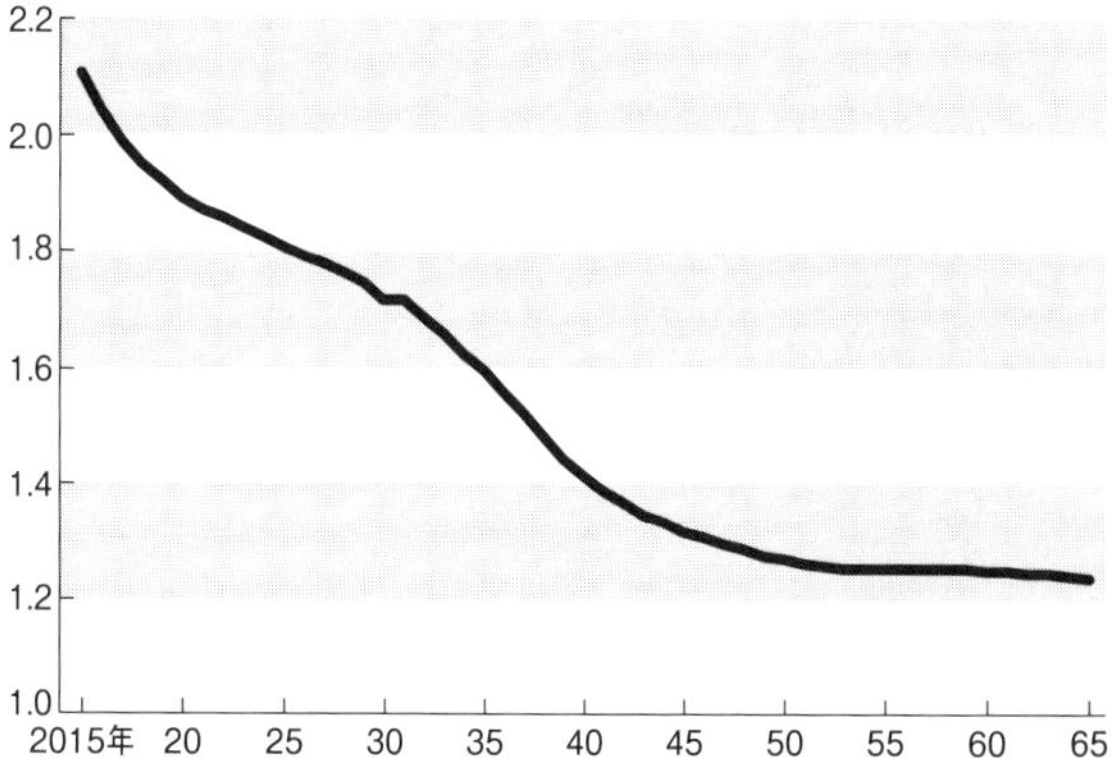

出典:国立社会保障・人口問題研究所「日本の将来推計人口(平成29年推計)」をもとに作成

討されましたが、結局見送られました。厚生年金の被保険者の対象を拡大することは、労働者の老後の安定及び年金財政の安定につながります。しかし、使用者側が負担の増大を嫌がりました。こうして負担が先送りされていきます。

2004年改正においては、財政方式について、将来にわたって永久に給付と負担の均衡を図る永久均衡方式から、既に生まれている世代が年金受給を終えるおよそ100年程度の期間で均衡を図る有限均衡方式に転換し、2025年頃から年金積立金を徐々に取り崩して給付にあて、2100年の積立金を給付費の1年分に抑えることも明記されました。

また、5年ごとの財政再計算に変えて、5年ごとに年金財政の検証を行い、給付の自動調整による年金の給付水準及び年金財政の現況、100年程度の財政均衡期間にわたる年金財政の見通しを作成し、財政均衡を著しく失すると見込まれる場合は速やかに所要の措置を講ずるとされました。「財政再計算」というのは、要するに保険料の引上げ計画を再計算するものです。しかし、2004年改正によって、2017年以降の保険料が固定されたため、再計算は不要になり、その代わり、年金財政検証をすることにしたのです。

消えた年金問題

2007年2月、誰のものか分からない厚生年金や国民年金の記録が、2006年6月時点で5095万件もあることが発覚し、「消えた年金問題」として大騒ぎになりました。

既に説明したとおり、日本は職業によって加入する年金制度が異なり、各制度ごとに加入者に番号が付され、記録の管理が行われてきました。転職により加入する制度が変われば新たに番号が付されました。また、転職しても加入する制度が同じであれば本来番号は流用すればよいはずですが、実際には新たに番号が付され、1人が2つ以上の番号を持つ場合も珍しくありませんでした。つまり、実際の加入者数よりもはるかに多くの番号が付されていたのです。

年金記録は各制度ともはじめは紙台帳によって行われていました。厚生年金について言えば、1942年から手作業による紙台帳によって記録されていました。1957年にパンチカードシステムによる記録の機械化が始められ、1962年からコンピューターを導入して磁気テープによる管理が行われるようになりました。さらに1986年には、オンラインシステムによる記録の中央一元化が完成しました。

1961年にできた国民年金は、最初は市町村から公布された国民年金手帳に印紙を貼る方式で保険料が納められ、市町村で記録が管理されました。その後、厚生年金と同じく磁気テープに移行し、さらにオンラインシステムに移行しました。

1986年に基礎年金制度が導入され、20歳以上の国民は全員国民年金（基礎年金）に加入することになりました。これを受けて、1997年に、基礎年金番号が導入され、国民1人、各制度の加入者全員に生涯を通じて1つの年金番号が付されることになり、各制度ごとの年金番号が、基礎年金番号に統合されていきました。この過程で、膨大な統合ミスが起きたのです。

当時の年金制度の加入者及び受給者の総数は1億156万人でしたが、1人で2つ以上の年金番号を持つ人が少なくなかったため、記録件数の総数は約3億件でした。そのうち約5000万件、約17％にも上る年金記録について、氏名や性別、生年月日などによって本人が特定できず、該当者不明のままになっていたのです。

どうしてこんなことになったのか。年金記録問題検証委員会報告書（概要）から引用すると、次のような原因がありました。

- オンライン化前の時期における入力ミス等に起因する記録誤り。
- 過去の誤りの発生状況等を記録し、誤りを減らす取組を実施せず。
- 本人の特定や連絡に重要な情報である氏名、生年月日、性別、住所を軽視。
- 漢字カナ自動変換システムにより、不備記録が発生。
- システムの開発・運用について、長期間にわたり特定の事業者に依存。

なお、報告書は「厚生労働省及び社会保険庁は、年金記録を正確に作成・保管・管理する組織全体の使命感、責任感が、決定的に欠如。」と厳しく指摘しています。膨大な年金記録を統合する作業のための必要人員を確保できていなかった、という側面もあるのではないかと私は思います。過少な人員で過大な業務をするからどうしても手抜きになるのでしょう。

この消えた年金問題ですが、現在どうなっているのかというと、解明作業が進められ、2019年9月時点で解明された記録が3246万件、解明作業中又はなお解明を要する記録が1849万件あります。すなわち、私がこの原稿を書いている時点で問題発覚から実に13年以上が経過していますが、**まだ全然終わっていない**ということです。

なお、この消えた年金問題とは別の種類の話として、多数の年金記録の内容に誤りがあるこ

図 2-5 年金記録問題への対応の実績概要

()内はデータの時点

課題	対策	回復人数など
Ⅰ未統合記録(5095万件)問題	ねんきん 特別便などの各種便 (25年9月時点)	1,358万人 (平成18年6月以降) 受給者688万人 被保険者等670万人
Ⅱ記載の内容に誤りがある問題	①紙台帳とコンピュータ記録の突合せ (25年9月末)	137万人 回復見込額の累計 (年額)約192億4千万円 増額となった方一人当たり平均 (年額)約1.4万円
	②国民年金特殊台帳とコンピュータ記録の突合せ (22年6月に終了)	8万件 増額となった方一人当たり平均 (年額)約1.4万円
	③被保険者記録と厚生年金基金記録との突合せ (25年9月末)	51万件 ・国の記録が誤っているとして基金等へ回答した件数(受給者、被保険者等の合計) ・一つのオンライン記録につき複数の不一致の理由がある場合はそれぞれを1件と計上
	④標準報酬などの遡及訂正事案：2万件戸別訪問調査(従業員事案1,602件) (22年6月に終了)	・年金事務所段階での記録回復 627件 ・総務大臣のあっせん(第三者委員会の調査審議)による記録回復 735件
	④標準報酬などの遡及訂正事案：年金事務所段階における記録回復(2万件戸別訪問調査対象者以外を含む) (25年4月末)	5,381件

記録訂正による受給者の年金額(年額)の増額の累計(平成20年5月以降)の
946億円
(269万件)
(25年9月)

65歳から受給した場合の回復総額(生涯額)
約1.9兆円
(25年9月)

出典:厚生労働省「年金記録問題　正常化への軌跡と今後の課題」(平成26〔2014〕年1月)

とも判明しました。例えば、事業主が滞納保険料を圧縮するために、給料を実際より低くして不正な届出をしていたり、社会保険庁が紙台帳から記録を移し替える際に誤入力した、というようなもので、他にも多数の類型があります。やや古い表ですが、この消えた年金（未統合記録）問題と、記載の内容に誤りがある問題について、政府の対応をまとめた表が図2－5です。年金制度が非常に杜撰《ずさん》に運営されていたことがよく分かります。

こうした問題が影響して社会保険庁は国民の信頼を失ったため、廃止・解体されました。現在の年金運営は非公務員型の公法人である日本年金機構が担っています。

被用者年金一元化

2012年の「社会保障・税一体改革」の一環として、厚生年金法等が改正され、2015年10月から、現在共済年金に加入している国家公務員、地方公務員、及び私立学校教員は、厚生年金に加入することになりました。なお、その他の共済組合は、この法改正の前の時点で、既に厚生年金に統合されていました。これにより、いくつもの制度に分かれていた被用者年金が、厚生年金に一元化されることになりました。

また、消費税率を2014年度から8％に上げ、財政基盤を確保できることから、基礎年金に対する国庫負担率2分の1を恒久化することになりました。なお、国庫負担率は、かつては

3分の1でしたが、それを2004年から徐々に上げてきていました。国庫負担率を上げないと、企業及び労働者の保険料負担が重くなり過ぎるため、このような措置が必要になります。

さらに、かつて見送られた厚生年金の被保険者の対象拡大がされることになりました。2016年から、従業員501人以上の企業で、労働時間が週20時間以上、賃金が月額8・8万円（年収106万円）以上、勤務期間が1年以上の短時間労働者も対象に含まれることになったのです。

なお、この年、AIJ投資顧問の年金消失事件が発覚しました。AIJ投資顧問は、顧客から預かっていた年金資産の運用に失敗していたにもかかわらず、虚偽の報告書を顧客や当局に提出していたことが明らかになったのです。そして、AIJが運用していた資金には、厚生年金基金から預かっていたものも含まれていました。これらのお金が運用失敗で消失していたことが明るみになったのです。

厚生年金基金制度は、これ以前にも、バブル崩壊等の影響を受けた運用難で代行を返上する基金が相次いでおり、存続自体がもともと危ぶまれていました。そして、このAIJ事件をきっかけに廃止の流れが加速し、結局2014年の厚生年金法改正によって新規の基金は設立できなくなり、既存の基金も財政状態が悪化したものは5年以内の解散を促されました。2020年3月4日現在、現存している基金数はわずかに8つ、加入員数は16万人となっています。

基金の運用失敗で生じた穴は結局、現役世代及び将来世代の保険料と税金で埋めることになります。

現在の公的年金制度の姿

ここで、現在の公的年金制度の姿を見てみましょう。図2－6は厚労省作成資料を引用したものであり、数字は2019年3月末時点のものです。

これを見ると、1階部分である国民年金の被保険者は合計6746万人。そのうち、自営業者等の第1号被保険者は1471万人。厚生年金保険にも加入している会社員・公務員等の第2号被保険者は4428万人。第2号被保険者の被扶養配偶者である第3号被保険者が847万人となっています。この公的年金による1階と2階部分に加え、iDeco等の私的年金が3階部分として存在します。

なお、「国民年金の未納者は約3割」などと言われることがあります。被用者年金は給料から天引きされますし、第3号被保険者は自分で保険料を納付することはありませんので、この未納率は国民年金第1号被保険者についての話です。例えば2019年6月に公表された2018年度の第1号被保険者における国民年金保険料の納付率は68・1%ですから、たしかに3割ほど未納ということになります。ただし、未納の中には、保険料の納付について、免除や猶

図 2-6 年金制度の仕組み

- 現役世代は全て国民年金の被保険者となり、高齢期となれば、基礎年金の給付を受ける。(1階部分)
- 民間サラリーマンや公務員等は、これに加え、厚生年金保険に加入し、基礎年金の上乗せとして報酬比例年金の給付を受ける。(2階部分)
- また、希望する者は、iDeCo(個人型確定拠出年金)等の私的年金に任意で加入し、さらに上乗せの給付を受けることができる。(3階部分)

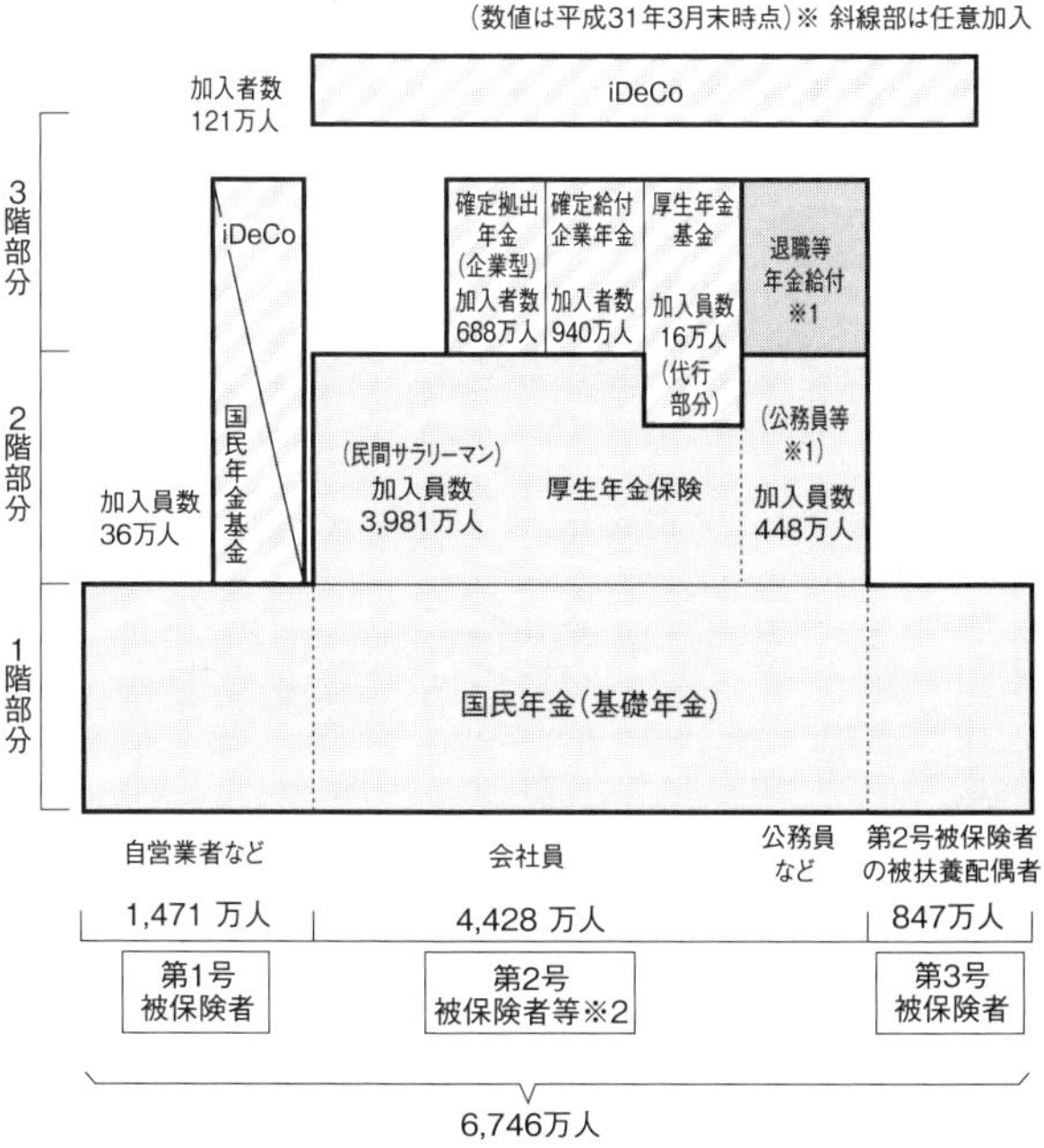

※1 被用者年金制度の一元化に伴い、平成27年10月1日から公務員および私学教職員も厚生年金に加入。また、共済年金の職域加算部分は廃止され、新たに退職等年金給付が創設。ただし、平成27年9月30日までの共済年金に加入していた期間分については、平成27年10月以後においても、加入期間に応じた職域加算部分を支給。

※2 第2号被保険者等とは、厚生年金被保険者のことをいう(第2号被保険者のほか、65歳以上で老齢、または、退職を支給事由とする年金給付の受給権を有する者を含む)。

出典:厚生労働省「公的年金制度の概要」

図 2-7 就業状況の推移

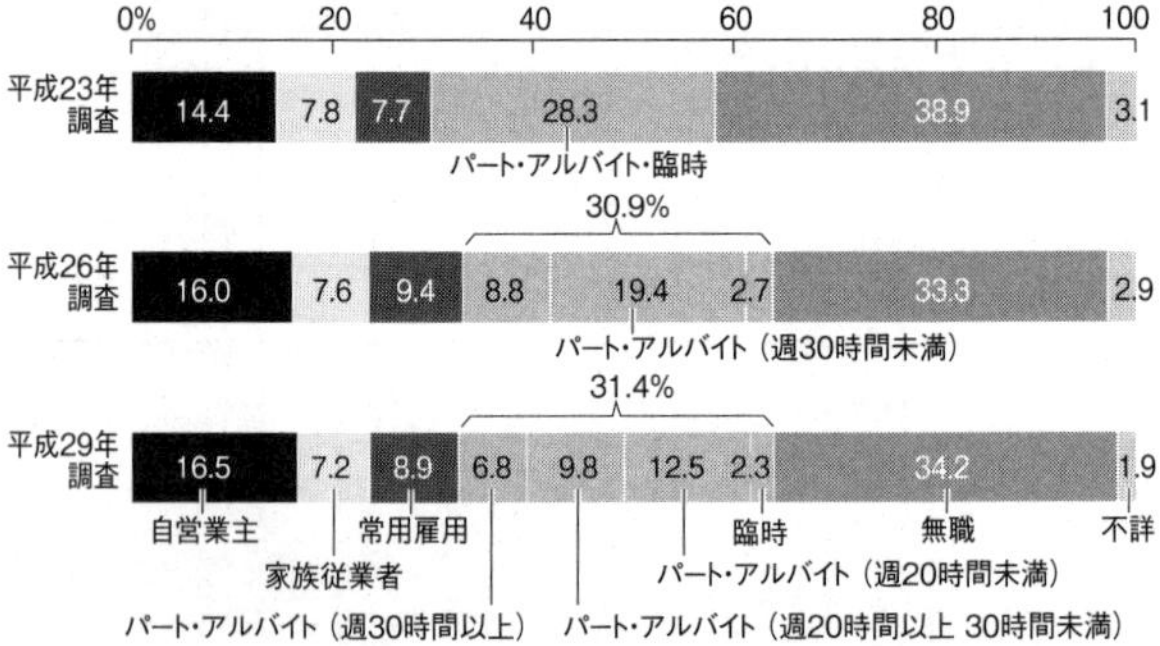

出典:平成31年3月厚生労働省年金局「平成29年国民年金被保険者実態調査結果の概要」

予されている人も含まれていることに注意が必要です。また、第1号被保険者の数は全体の20％程度であり、その約3割となると、公的年金全体から見れば6％程度です。

次に保険料について見てみましょう。国民年金の保険料は、定額です。どんなに儲かっている自営業者でも、保険料は変わりません。自営業者については所得が捕捉しづらいということを主な理由にして、定額にしているようです。しかし、国民年金第1号被保険者の就業状況を見てみると、無職者を除けば一番多いのはパート・アルバイト等の非正規雇用で、約3割を占めており、自営業者は全体の2割に満たない状況です（図2－7）。

現在の国民年金保険料は毎月1万6540円であり、年間約20万円です。年収200万

図 2-8　年金額（令和2年4月分から）

78万1,700円 × ［保険料納付済月数 ＋ 全額免除月数 × 4/8 ＋ 4分の1納付月数 × 5/8 ＋ 半額納付月数 × 6/8 ＋ 4分の3納付月数 × 7/8］ ／ 40年（加入可能年数）×12月

出典:日本年金機構「老齢基礎年金」

円以下のいわゆるワーキングプアと言われる方々からすれば、年収の約10％を取られる計算になります。これでは未納者が増えるのも当然でしょう。この状態を解消するには、例えば非正規雇用に対する厚生年金保険の対象拡大をさらに進めていくことが必要です。なお、２０２０年５月29日に成立した年金制度改正法により、短時間労働者を被用者保険の適用対象とすべき事業所の規模を段階的に引き下げる（５００人超↓１００人超↓50人超）等、適用対象の拡大が図られています。

次に、国民年金保険の老齢基礎年金の支給額の方を見てみると、これは保険料納付期間に応じて決まります。加入可能年数の上限である40年間全て１か月も欠かさず保険料を納めた場合、年額78万１７００円になります（２０２０年４月分からの支給額）。納付期間が40年に満たない場合や、途中に免除期間等がある場合、図２－８のとおりの計算で決まります。簡単に言えば、保険料を納めていない期間分が減額されます。

次に、厚生年金保険の保険料について見てみましょう（図

2－9)。

厚生年金保険では、被保険者が受け取る給与（基本給のほか残業手当や通勤手当などを含めた税引き前の給与）を一定の幅で区分した報酬月額に当てはめて決定した標準報酬月額を、保険料や年金額の計算に用います。現在の標準報酬月額は、表のとおり1等級（8万8000円）から32等級（65万円）までの32等級に分かれています。

例えば税引き前のあなたの月給が58万円だったとしましょう。そうすると、表の30等級（57万5000円〜60万5000円）の範囲に該当しますので、あなたの標準報酬月額は59万円です。ここに、保険料率18・3％をかけると、労使合計で10万7970円の保険料となります。そのうち、あなたが負担するのは半分ですので、給料から5万3985円が天引きされることになります。

では、給料が63万5000円以上の人はどうなるのかというと、標準報酬月額は65万円とされます。例えば、税引き前の月給が200万円だったとしても、標準報酬月額は65万円になるということです。したがって、どれだけ給料が上がっても、労使合計の保険料は毎月11万8950円であり、そのうち労働者が負担するのは5万9475円です。つまり、63万5000円以上になれば、月給が上がれば上がるほど、月給に対する厚生年金保険料の負担率は下がっていくことになります。不公平と思われるかもしれませんが、その代わり、老齢厚生年金の支給

図 2-9 令和2年9月分（10月納付分）からの厚生年金保険料額表

標準報酬		報酬月額			一般・坑内員・船員（厚生年金基金加入員を除く）	
					全額	折半額
等級	月額				18.300%	9.150%
		円以上		円未満		
1	88,000		～	93,000	16,104.00	8,052.00
2	98,000	93,000	～	101,000	17,934.00	8,967.00
3	104,000	101,000	～	107,000	19,032.00	9,516.00
4	110,000	107,000	～	114,000	20,130.00	10,065.00
5	118,000	114,000	～	122,000	21,594.00	10,797.00
6	126,000	122,000	～	130,000	23,058.00	11,529.00
7	134,000	130,000	～	138,000	24,522.00	12,261.00
8	142,000	138,000	～	146,000	25,986.00	12,993.00
9	150,000	146,000	～	155,000	27,450.00	13,725.00
10	160,000	155,000	～	165,000	29,280.00	14,640.00
11	170,000	165,000	～	175,000	31,110.00	15,555.00
12	180,000	175,000	～	185,000	32,940.00	16,470.00
13	190,000	185,000	～	195,000	34,770.00	17,385.00
14	200,000	195,000	～	210,000	36,600.00	18,300.00
15	220,000	210,000	～	230,000	40,260.00	20,130.00
16	240,000	230,000	～	250,000	43,920.00	21,960.00
17	260,000	250,000	～	270,000	47,580.00	23,790.00
18	280,000	270,000	～	290,000	51,240.00	25,620.00
19	300,000	290,000	～	310,000	54,900.00	27,450.00
20	320,000	310,000	～	330,000	58,560.00	29,280.00
21	340,000	330,000	～	350,000	62,220.00	31,110.00
22	360,000	350,000	～	370,000	65,880.00	32,940.00
23	380,000	370,000	～	395,000	69,540.00	34,770.00
24	410,000	395,000	～	425,000	75,030.00	37,515.00
25	440,000	425,000	～	455,000	80,520.00	40,260.00
26	470,000	455,000	～	485,000	86,010.00	43,005.00
27	500,000	485,000	～	515,000	91,500.00	45,750.00
28	530,000	515,000	～	545,000	96,990.00	48,495.00
29	560,000	545,000	～	575,000	102,480.00	51,240.00
30	590,000	575,000	～	605,000	107,970.00	53,985.00
31	620,000	605,000	～	635,000	113,460.00	56,730.00
32	650,000	635,000	～		118,950.00	59,475.00

出典:日本年金機構「厚生年金保険料額表」

図2-10 報酬比例部分の年金額（本来水準）

$$\left\{ \text{平均標準報酬月額} \times \underbrace{\left(\frac{9.5}{1000} \sim \frac{7.125}{1000} \right)}_{\text{生年月日に応じた率}} \times \text{平成15年3月までの被保険者期間の月数} + \right.$$

$$\left. \text{平均標準報酬額} \times \underbrace{\left(\frac{7.308}{1000} \sim \frac{5.481}{1000} \right)}_{\text{生年月日に応じた率}} \times \text{平成15年4月以後の被保険者期間の月数} \right\}$$

出典:日本年金機構「老齢厚生年金」

額も上がりません。

なお、賞与については、実際の税引き前の賞与の額から1千円未満の端数を切り捨てた金額に、保険料率18・3%をかけて保険料率を算出します。ただし、支給1回につき、150万円が上限です。したがって、賞与の額が200万円だったとしても、保険料は150万円×18・3%で計算されます。

この厚生年金保険料の仕組みにおいて非常に重要なのが、標準報酬月額65万円、賞与については150万円という上限があるものの、基本的に給料が上がれば上がるほど、保険料が増えていくということです。したがって、**厚生年金保険料収入を増やし、厚生年金財政を安定させたい場合、労働者の給料を上げていかなければならない、ということです。**ここは非常に重要なので覚えておいてください。

では、その老齢厚生年金の支給額について見ていきましょう。

まずは60歳〜64歳まで支給される特別支給の老齢厚生年金です。

これは、

図2-11 報酬比例部分の年金額（従前額保障）

（従前額保障とは、平成6年の水準で標準報酬を再評価し、年金額を計算したものです）

$$\left(\text{平均標準報酬月額} \times \left[\frac{10}{1000} \sim \frac{7.5}{1000} \right]_{\text{生年月日に応じた率}} \times \text{平成15年3月までの被保険者期間の月数} + \text{平均標準報酬額} \times \left[\frac{7.692}{1000} \sim \frac{5.769}{1000} \right]_{\text{生年月日に応じた率}} \times \text{平成15年4月以後の被保険者期間の月数} \right)$$

$$\times 1.002 \ (※)$$

※昭和13年4月2日以降に生まれた方は1.000

出典:日本年金機構「老齢厚生年金」

「定額部分＋報酬比例部分＋加給年金額」からなります。定額部分は「1630円×生年月日に応じた率×被保険者期間の月数」で算出します。要するに、加入期間と生年月日に応じて額が変動し、標準報酬月額は関係ありません。

報酬比例部分は、図2－10の計算式で算出されるのが原則です。

しかし、その額よりも図2－11の計算式で算出される金額の方が上の場合、図2－11で算出される金額になります。

これは従前の老齢厚生年金の額の支給水準を維持するための措置です。計算がややこしいですが、要するに、標準報酬月額に比例して増える部分と覚えておけばよいでしょう。

ここに加給年金額が加算されます。これは、被保険者期間が20年以上である人について、定額部分支給開始年

図2-12 加給年金額

対象者	加給年金額	年齢制限
配偶者	224,900円※	65歳未満であること（大正15年4月1日以前に生まれた配偶者には年齢制限はありません）
1人目・2人目の子	各224,900円	18歳到達年度の末日までの間の子 または1級・2級の障害の状態にある20歳未満の子
3人目以降の子	各75,000円	18歳到達年度の末日までの間の子 または1級・2級の障害の状態にある20歳未満の子

※老齢厚生年金を受けている方の生年月日に応じて、配偶者の加給年金額に33,200円～166,000円が特別加算されます。

図2-13 配偶者加給年金額の特別加算額（令和2年4月分から）

受給権者の生年月日	特別加算額	加給年金額の合計額
昭和9年4月2日～昭和15年4月1日	33,200円	258,100円
昭和15年4月2日～昭和16年4月1日	66,400円	291,300円
昭和16年4月2日～昭和17年4月1日	99,600円	324,500円
昭和17年4月2日～昭和18年4月1日	132,700円	357,600円
昭和18年4月2日以後	166,000円	390,900円

出典：日本年金機構「老齢厚生年金」

齢到達時に、その人によって生計を維持されている配偶者や子がいる際に加算されるものです。なお、定額支給部分開始年齢到達後に被保険者期間が20年以上となった場合も加算されます。基本的な金額は図2－12のとおりです。この加給年金額にプラスして、生年月日に応じた配偶者加給年金額が加算されます（図2－13）。

次に、65歳から支給される老齢厚生年金について見てみましょう。これは、「報酬比例年金額+経過的

図2-14 経過的加算額の計算式

1,630円 × 生年月日に応じた率 × 厚生年金保険の被保険者月数

$$-781{,}700円 \times \frac{昭和36年4月以降で20歳以上60歳未満の厚生年金保険の被保険者月数}{加入可能年数 \times 12}$$

※昭和36年4月以前や20歳前、60歳以降の厚生年金保険の被保険者期間については、定額部分の被保険者期間の上限に達していなければ、経過的加算部分に反映することになります。老齢厚生年金（報酬比例部分）には、被保険者期間の上限がないので全期間が反映します。

出典:日本年金機構「老齢厚生年金」

加算＋加給年金額」からなります。報酬比例と加給年金は特別支給の老齢厚生年金と同じです。したがって、違うのは経過的加算部分だけです。

65歳からは国民年金の支給が開始されますので、これが特別支給の老齢厚生年金の「定額部分」を代替します。だから定額部分が無くなっているのです。しかし、国民年金の支給額が、定額部分を下回ってしまう人が出てきます。そこで、その差額を埋めるものが「経過的加算」です。正確な計算式は図2－14のとおりです。

すなわち、結局のところ、特別支給の老齢厚生年金の支給水準が、65歳以降もずっと維持されるということです。

まとめ

公的年金の歴史と仕組みを簡単に振り返ってきました。想定を上回る少子高齢化の前に、度重なる改正を重ねてい

ったのがよく分かったと思います。保険料の値上げや支給開始年齢の引上げもしましたが、支給開始年齢の引上げは諸外国より遅れ、マクロ経済スライドも結局ほとんど発動せず、年金保険料では到底支給を賄えない状態になりました。そこで、老齢基礎年金の国庫負担率を2分の1にまで引き上げ、やっと支給水準を保っている状況です。

問題は、将来の資金繰りです。先述のとおり、日本は、今後も少子高齢化が急速に進んでいくにもかかわらず、厚生年金及び国民年金保険料を2017年で固定し、以後は引き上げないとしています。今まで度重なる保険料引上げをしてきたのに、いったいどうしてこうなるのか。将来の年金財政はどうなるのか。次章で見ていきます。

信じられない現実を書いていますので、覚悟してください。

第3章　絶対に実現しない年金財政の将来見通し

図 3-1 2019年財政検証の諸前提（経済）

		将来の経済状況の仮定		経済前提				（参考）
		労働力率	全要素生産性（TFP）上昇率	物価上昇率	賃金上昇率（実質〈対物価〉）	運用利回り 実質〈対物価〉	運用利回り スプレッド〈対賃金〉	経済成長率（実質）2029年度以降20〜30年
ケースⅠ	内閣府試算「成長実現ケース」に接続するもの	経済成長と労働参加が進むケース	1.3%	2.0%	1.6%	3.0%	1.4%	0.9%
ケースⅡ			1.1%	1.6%	1.4%	2.9%	1.5%	0.6%
ケースⅢ			0.9%	1.2%	1.1%	2.8%	1.7%	0.4%
ケースⅣ	内閣府試算「ベースラインケース」に接続するもの	経済成長と労働参加が一定程度進むケース	0.8%	1.1%	1.0%	2.1%	1.1%	0.2%
ケースⅤ			0.6%	0.8%	0.8%	2.0%	1.2%	0.0%
ケースⅥ		経済成長と労働参加が進まないケース	0.3%	0.5%	0.4%	0.8%	0.4%	▲0.5%

出典:厚生労働省「2019(令和元)年 財政検証結果のポイント」(第9回社会保障審議会年金部会、2019年8月27日)

２０１９年年金財政検証

年金財政検証は、２０１９年に行われました。検証の諸前提をまとめた表が図３－１です。

一番良い方から悪い方まで、全部で６ケースが想定されています。そして、それぞれのペースで進行した場合に、所得代替率がどうなるのかを示したのが図３－２です。所得代替率とは、年金を受け取り始める時点（65歳）における年金額が、現役世代の平均手取り収入額（ボーナス込み）と比較してどのくらいの割合か、を示すものです。なお、この所得代替率は「かさ上げ」されていると批判されています。なぜなら、分母の現役世代の収入は税・社会保険料を引いた「手取り」なのに、分子の年金額は、税・社会保険料を引

図 3-2 2019年財政検証結果

前回の財政検証と同様に、経済成長と労働参加が進むケースでは、マクロ経済スライド調整後も所得代替率50%を確保

※経済前提は、前回よりも控えめに設定（実質賃金上昇率 前回：2.3%～0.7%→今回：1.6%～0.4%

※労働供給は、前回よりも労働参加が進む前提（就業率 前回：2030年推計：58.4%→今回：2040年推計：60.9%［労働参加が進むケース］

所得代替率…公的年金の給付水準を示す指標。現役男子の平均手取り収入額に対する年金額の比率により表される。

所得代替率＝（夫婦2人の基礎年金＋夫の厚生年金）／現役男子の平均手取り収入額

2019年度：61.7%　13.0万円　9.0万円　35.7万円

	所得代替率（高→低）	経済前提	給付水準調整終了後の標準的な厚生年金の所得代替率	給付水準調整の終了年度		経済成長率（実質）2029年度以降20～30年
経済成長と労働参加が進むケース［内閣府試算の成長実現ケースに接続］	高	ケースⅠ	51.9%	2046年度	2014年財政検証 ケースA～E 51.0%～50.6%	0.9%
		ケースⅡ	51.6%	2046年度		0.6%
		ケースⅢ	50.8%	2047年度		0.4%
経済成長と労働参加が一定程度進むケース［内閣府試算のベースラインケースに接続］	所得代替率	ケースⅣ	（50.0%） （注）46.5%	（2044年度） （2053年度）	ケースF～G（注）45.7%～42.0% （注）機械的に給付水準調整を進めた場合	0.2%
		ケースⅤ	（50.0%） （注）44.5%	（2043年度） （2058年度）		0.0%
経済成長と労働参加が進まないケース［内閣府試算のベースラインケースに接続］	低	ケースⅥ	（50.0%）	（2043年度）	ケースH 完全賦課方式での給付水準は37%～35%程度	▲0.5%
		機械的に給付水準調整を進めると2052年度に国民年金の積立金がなくなり完全賦課方式に移行。その後、保険料と国庫負担で賄うことができる給付水準は、所得代替率38%～36%程度				

※2004（平成16）年改正法附則第2条において、「次期財政検証までの間に所得代替率が50%を下回ると見込まれる場合には、給付水準調整を終了し、給付と費用負担の在り方について検討を行う」こととされているが、5年後の2024年度の所得代替率の見通しは60.9%～60.0%となっている。

出典：厚生労働省「2019（令和元）年 財政検証結果のポイント」（第9回社会保障審議会年金部会、2019年8月27日）

図 3-3 実質賃金伸び率の推移

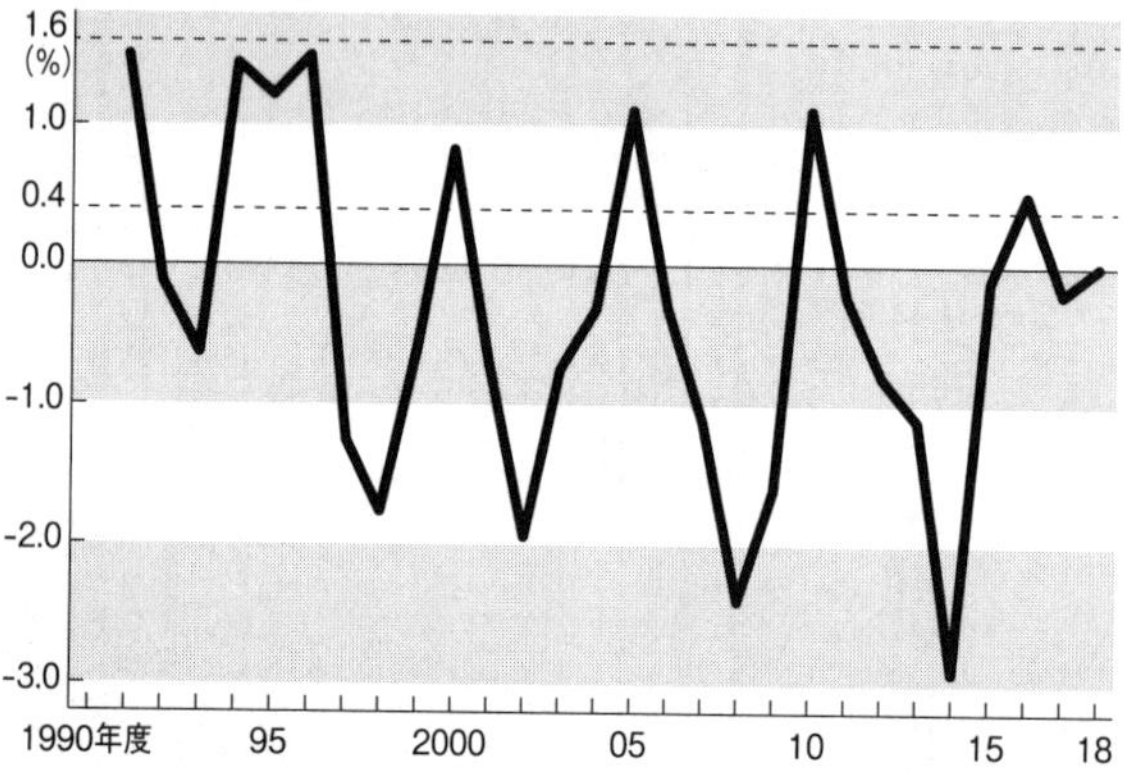

出典:厚生労働省「毎月勤労統計調査(全国調査・地方調査):結果の概要」

かない「額面」だからです。正確な数字を算出するなら、手取りか額面のどちらかに統一すべきでしょう。こういう欠点がある数字であることに注意が必要です。

図3－2を見ると、最悪のケースですら、2043年度でも所得代替率50％をキープできることになっています。最高のケースだと、2046年度に51・9％です。なお、2019年度の所得代替率は61・7％ですから、そこから27年後には、最高のケースですら所得代替率が10％程度下がることになります。

この財政検証の前提が現実的なものなのか、実績と比較してみましょう。まず、実質賃金上昇率について、財政検証は、最低ケースで0・4％、最高ケースで1・6％、毎年上昇し続けることを前提にしています。

図 3-4 消費者物価指数伸び率の推移

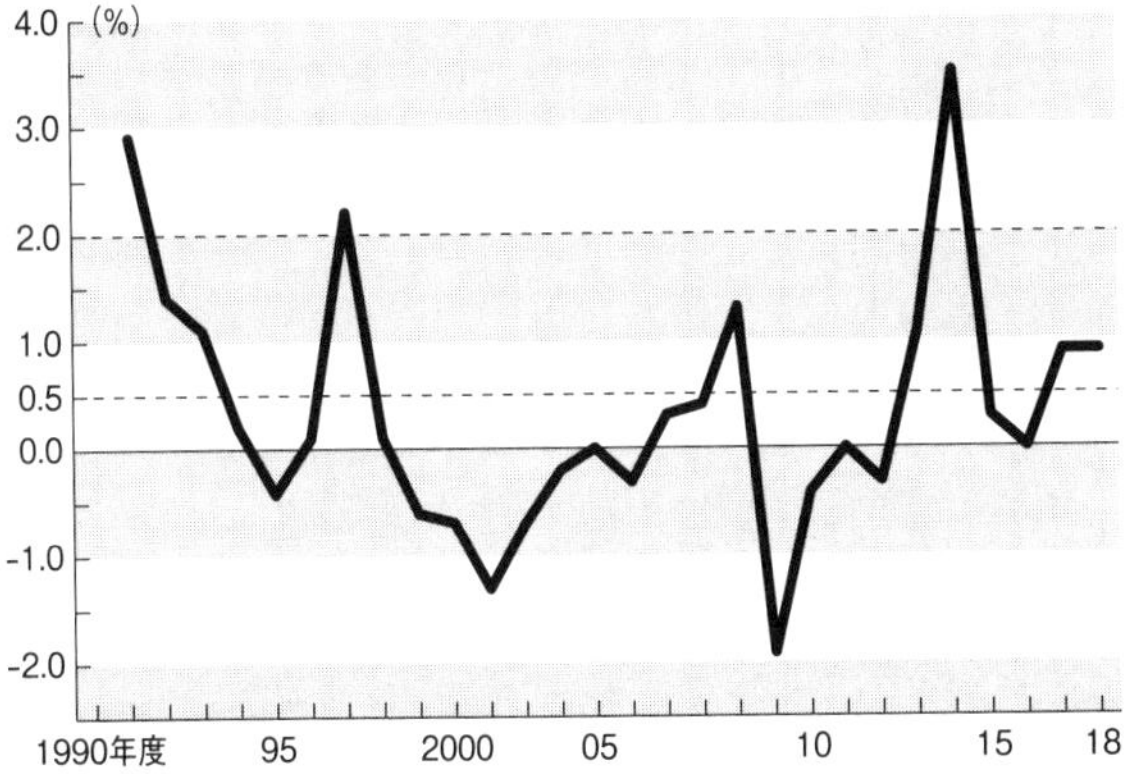

出典:総務省統計局「消費者物価指数」

厚労省が公表している毎月勤労統計調査の賃金は、1990年度まで遡ることができます。したがって、伸び率は、1991年度まで遡って算出できます（図3－3。なお、1990年度については、1989年度のデータが無いので伸び率を算出できない）。

これを見ると、1991年度以降、**実質賃金の伸び率が1・6%以上になった年は、28年間で一度もありません**。0・4%以上になった年ですら、8回だけです。2000年度以降は、**18年間でたったの4回**。

次に、消費者物価指数について見てみましょう（図3－4）。財政検証は、最低ケースで0・5%、最高ケースで2・0%、毎年物価が上昇していくとしています。

消費者物価上昇率が2%以上になったのは、

図 3-5 名目賃金伸び率の推移

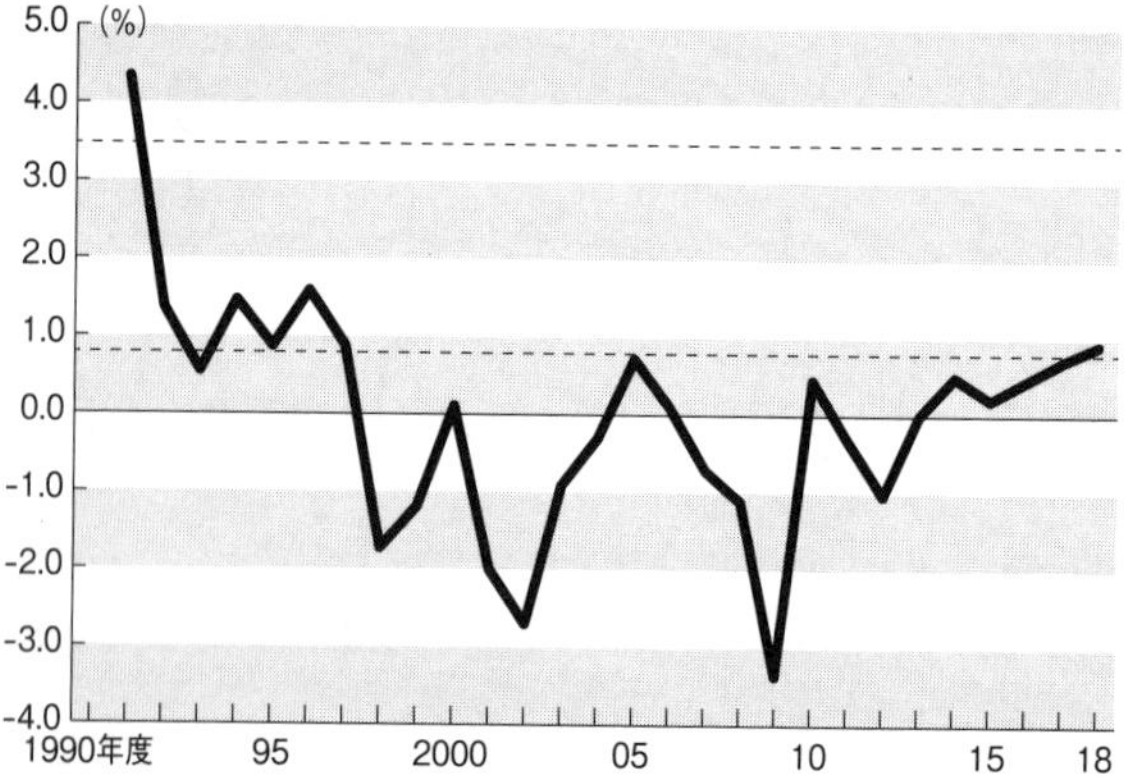

出典:厚生労働省「毎月勤労統計調査(全国調査・地方調査):結果の概要」

28年間で3回しかありません。他方、0・5%以上になったのは、28年間中9回。最近は後述するアベノミクスの影響で円安による物価上昇が起きたため、アベノミクス以降の6年間中4回で物価上昇率が0・5%以上になっています。ただし、2014年度は3・5%の物価上昇率のうち、2%は消費税増税による影響です（日銀の試算によると、3%の消費税率上昇による物価上昇率への影響は、2%程度とされています）。

次に、名目賃金の上昇率です。名目賃金は物価変動も含めたそのままの値です。実質賃金上昇率と消費者物価指数上昇率を単純に足すと、ほぼ名目賃金上昇率になります（厳密に計算してもそれほど変わりません）。財政検証の表には名目賃金上昇率が載っていません

図 3-6 名目賃金・実質賃金・消費者物価指数の推移

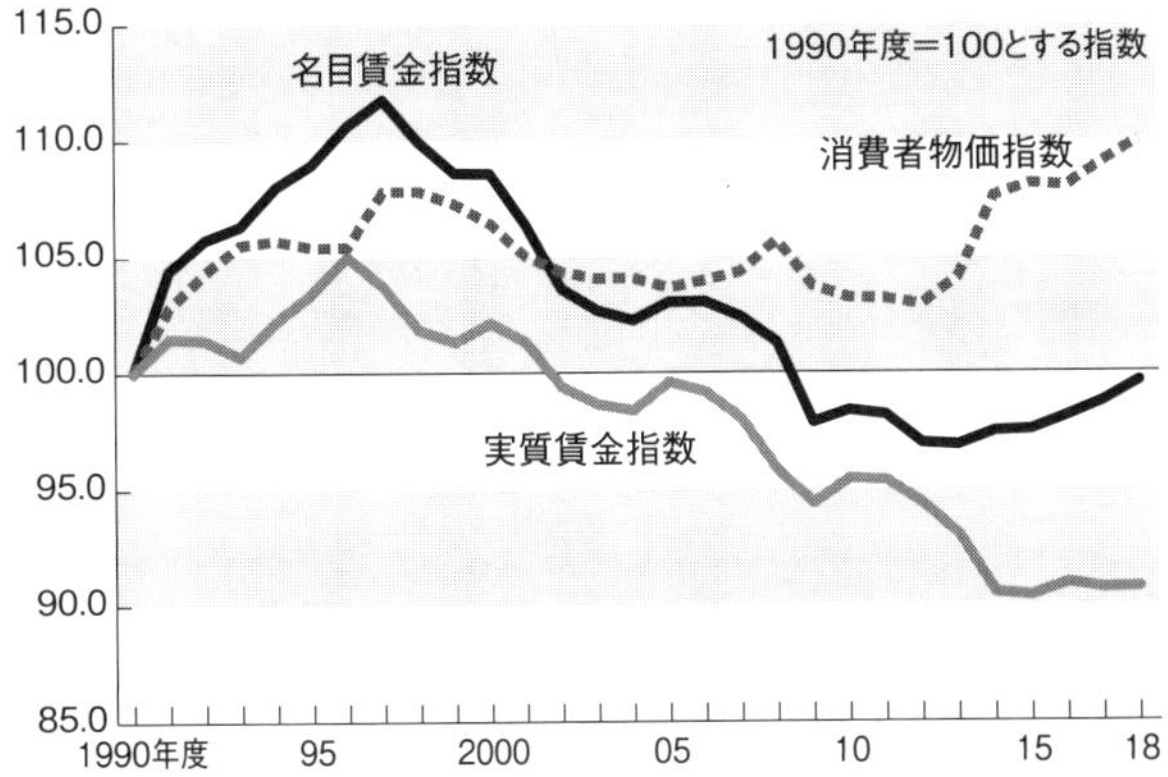

出典:厚生労働省「毎月勤労統計調査(全国調査・地方調査):結果の概要」、総務省統計局「消費者物価指数」

が、実質賃金上昇率と消費者物価指数上昇率を足してみると、名目賃金上昇率は、最低ケースで0・9%、最高ケースで3・6%毎年上昇することを前提にしていると言えます。

では実績を見てみましょう(図3－5)。

最低ケースである0・9を上回った年度は、28年中5回しかなく、しかも全て1990年代です。最高ケースである3・6%を上回った年度は、28年中たったの1回しかありません。

ここで、伸び率ではなく、1990年度を100とした、名目賃金・実質賃金・消費者物価指数のグラフを見てみましょう(図3－6)。

これを見ると、消費者物価指数は1999年度から緩やかに下落していき、横ばいになった後、2008年度に急上昇し、その後再度下落、そして2013年度あたりから上昇し、特に2014年度に大きく上昇、直近2018年度は109・9となっており、1990年度と比べると約10%高い状態になっています。

他方、名目賃金は1997年度をピークとしておおむね下落していき、2013年度を底にして緩やかな上昇に転じて、2018年度は99・6になっています。驚くべきことに、2018年度の名目賃金は28年も前の1990年度より低いのです。

一番悲惨なのは実質賃金です。1996年度をピークとして、おおむね名目賃金と同じように下落していきましたが、2013年度を底にして緩やかな上昇に転じた名目賃金とは逆に、大きく下落し、そこから横ばいとなり、2018年度は90・6となっています。**つまり、1990年度と比べると、10%近く落ちていることになります。**こんなに実質賃金が落ちているのは、世界で日本だけです。賃金が上がっていないのに、物価だけが上がってしまったので、このような悲惨な結果になっています。

財政検証は「毎年最低でも0・4%、最高で1・6%」実質賃金が伸び続けることを前提としています。つまり、この長期にわたる実質賃金の下落傾向が、突然上昇に転じて大きく伸びることを前提にしているということです。

なお、財政検証の最低ケースは、実質賃金上昇率が0・4%、消費者物価指数上昇率が0・

5%です。今まではそれぞれの数値を個別に見ていきましたが、財政検証の想定が当てはまるためには、**この2つの数値を同時に満たさなければなりません**。そこで、「実質賃金上昇率0・4以上、かつ、消費者物価指数上昇率0・5%以上」の条件を満たす年度を探してみると、**1991年度のわずか1回しかありません**。過去28年間で1度しかないということです。**財政検証は、28年間で1度しか達成できていない数字を、想定の最低ケースにしているということです**。

28年間で1度しか達成できていない数字を、**今後毎年達成し続けなければ**、想定の最低ケースの水準に届きません。これは、絶対に達成できない数値と断言できます。さらに、この財政検証は、内閣府の「中長期の経済財政に関する試算」を前提にしています。この試算の中に、名目GDPの試算が出てきます。これも驚くべき数字となっています（図3-7）。

2018年度までは実績値であり、以降は高めの試算である「成長実現ケース」と、それよりは抑えた「ベースラインケース」の2つの試算をつなげています。これを見ると、1997年度に533・4兆円でピークを一度迎えた後、日本経済は停滞し、ピークを更新できたのは、19年も経過した2016年度のことでした。しかしながら、これは次章で詳細に述べるとおり、GDP改定の際に思いっきりかさ上げした結果であり、かさ上げが無ければ更新はできていなかったでしょう。

図 3-7 名目GDP(2018年度までは実績)

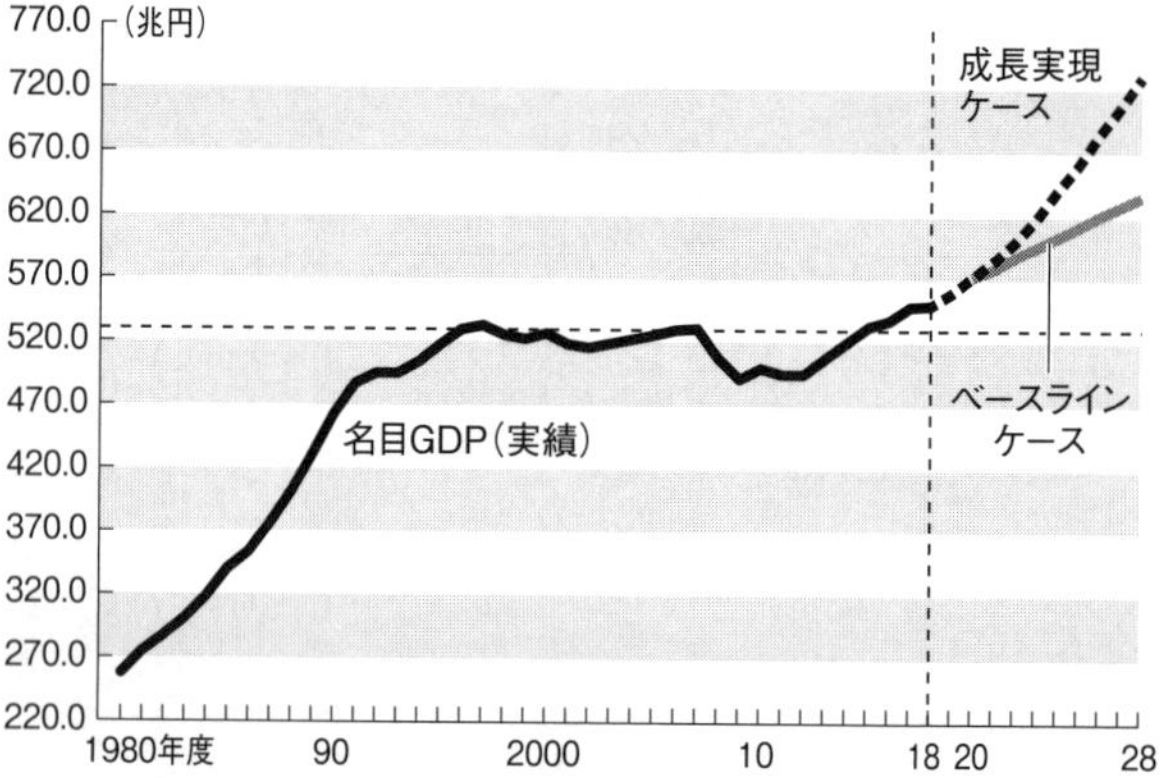

出典:内閣府「中長期の経済財政に関する試算」(令和元年7月31日 経済財政諮問会議提出)

そして、「成長実現ケース」では、日本経済は大きな成長を遂げ、2028年に名目GDP729兆円に達することになっています。2016年度と比較すると、192・1兆円も成長することになります。19年間も名目GDPを更新できなかった停滞国が、なぜか12年間で200兆円近く伸びることになっています。成長実現ケースよりは抑えめのベースラインケースですら、2028年度に635・1兆円であり、2016年度より98・2兆円伸びる計算になっています。このようなあり得ない経済成長前提と接続させたものが、先に見た年金財政検証なのです。もともとあり得ない経済成長を前提にしていましたが、コロナショックで経済が絶望的に落ち込みましたので、さらにあり得ない前提になったと言えます。

年金財政検証は、賃金も物価も大きく伸びることを前提にしています。賃金が大きく伸びれば、保険料率を上げなくても、保険料収入は増えます。他方、年金支給額の方は、マクロ経済スライドによって、新規裁定時の賃金スライド及び既裁定金に対する物価スライドを抑え込むことができますので、個別の受給者に対する年金を実質的に減額できます。だから所得代替率が61・7％から50％近くにまで落ちるのです。

要約すれば、収入が増え、支出を抑え込むので、年金財政を回せるということです。しかし、それは今まで見たとおり、絶対に実現できない楽観的な数値を前提にしたものです。これはただの現実逃避と言ってよいでしょう。

しかし、現実的に考えてしまうと、給付水準を維持するためには、労使の社会保険料負担は想像を絶するほど重いものになるでしょう。政権与党である自民党の最大のスポンサーは経団連です。経営者側としては、コストカットのため、是が非でも社会保険料の増額は避けたいところですから、自民党に対して保険料負担を上げるなという強い圧力をかけるでしょう。そしてそれは労働者だって強く反対しません。自分の負担が増えることは誰だって嫌がります。このように、保険料率を上げられない状況で、何とかつじつま合わせをしようとすると、非現実的な試算をするしか無くなってしまうのでしょう。

さて、このように、将来についてはおよそあり得ない想定をしている年金財政ですが、現在いったいどのような資金繰りをしているのか、見ていきましょう。

負担の押し付け合いの果てに

国の会計は、大きく分けて一般会計と特別会計の2つがあります。「予算100兆円超え」などと言ってニュースでよく出てくるのは一般会計の方で、特別会計の方はほとんど知られていないと言ってよいでしょう。

一般会計というのは、いわば「メインの財布」です。メインの財布である一般会計は、入ってきたお金が色々なところに使われます。これに対し、特別会計はいわば「サブの財布」です。特別な目的のためにお金が集められて、使われます。例えば、東日本大震災復興特別会計は、東日本大震災からの復興のために、復興債等を発行してお金を集め、復興のためにお金を使い、それ以外のことには使われません。このように、財源や用途が異なるため、一般会計と特別会計に分かれています。その方が分かりやすいからです。特別会計は、現在全部で13個あります（図3－8）。昔はもっと特別会計の数が多く、明治時代には60個もあった時代がありました。整理統合を繰り返し、今は歴史上最も少ない数になっています。

そして年金財政については、「年金特別会計」で管理されています。年金特別会計は、19

図 3-8 特別会計(平成29年度)

特別会計　〈〉は勘定数	所管府省
交付税及び譲与税配付金特別会計	内閣府、総務省及び財務省
地震再保険特別会計	財務省
国債整理基金特別会計	財務省
外国為替資金特別会計	財務省
財政投融資特別会計〈3〉	財務省及び国土交通省
エネルギー対策特別会計〈3〉	内閣府、文部科学省、経済産業省及び環境省
労働保険特別会計〈3〉	厚生労働省
年金特別会計〈6〉	内閣府及び厚生労働省
食料安定供給特別会計〈7〉	農林水産省
国有林野事業債務管理特別会計※	農林水産省
特許特別会計	経済産業省
自動車安全特別会計〈4〉	国土交通省
東日本大震災復興特別会計	国会、裁判所、会計検査院、内閣、内閣府、復興庁、総務省、法務省、外務省、財務省、文部科学省、厚生労働省、農林水産省、経済産業省、国土交通省、環境省及び防衛省

※経過特会
出典:財務省「特別会計ガイドブック(平成29年版)」より作成

44年に労働者の年金保険事業(厚生年金保険)や健康保険事業(政管健保)等を経理するために設置された厚生保険特別会計と、1961年に自営業者等の年金事業(国民年金)等を経理するために設置され、1986年に各制度共通の基礎年金制度の導入に伴い基礎年金勘定が加えられた国民年金特別会計とを統合し、2007年度に設置された特別会計です。

この年金特別会計は、さらに次の6つの勘定に分かれています。このうち、年金に関係するのは①~③の勘定です。

①基礎年金勘定
②国民年金勘定
③厚生年金勘定

④健康勘定
⑤子ども・子育て支援勘定
⑥業務勘定

この年金特別会計の仕組みが図3－9です。

あまりにややこしくてこの図を見てもよく分からないと思います。そこで、老齢年金に関するお金の流れだけ非常にざっくりと説明します。

国民年金と厚生年金という2つの勘定に、それぞれの保険料収入や、積立金からの運用収入等が入ります。これに加え、一般会計からも国民・厚生の2つの勘定にお金が入ってきます。2018年度で言うと、国民年金勘定に1兆8238億5500万円、厚生年金勘定に9兆7990億5500万円、合計で11兆6229億1000万円が入っています。そして、この2つの会計から、基礎年金勘定へお金が入り、基礎年金給付がされています。なお、2階部分である厚生年金については、厚生年金勘定から給付がされます。

平成30年度の基礎年金給付費は22兆9047億2000万円です。これは、先ほど見た一般会計から国民・厚生の各会計への組入額合計（11兆6229億1000万円）の約2倍です。したがって、基礎年金の約半分が、一般会計の負担によって賄われていることが分かります。保

図 3-9 年金特別会計の仕組み

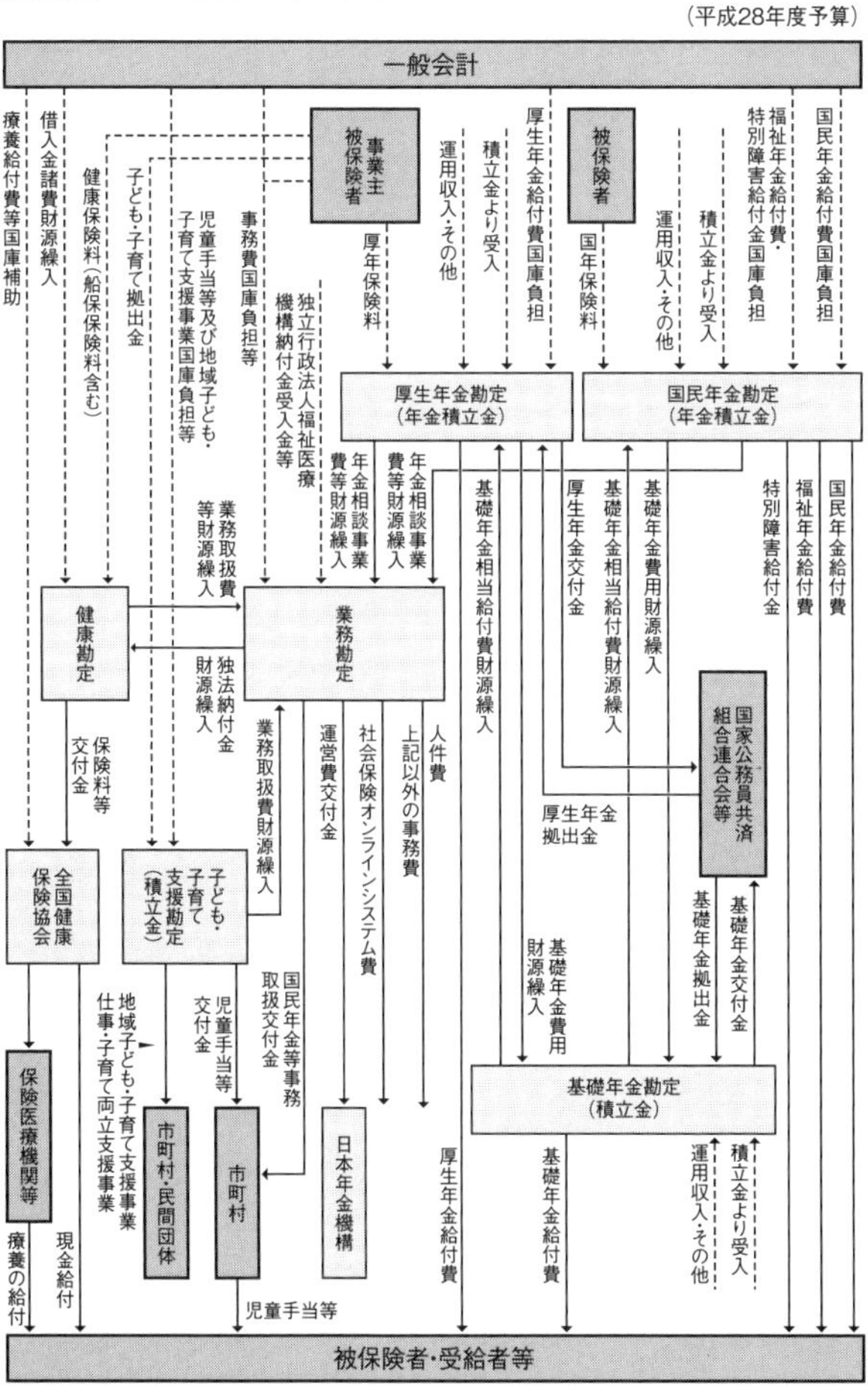

出典:厚生労働省「年金特別会計」(歳入及び歳出の概要)

■図3-10 一般会計歳入

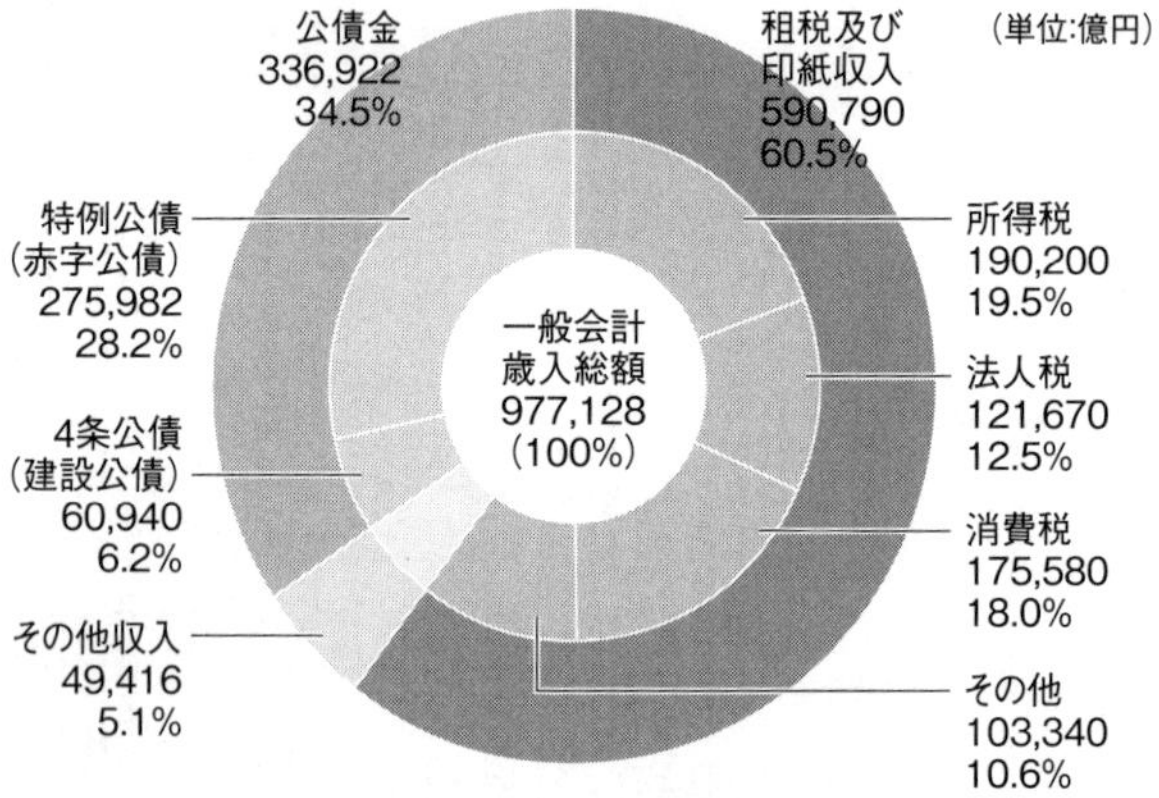

出典:財務省「財政制度分科会(平成30年10月9日開催)配布資料〔社会保障について〕」

険料等の収入だけでは足りないので、かつて3分の1だった国庫負担を、こうして2分の1に引き上げて穴埋めをしているのです。

それでは一般会計はどうなっているのでしょう。2018年度予算を見てみましょう。まずは歳入から(図3-10)。

租税及び印紙収入が約59兆円で全体の約60%を占め、その他収入が約5兆円で5%です。残りの約34兆円は全て公債金つまり借金です。借金のうち、特例公債が約28兆円で28%、建設公債が約6兆円で6%になっています。歳入の3分の1以上が借金という計算になります。

次に、歳出の方を見てみましょう(図3-11)。

歳出のうち、最大のものが社会保障費で、約33兆円、33・7%を占めています。先ほど

図3-11 一般会計歳出

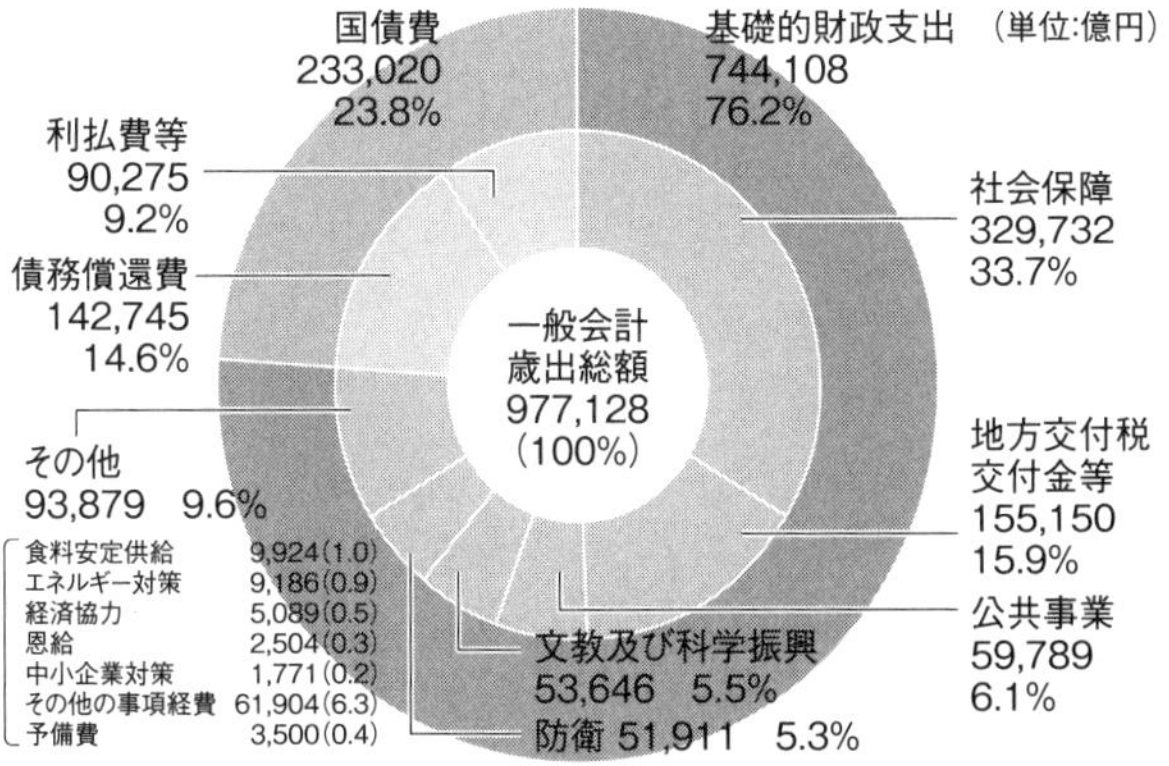

※「一般歳出」（=「基礎的財政収支対象経費」から「地方交付税交付金等」を除いたもの）は、588,958（60.3%）
出典:財務省「財政制度分科会（平成30年10月9日開催）配布資料〔社会保障について〕」

見た公債金とほぼ同じ額です。ではこの社会保障費の内訳はどうなっているのか見てみましょう（図3－12）。

　このように、医療費と年金がそれぞれ35・8％、合わせると70％以上を占めています。**年金は、医療費と並んで社会保障費の中で最も大きな割合を占めているのです。**ここに介護を加えると約80％になります。医療・年金・介護いずれも高齢者の増加に伴って増えた費用です。この一般会計からの支出によって、保険料等では賄いきれない分の社会保障費を賄っています。特別会計を含めた年金・医療・介護・福祉その他の社会保障給付費全体の額は、2018年度予算だと121・3兆円です。すなわち、社会保障給付費全体の約3割を、一般会計からの支出で穴埋めして

図3-12 社会保障関係費の内訳

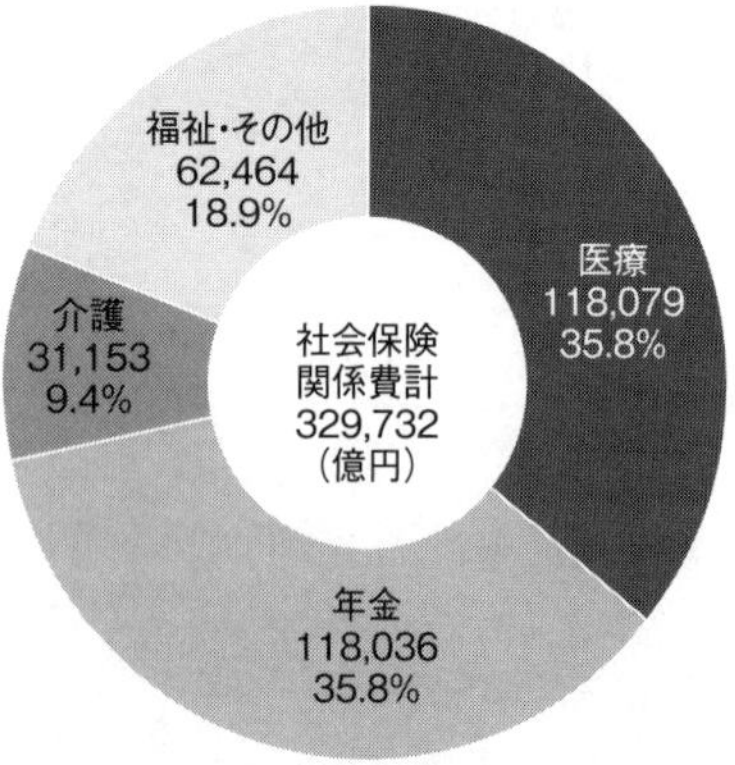

出典:財務省「財政制度分科会（平成30年10月9日開催）配布資料〔社会保障について〕」

いるということです。

次に国の一般会計歳出における社会保障関係費をはじめとする主要経費の推移を見てみましょう（図3−13）。

2018年度と、そこから30年も前の1988年度を比べてみましょう。社会保障費は10・4兆円から33兆円へ実に**3倍以上**に膨れ上がっています。そして、国債費、すなわち借金返済のお金も、11・5兆円から23・3兆円へ**倍以上**になっています。その他を見てみると、交付税（地方公共団体への交付金等）が10・9兆円から15・6兆円へ約5兆円増えています。公共事業費は6兆円で変わっていません。防衛は3・7兆円から5・2兆円でやや増えていると言えるかもしれませんが、文教・科技（教育や科学技術関連）は4・9兆

図3-13 国の一般会計歳出における社会保障関係費をはじめとする主要経費の推移

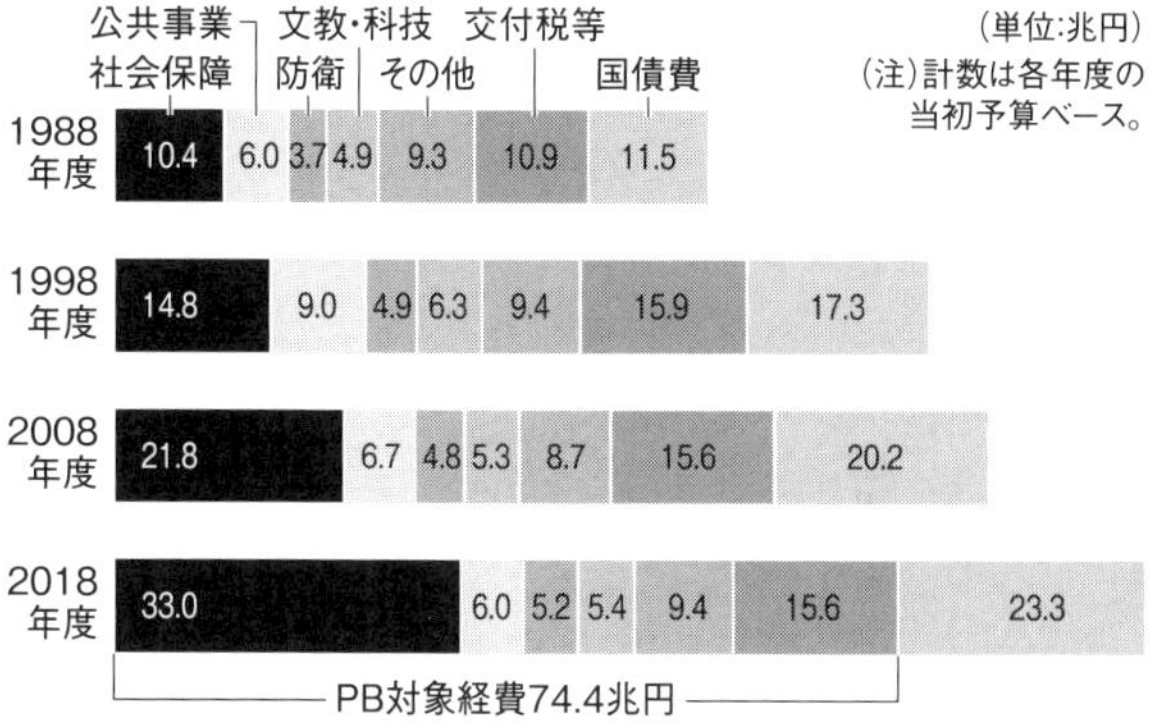

出典:財務省「財政制度分科会(平成30年10月9日開催)配布資料〔社会保障について〕」

円から5・4兆円でほとんど変わっていません。「その他」も9・3兆円から9・4兆円なのでほぼ同じです。

このように、30年前と比べると、**大きく増えたのは社会保障費と国債費だけです**。交付税等は約5兆円増えていますが、20年前である1998年度は15・9兆円ですから、それと比較すればむしろ減っています。**社会保障費と借金返済以外にほとんどお金が回っていない**状況がよく分かると思います。保育園の数が少ない、大学の補助金が削られてしまう、公務員の数が少なすぎる等の原因はここにあります。

借金が増えた要因

いわゆる「国の借金」と言われる「国債及

び借入金現在高」は、2019年3月末の時点で、1103兆3543億円です（図3－14）。

この借金のうち、最大のものが普通国債で、874兆434億円あり、全体の約80％を占めています。この表には普通国債の内訳が示されていませんが、2018年度の決算書類を見ると、建設国債が276・5兆円。特例国債が576・5兆円となっています。

ここで国の借金の基本ルールを確認します。財政法4条は、原則として国が借金をすることを禁止しています。しかし、同条は、但し書きにおいて、公共事業等については国債発行や借金をすることを認めています。建設国債は、この4条但し書きに基づいて発行されています。なぜ公共事業等について借金をすることが許されているのかと言えば、公共事業によってつくられた道路や橋、建物等は、**国の資産として残り、後の世代の役にも立つからです**。だから、借金をして後の世代に負担を負わせることを許しているのです。逆に言うと、それ以外の支出を国債等で賄う場合、それは単なるその場しのぎのために後の世代に負担を先送りすることですから、例外的にすら認められていないのです。

しかし、日本は特例法を作り、例外的にすら認められていないその場しのぎの国債の発行を認め、財政法4条を空文化しています。このその場しのぎのために発行される国債を特例国債（公債）又は赤字国債などと呼びます。社会保障費の捻出のために発行されるのはこの特例国債の方です。先ほど見たとおり特例国債の発行残高は576・5兆円ですから、「国の借金」

図3-14 国債及び借入金現在高

区分			金額（億円）
内国債			9,768,035
	普通国債 (うち復興債)		8,740,434 （53,763）
		長期国債（10年以上）	6,748,995
		中期国債（2年から5年）	1,750,479
		短期国債（1年以下）	240,961
	財政投融資特別会計国債		922,456
		長期国債（10年以上）	616,002
		中期国債（2年から5年）	306,455
	交付国債		1,440
	出資・拠出国債		43,423
	株式会社日本政策投資銀行危機対応業務国債		13,247
	原子力損害賠償・廃炉等支援機構国債		47,034
借入金			532,018
	長期（1年超）		125,263
	短期（1年以下）		406,755
政府短期証券			733,490
合計			11,033,543

出典:財務省「国債及び借入金並びに政府保証債務現在高」（平成31年3月末現在）

図3-15 建設・特例国債発行額の推移

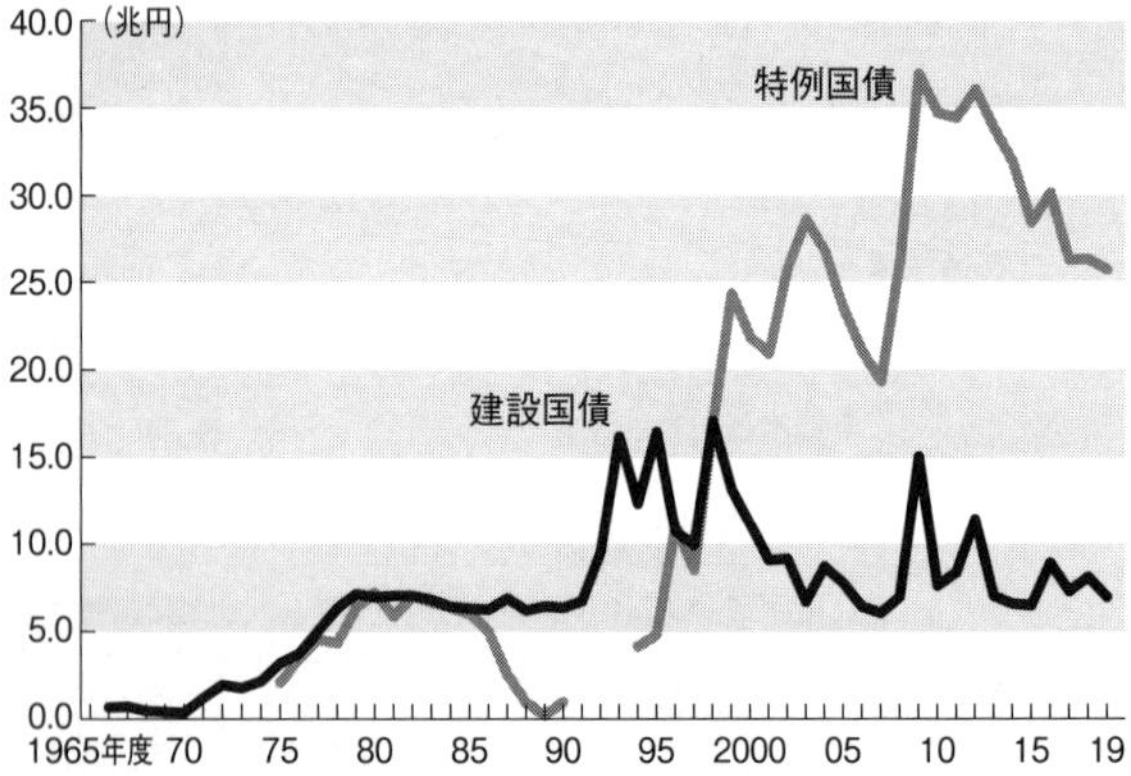

出典:財務省「国債発行額の推移(実績ベース)」

の半分以上を占めていることになります。では建設・特例国債の毎年度の発行額の推移を見てみましょう（図3－15）。なお、1947年度～1964年度の間は、国債は発行されていません。

これを見ると、1990年代の末頃に特例国債の発行額が大きく増える前までは、建設国債の方がおおむね毎年発行額が上でした。特に、バブル崩壊後の景気対策のため、1993年度～1996年度は、史上初めて4年度連続で建設国債が10兆円超発行され。1997年度はいったん発行額が抑え込まれたものの、今度は金融危機が発生したため、1998年度～2000年度まで3年度連続で10兆円以上の建設国債が発行されました。しかし、2001年度からは、小泉総理の下、建設国債の発行額は抑え込まれました。それと入れ替わるように発行額が増えたのが、特例国債です。1997年度は8兆5180億円でしたが、1998年度に16兆9500億円、1999年度に24兆3476億円と、わずか2年の間に3倍近くまで発行額が膨れ上がりました。特例国債の発行額がこのように物凄い勢いで膨れ上がっていったので、建設国債の方は発行額を抑え込まざるを得なかったのでしょう。

その後、リーマンショックの前までは、建設・特例国債共に発行額を抑え込む努力がされ、おおむね減少傾向にありましたが、リーマンショックの発生による税収低下の影響で発行額が増え、さらに、東日本大震災の発生もあって2011年度は発行額が増えました。その建設国債は横ばい、特例国債はおおむね減少傾向にあります。

驚異の60年償還ルール

これほど国債残高が膨れ上がった原因の一つに「60年償還ルール」があります。これは、建設国債と特例国債について、60年間借換を繰り返して完済するというルールです。借換というのは、新しい借金で古い借金を返済することであり、返済を引き延ばすのと効果は同じです。ただ、借換の際に金利が変わりますので、その点が単なる引き延ばしと異なる点です。

一番ポピュラーな10年国債の例で考えてみましょう。単純化のために利息は省きます。60

図3-16 借換債による公債償還の仕組み「60年償還ルール」

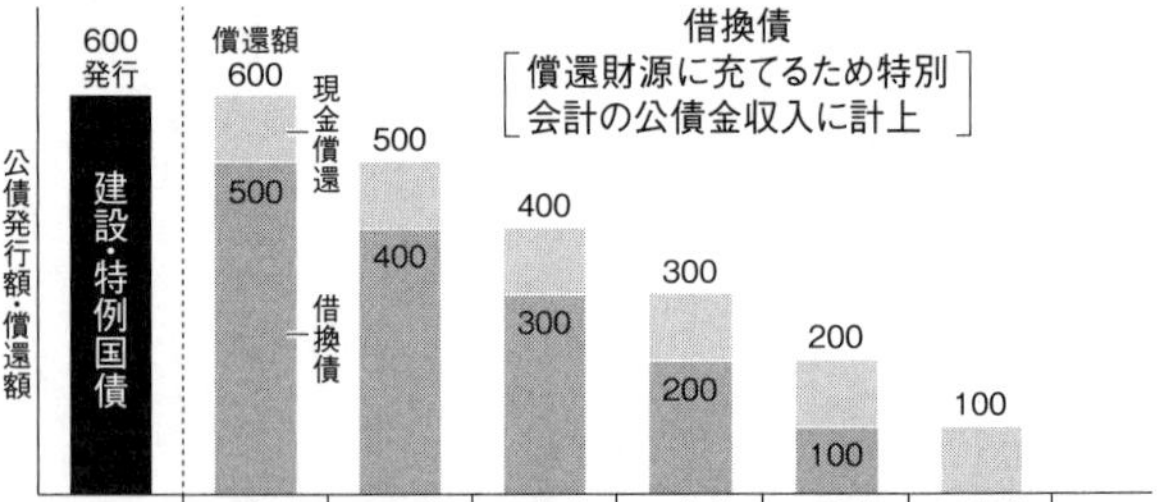

	10年後	20年後	30年後	40年後	50年後	60年後	
残高600	500	400	300	200	100	0	
定率繰入額	2〜11年後 600×1.6%×10 =96	12〜21年後 500×1.6%×10 =80	22〜31年後 400×1.6%×10 =64	32〜41年後 300×1.6%×10 =48	42〜51年後 200×1.6%×10 =32	52〜61年後 100×1.6%×10 =16	計336
不足額	4	20	36	52	68	84	計264

出典：財務省「債務管理リポート2017　国の債務管理と公的債務の現状」

0円の10年国債を発行したとします。10年後、そのうちの100円だけ返して、残りは500円の借換債を発行して借り換えます。さらに10年たつと100円を返して、残る400円を借り換えます……これを繰り返して、60年で返しているのです。財務省の説明図を引用します（図3－16）。

こんなにゆっくり返しているので、元本は全然減りません。そして、お金のレンタル料である利息はその間ずーっと払う羽目になります。旧大蔵省（現財務省）のOBである米《よね》澤《ざわ》潤一《じゅんいち》氏によると、平成27年度末までの普通国債残高（前倒しで発行した借換債の額を除く）763兆円のうち、利息の支払いのせいで発生した借金が335兆円を占めているとのことです。つまり、約44%が利息の支払い

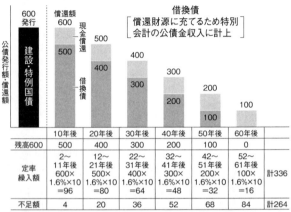

のためにした借金なのです。2018年度の一般会計予算を見ても、国債費23兆3020億円のうち、債務償還費つまり元本返済分は14兆2745億円、利払費は9兆275億円です。したがって、利払費が約40％を占めていることになります。たくさん借り過ぎている上に、元本がほとんど減らないので、利払費がとんでもない額になってしまうのです。

最初は、建設国債にだけこの60年償還ルールが採用されていました。建設国債を使って建てた道路や建物は、だいたい60年ぐらい使えるだろうから、借金も60年かけて返せばいいだろうという発想だったのです。利益が60年続くから、負担も60年かけて分散していいだろうということです。しかし、特例国債にはこの考えはあてはまりません。ただのその場しのぎであり、後世への資産は何も残らないからです。ところが、単に返済できないので、特例国債にまでこのルールがなし崩し的に適用されてしまっています。

この60年償還ルールが最初に導入されたのは、1967年、日本が高度経済成長の真っただ中にあった時です。経済成長にしたがって税収は増えるし、物価も上がっていく時代でした。つまり、借金の負担がどんどん軽くなっていく時代だったのです。しかしながら、今は違います。実質・名目GDPの成長率と、建設国債、特例国債発行額の5年平均をまとめたグラフを見てください（図3－17）。

60年償還ルールが導入された1967年度が含まれる5年間は、日本の歴史上もっとも名

図3-17 GDP成長率・国債発行額（5年平均）の推移

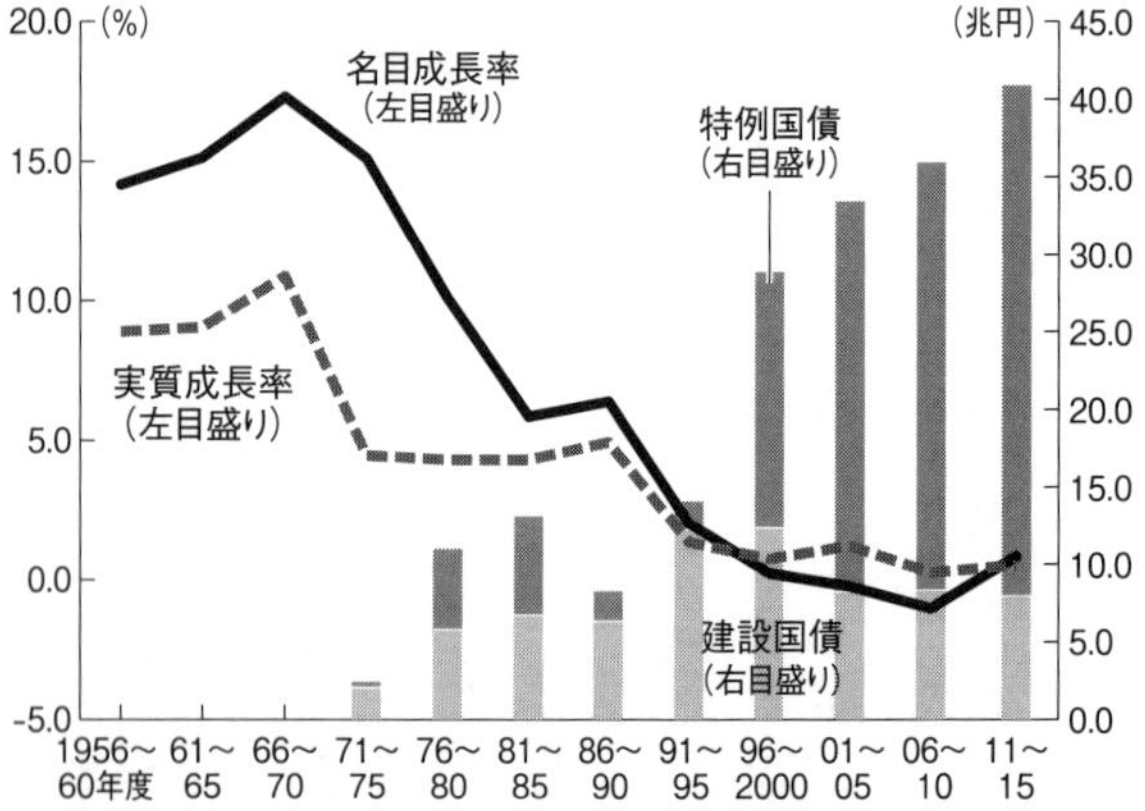

出典:財務省「戦後の国債管理政策の推移」、内閣府「国民経済計算」

目・実質GDP成長率が高かった時代です。名目GDP成長率は17・4%、実質GDPは10・9%もありました。他方、直近2011年度〜2015年度の平均成長率は、1%にすら届きません。そして、下がる成長率と反比例するように、建設国債と特例国債の発行額が増えています。成長できない分を借金で補っていることが分かるでしょう。

今の60年償還ルールには、導入当初の1967年度に存在していた「2つの前提」が欠けているのです。つまり①60年償還ルールが適用されるのは建設国債のみ②経済成長で将来の借金負担は軽くなる、という2点です。この前提がもはや存在しないにもかかわらず、単にその場しのぎで60年償還ルールがずっと適用され続けています。このルールを導入した人も、まさかこんな形で60年償還ルールが使われ続けるなんて思っていなかったでしょう。

ちなみに、このルールの下では、建設・特例国債について、毎年元本返済に充てられる額は、前年度の期首における建設・特例国債総額の1・6%だけです。なぜ1・6%なのかと言うと、1を60で割るとだいたい1・6%になるからです。つまり、1・6%ずつ元本を返していくと、60年ぐらいで返済が終わることになります（厳密にいうと足りません）。2020年度に新しく借りたお金は2080年度に返し終わるということです。2080年度だと、私は96歳になっています。もう死んでいるかもしれません。

次に、この借換のために発行される借換債の発行額推移を見てみましょう（図3－18）。借換債の発行額の規模が、建設・特例国債とは全く違うことが分かるでしょう。ピーク時は2014年度で約120兆円です。2010年度から今に至るまで、ずっと100兆円超えです。この国は、一般会計の規模を超える借金を毎年借り換えているのです。次に借換債も含めた国債の総発行額の規模を見てみましょう（図3－19）。

このように、ピーク時の2012年度で177兆円以上発行しています。直近2019年度でも約150兆円です。なお後述しますが、コロナショックの影響により、2020年度は一気に250兆円を超える見込みです。

借換債の存在はあまり知られていません。ニュース等で話題になるのは建設国債や特例国債

図3-18 借換債・建設国債・特例国債の推移

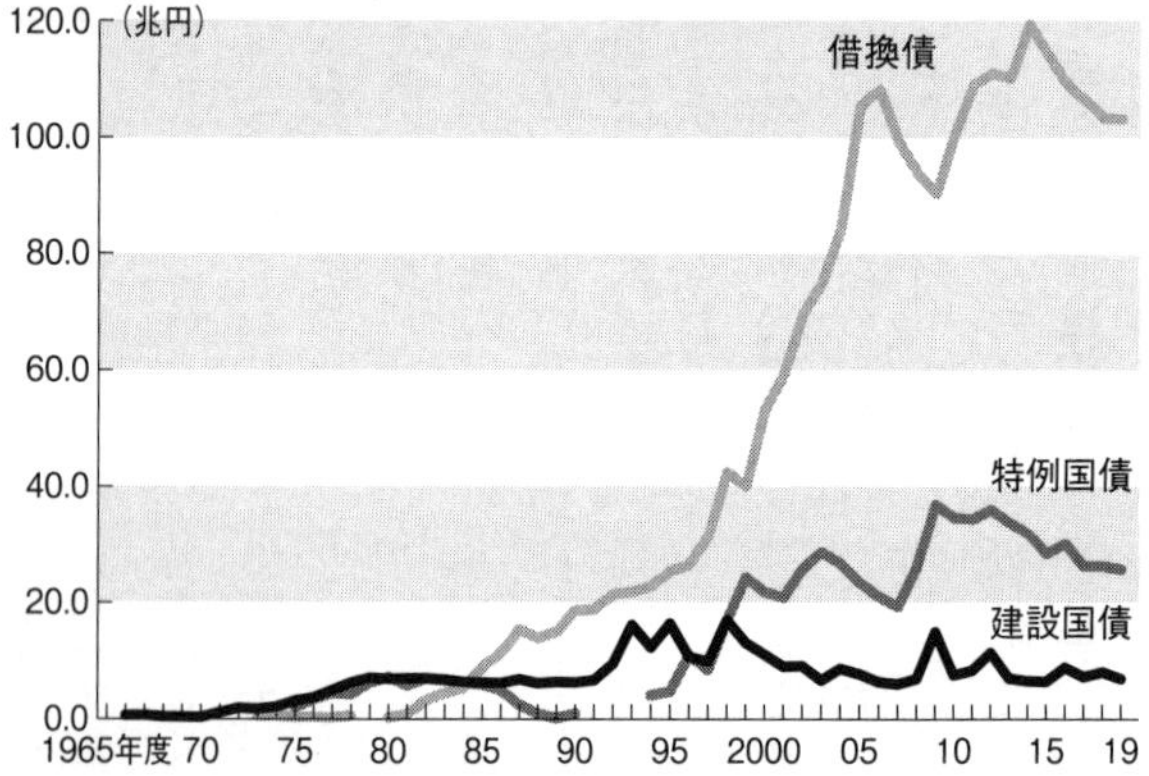

出典:財務省「戦後の国債管理政策の推移」をもとに作成

図3-19 国債総発行額の推移

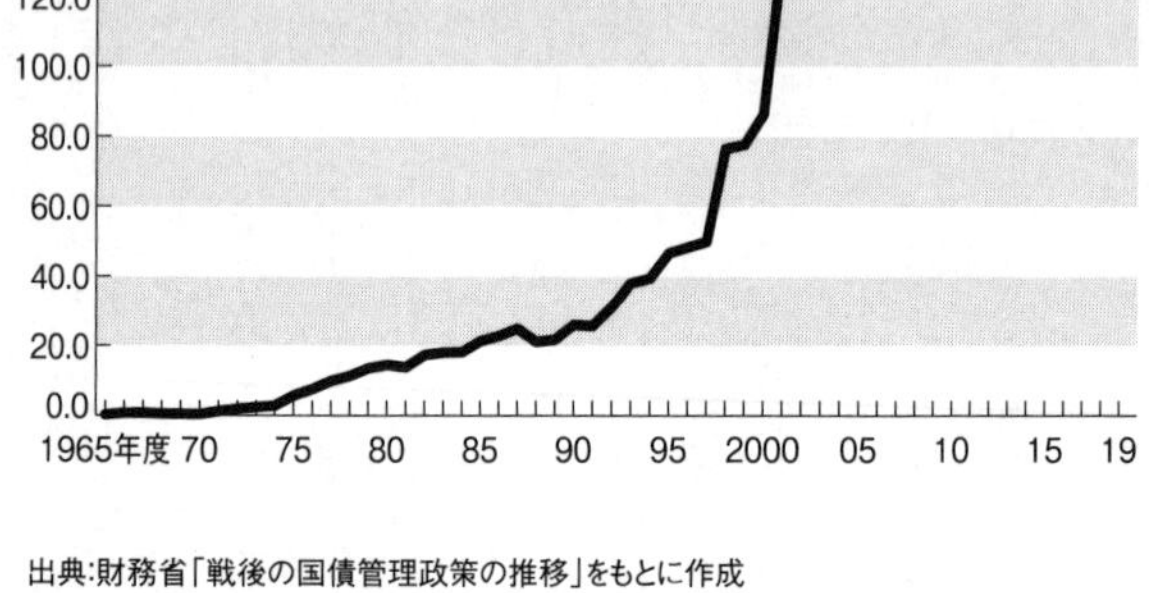

出典:財務省「戦後の国債管理政策の推移」をもとに作成

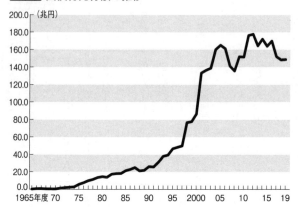

の発行額です。しかし、借換債の存在こそが最も重要と言えます。なぜなら、**この借換債を市場で買ってもらえているので、**古い借金に対する返済が可能になっているからです。もし、借換債を市中消化しきれなければ、古い借金への返済ができなくなり、「債務不履行（デフォルト）」となります。そうなった場合に起きるのは、円に対する急激な信用低下であり、具体的には、為替市場で円が大きく売られてしまいます。これが引き起こす「円安インフレ」によって我々の生活は壊滅的打撃を受けます。こういうと、「日銀に国債を引き受けさせればよい」と言う人が必ず出てきますが、日銀に直接引受をさせれば、余計に円安インフレが悪化します。それは後で詳しく述べます。

金利が上がればオシマイの財政

ここで国債発行の仕組みを説明します。話を単純化するために、償還期限（お金を返すまでの期限）が1年間の国債を前提に考えてみましょう。国は、この国債を例えば「額面100円、表面利率1％」という形で売りに出します。それに対し、国債を欲しい投資家（銀行や保険会社等）が購入価格を入札していきます。そして、入札価格の高い方から国債が割り当てられていきます。例えば、99円で落札できれば、99円を支払って「額面100円、表面利率1％」の国債を入手できる。国には99円が入ります。99円で購入して、最終的には元利合計で101円返ってきますから、2円儲かることになります。

「儲かったお金」の「投入金額に対する割合」を「利回り」と言います。この例で言うと、利回りは2円÷99円＝約2％ということです。

仮に額面100円、利息1％、償還期限1年の国債を80円で落札できたら、どうなるでしょう。21円も儲かりますので、利回りは約26％になります。購入価格が安くなればなるほど、「額面＋利息」との差額が大きくなって儲けが大きくなるということです。ここが最も重要です。国債は、購入するときの価格が安くなればなるほど、その分儲けは増えます。最終的に戻ってくるお金との差額が増え、利回りが上がるからです。逆に、購入するときの価格が高くなればなるほど、最終的に戻ってくるお金との差が少なくなって儲けは減り、利回りは下がります。価格が下がると利回りが上がり、価格が上がると利回りが下がるのです。**国債の価格と利回りは真逆に動く**ということです。ですから、「国債金利急騰」となったら、それは「国債価格暴落」を意味します。

では、国債価格が下がるときは一体どのような時でしょう。それは、国の借金返済能力が危うくなった時です。国債の返済原資は税金というのが建前だからです。持っていても返済されるかどうかが分からなくなれば、国債は売られてしまいます。円建ての国債を売れば、手に入るのは円です。財政危機に陥った国の通貨など持っていたくないでしょうから、投資家は円を売るでしょう。こうして為替市場において円が売られ、円安が進みます。円が安くなれば、貿易時の決済通貨であるドルを手に入れるのは困難になります。今までよりも多くの円を差し出さなければドルと交換できません。そうなると輸入物価が上がります。輸入物価が上がると、その分を国内で販売する際に価格に転嫁する必要があります。そうしないと利益が出ません。

こうして、円安→輸入物価上昇→国内物価上昇となるわけです。このように、為替市場において通貨が大きく売られてしまうことにより生じるインフレを私は通貨安インフレと呼んでいます。円の場合は円安インフレです。なお、次章で説明しますが、円安インフレ自体はもう既に発生しています。

ここで、発券銀行である日本銀行に国債を直接引受させれば、少なくとも債務不履行（デフォルト）は防げるのではないかと思われるかもしれません。そのとおりです。形式的にはデフォルトを防ぐことができます。その代わり、為替市場における円の価値を維持することができません。

財政法5条は日銀の直接引受を禁止しています。例外的に借換債の一部について日銀の直接引受（日銀乗換）が認められていますが、2019年度の発行予定額でいうと、日銀乗換は2兆2000億円に過ぎません。こうやって直接引受を禁止している趣旨は、直接引受をすると、政府がお金を発行し放題になり、急激なインフレを引き起こすからです。

通貨とは、もともと穀物や布、塩などの現物から始まり、金属貨幣に進化し、そこからさらに金属貨幣の引換券である兌換紙幣、そして金属貨幣とのつながりを絶った不換紙幣へと進化していきました。金属貨幣は材料としての金属が必要ですので、製造速度に限界があります。さらに、それとの引換を約束する兌換紙幣は、金属貨幣の保有量という縛りを受けます。いわば「金属」が製造速度の重しになるのです。ところが、不換紙幣の場合、製造速度を縛るものがありません。いくらでも無限に素早く作ることができてしまいます。したがって、お金に困った政府が不換紙幣を刷りまくるという現象があらゆる時代のあらゆる国で発生しました。

お金は増えれば増えるほど、その価値が下がっていきます。極端な例で考えてみると、例えば国民一人一人に1000万円を配ったとします。物価は以前と同じままになるでしょうか。なるわけがないですね。みんなの持っているお金が増えるわけですから、それと一緒に物価も上がるでしょう。物価が急激に上がってしまえば、お金の価値が落ち、結局「お金が足りない」という状況は改善されません。そこで、お金をさらにたくさん発行すると、さらにインフレが進み、お金の価値が下がってしまいます。つまり、お金増やす↓インフレに合わせてさらにお金増やす↓さらにインフレ↓さらにお金増やす↓さらにインフレ……というループが発生してしまうのです。これが現在進行形で発生しているのがベネズエラです。

日本も、明治政府の時代に政府紙幣という不換紙幣を発行し、凄まじいインフレを引き起こしました。これに反省して、日本銀行を設立し、通貨の発行権を譲ったのです。ところが、結局直接引受を解禁し、それが膨大な戦費に充てられた結果、戦中戦後の凄まじいインフレの一要因となりました。いつだって政府はお金に困っていますから、政府がお金を好きなだけ発行できるようにしてしまえば、発行し過ぎてしまうのです。

日本だけではなく、どこの国の政府も、政府から独立した中央銀行を設立し、通貨の発行権を持たせ、かつ、中央銀行による直接引受を禁止しているのは、こうしたインフレを防ぐためです。したがって、もし日本国債直接引受を全面的に解禁してしまえば、「円が猛烈に増える→円の価値が下がる」と為替市場参加者は予想し、円売りに走るでしょう。それは壊滅的な円安インフレを引き起こすと思います。

だから、国債は原則として銀行等の民間金融機関に引受させているのです。現在の日銀は国債を大量に買い入れていますが、これは、政府から直接買っているのではなく、銀行等がいったん政府から購入した国債を買っているだけです。このスキームも、銀行等が間に入ってくれなくなったら成り立ちません。間に入らなくなる場合としては、円が為替市場の信頼を失って暴落していくケースが考えられます。なぜなら、通貨が暴落を続けている場合、国債転売によって得た転売益は実質的に見るとすぐに無くなってしまうからです。そんなスキームに付き合うよりは、円を他の通貨、例えば基軸通貨であるドルに替え、資産を保全しようとするでしょう。

話を元に戻します。「金利の上昇」が日本の財政に何をもたらすのかを説明します。国債市場には、政府が国債を発行する「発行市場」と、発行された国債を転売する「流通市場」があります。発行市場において銀行等が国債を買い入れ、それを流通市場において転売しています。この流通市場における新発10年国債の利回りが、「長期金利」と呼ばれて、代表的な金利の指標になっています。この長期金利が、銀行が民間企業にお金を貸す際の金利にも影響する。長期金利が上下すれば、だいたいそれに合わせて貸出金利も上下するのです。

では、ここで日本財政に対する信頼が失われるなど、何かのきっかけで長期金利が上がった場合を想定してみます。例えば、残存期間1年、額面100円、表面利率1%の国債の価格が暴落(つまり、利回りが急上昇)して、80円になったとしましょう。この場合、最終的に返ってくるお金は101円ですから、80円との差額は21円。利回りは21円÷80円=約26%になります。

流通市場がそんな状態の時に、政府が新しく償還期限1年の国債を額面100円、表面利率1%で発行するとしましょう。なお、表面利率というのは、発行市場における利率のことです。あなたならいくらで入札するでしょうか。高くても80円でしょう。なぜなら、同じ額面と利率の国債を、流通市場において80円で購入できるからです。そうなると、政府としては困ります。額面である100円に近い額で入札してほしいのに、20円も足りない額になってしまいます。つまり、政府が調達できるお金が減ってしまうということです。これでは財政が回りません。

図3-20 表面利率・長期金利の推移

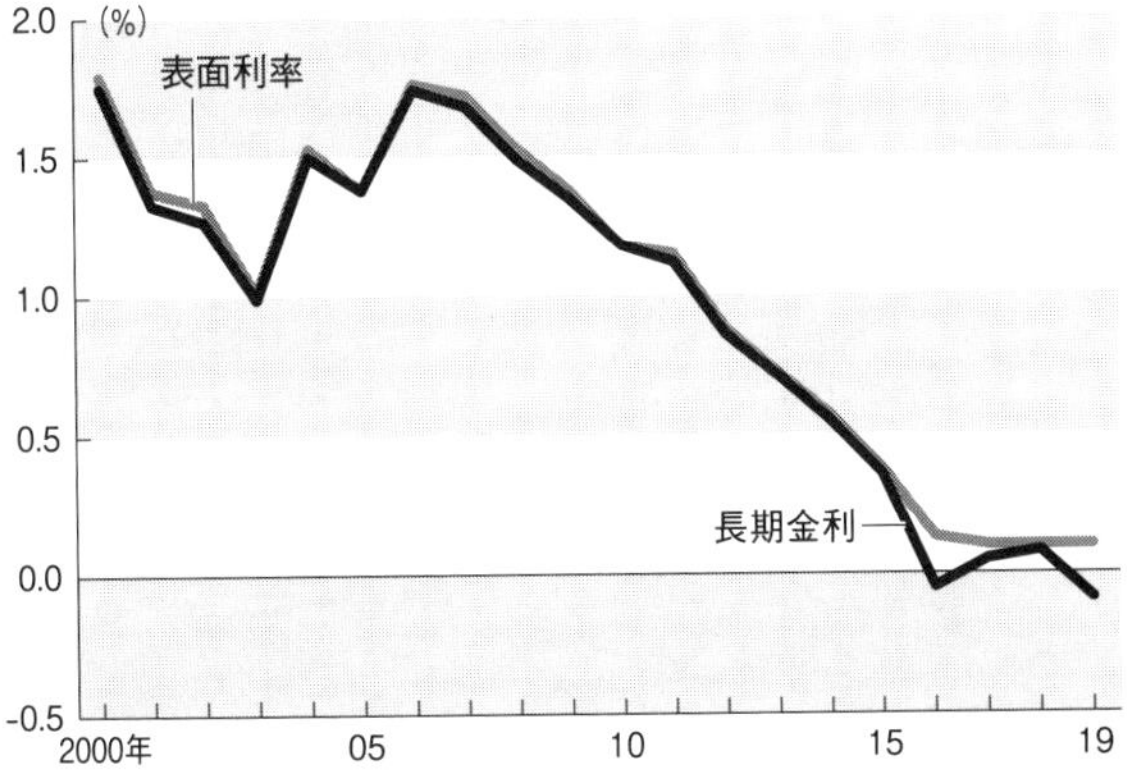

出典:財務省「国債金利情報」「国債等関係諸資料」

そこでどうするのかというと、表面利率を流通市場の利回り以上に設定するのです。例えば、表面利率を26％にすれば、流通市場での利回りと同等になるので、額面に近い額で入札してもらえます。すなわち、**表面利率は、流通市場での金利に合わせざるを得ないのです**。ここで、10年国債の表面利率と、長期金利の推移を見てみましょう（図3－20）。

このように、ほとんど一致していることが分かります。なお、2016年と2019年で長期金利が表面利率とやや乖離《かいり》しているのは、次章で述べるアベノミクスの影響です。

ここで、流通市場において国債が暴落、すなわち、長期金利が上昇したらどうなるでしょう。政府はそれに合わせて、新しく発行する国債の表面利率を上げざるを得なくなるの

図3-21 利払費と金利の推移

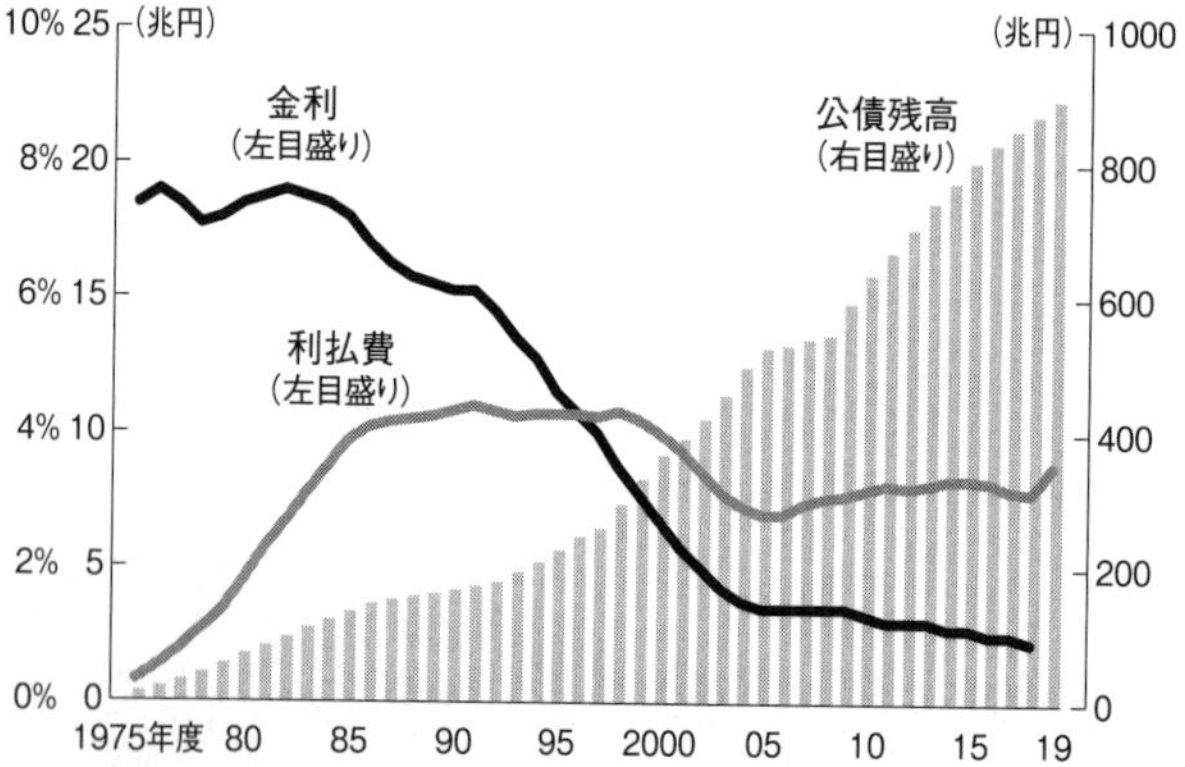

(注1)利払費は、2018年度までは決算、2019年度は予算による。
(注2)公債残高は各年度3月末現在高。ただし、2019年度末は予算に基づく見込み。
出典:財務省「わが国の税制・財政の現状全般　財政に関する資料」

です。新しく発行する国債には、借換債も含まれます。毎年150兆円程度発行している国債の表面利率が、急騰した流通市場の金利に合わせて上昇します。つまり、政府の利払費が増大するのです。

では、今の金利の状況を見てみましょう(図3-21)。

国債残高の増加にもかかわらず、利払費が抑え込まれていることが分かるでしょう。これは、金利が異常に低いからです。バブル崩壊後、有望な投資先を失った銀行等の金融機関は、「とりあえず日本国債なら安全だろう」ということで、国債をたくさん買いました。買手が増えれば国債価格は上がり、その反面、金利は下がっていきます。その後、次章で述べるアベノミクス第1の矢「異次元の金融緩和」により、日銀が異常なペースで国債を買い入れるようになったため、さらに金利は強い力で抑えつけられるようになりました。

では、金利が上がればいったいどうなってしまうのでしょうか。先ほどの２０１８年度の予算に戻りましょう。歳出のうち、その1年の国家の運用経費にあたる基礎的財政収支対象経費は、74兆４１０８億円です。これに対し、国債を除く歳入は、64兆２０６億円しかありません。その差は10兆３９０２億円。この国債部分の収入と歳出つまり借金の借入れと返済を除いた部分の収支をプライマリーバランスといいます。これがプラスだと、借金に頼らずに、その1年に必要な経費を賄えていることになります。マイナスだとその逆です。その1年すら税収等で回せていないということです。

日本はプライマリーバランスすら赤字です。したがって、仮に借金を除く収入が全て基礎的財政収支対象経費に充てられているとすれば、国債の元利金の返済金はどうやって調達しているのでしょう。これも借金で調達していることになるのです。プライマリーバランス赤字分ですら借金をしているのですから、借金返済費用については借金で調達するしかないのです。

つまり、金利が上がって利払費が増えた場合、増えた分は借金で調達するしかありません。したがって、**金利上昇は日本の借金増大を意味します**。そして、借金が増大すれば、それだけ財政への信頼が下がります。そうなると、国債の人気が下がりますから、また金利が上がってしまいます。金利が上がれば借金が増え、それはさらなる金利上昇要因となります。このように、金利上昇→借金増大→財政への信頼低下→金利上昇→借金増大→財政への信頼低下→金利上昇……と、地獄の金利上昇スパイラルが発生する恐れがあります。今は日銀が無理やり金利を抑えつけていますので表面化しませんが、日銀の抑制を外せば恐ろしい勢いで金利は上昇するでしょう。

金利が上がると、古い国債が新しい金利の借換債にどんどん入れ替わっていき、いずれ全部が新しい金利の国債になります。財務省によると、今の国債の平均償還期限が9年くらいと言われていますので、9年あればかなりの部分が新しい金利に入れ替わるでしょう。そうすると利払費が膨れ上がります。例えば、残高900兆円を前提に、全部の国債の金利が今より1%上がったとすると、9兆円も利払費が増えます。1%ならまだマシですが、これが2%とか3%になるともう無理です。とても国債を国内消化しきれないでしょう。そして最後の手段で日銀に直接引受をさせると、さっきもいったとおり、円の暴落を招きます。

このように、「金利が上がればオシマイ」というのが日本の財政状況です。

国の本当の財政規模

最後に、国の本当の財政規模を見ておきましょう。一般会計と特別会計を単純合計した場合、

図3-22 総額と純計の違い（平成30年度当初予算）

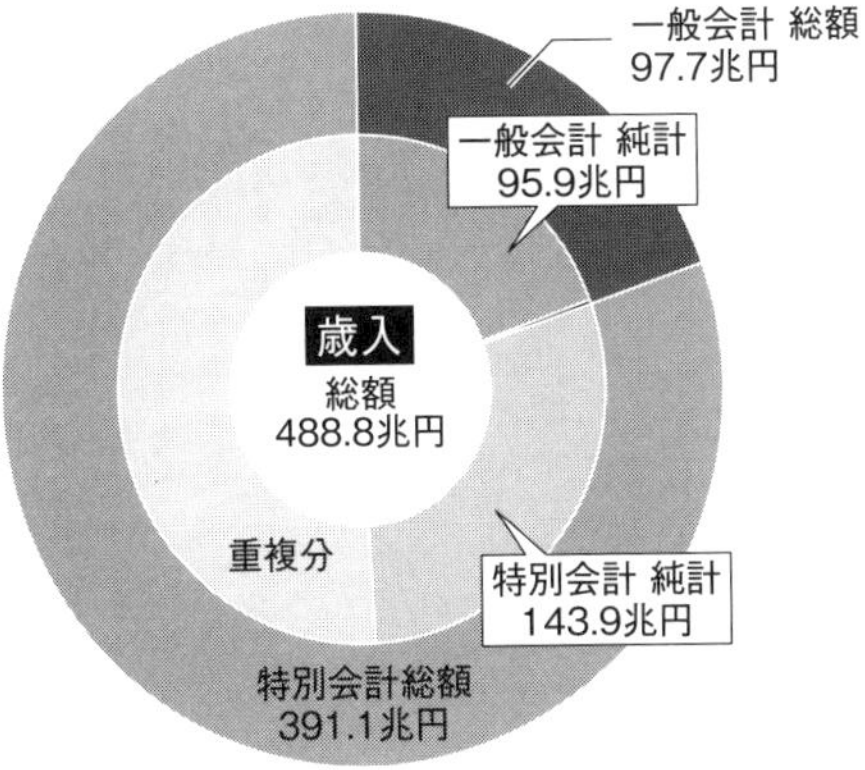

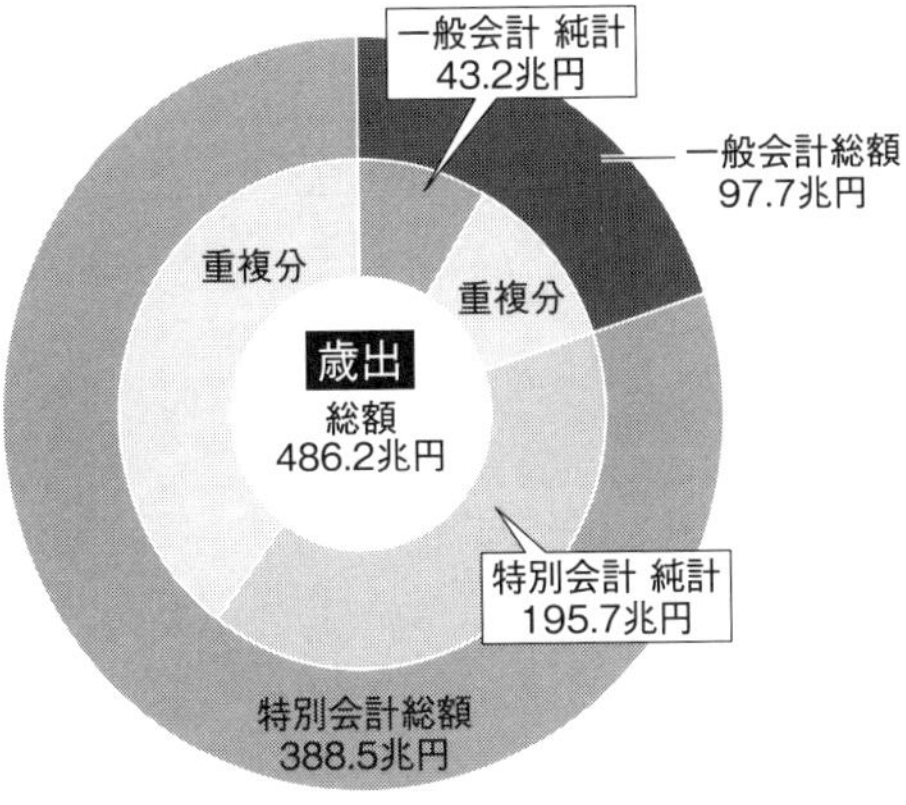

出典:財務省「特別会計ガイドブック（平成30年版）」

図３－22のとおり、財政規模は約４９０兆円となり、一般会計の5倍近くになります。したがって、報道でよく知られている国の財政は、ほんの一部と言えるでしょう。

そして、特別会計のうち、大半を占めているのは、２０１８年度予算でいうと、国債整理基金特別会計１９１・２兆円、年金特別会計91・８兆円、交付税及び譲与税配付金特別会計51・７兆円、財政投融資特別会計26・９兆円です。１９１・２兆円というダントツの規模を誇る国債整理基金特別会計とは、一般会計、特別会計を含めた国債や借入金の元利金の返済を他と区別するために設けられている会計であり、要するに**借金返済のための会計**と考えればよいです。国の借金返済のためのお金は、いったんこの会計に計上され、そこから返済に回されます。例えば、一般会計の「国債費」は、国債整理基金特別会計にいったん入り、そこから返済に回されます。図に示すと図３－23のとおりです（なお、この図にある数字は２０２０年度のものです）。

国の借金の状況を把握するには、この国債整理基金特別会計の存在を知ることが不可欠ですが、あまり知られていません。毎年１００兆円を超える莫大な借換債は、この会計を見ないと出てきません。そして、国債整理基金特別会計の次に大きいのが、年金特別会計です。したがって、特別会計を合わせてみても「借金」と「社会保障」で首が回らない財政状況になっていることがよく分かると思います。

ところで、先ほど見た特別会計の約４９０兆円という数字は、会計間の重複もそのままカウ

図3-23 歳入及び歳出の概要（令和2年度予算〔政府案〕ベース）

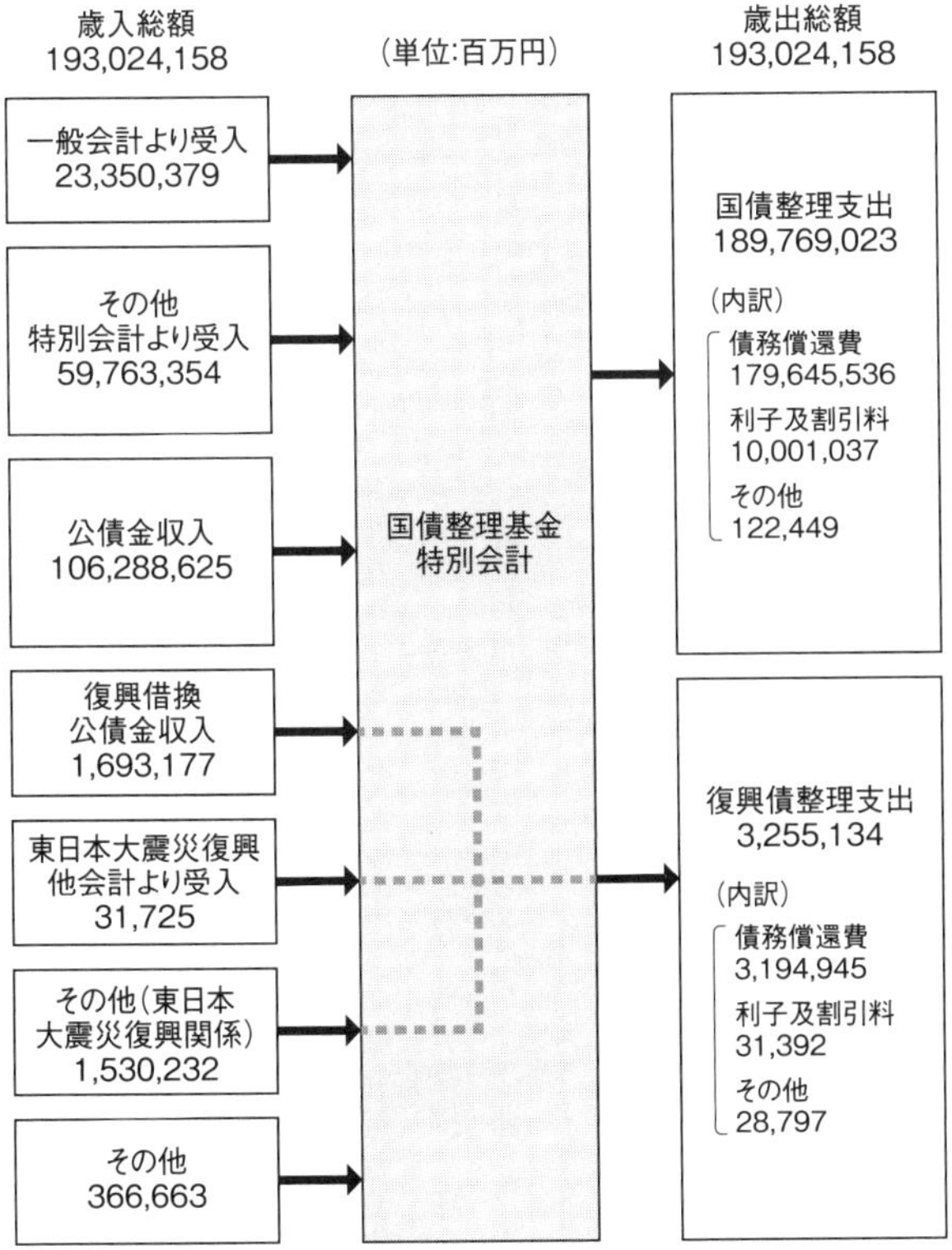

（注1）各々の計数において百万円未満を切り捨て。
（注2）公債金収入には、特別会計に関する法律第47条第1項の規定に基づき令和元年度中に発行される借換国債（＝前倒債）53,000,000百万円が含まれる。
（注3）このほか、特別会計に関する法律第47条第1項の規定に基づき令和2年度中に発行される借換国債43,000,000百万円を見込んでいる（歳入外）。

出典:財務省「国債整理基金特別会計」

ントして単純合計した数字です。例えば、一般会計から年金特別会計へ毎年10兆円以上お金が入っていますが、そういったお金も単純にカウントされてしまい、重複します。そこで、このように各会計間のやり取りを省き、重複を取り除いた上、国債の借換部分を除いた「純計」というものもあります。この純計について、経費別に分けたものが図3－24です。

規模は約240兆円、歳入のうち最も大きな部分を占めるのが公債金及借入金で、94・2兆円。約40％を占めます。そして、歳出を見ると、社会保障関係費が89・8兆円で1位。次に国債費が87・8兆円で2位です。純計で見ても、借金と社会保障費が大半を占めています。

第2章で見たとおり、年金について、財政再計算の想定が外れ続け、保険料が上がり続けてきました。そして年金支給総額の抑制に最も大きな効果を持つ支給開始年齢の引上げは大幅に遅れ、その分、支給額が増えることになりました。マクロ経済スライドで目立たないように年金を実質的に減額することを試みましたが、結局経済成長できなかったので、マクロ経済スライドが発動したのはたったの3回であり、給付の抑制はかないませんでした。そして、保険料の引上げについても、これ以上の負担増を避けるため、2017年以降は引上げを行わないことになりました（実際には、国民年金保険料について2019年度に100円だけ引き上げました）。簡単に言えば**「負担はしたくない。でもお金は欲しい」**という国民の要望に国はおおむね従ってきたのです。これは単純に「誰かのせい」で済む問題ではありません。選挙を通じて国民が

図3-24 主要な経費別歳入歳出純計額（平成30年度当初予算）

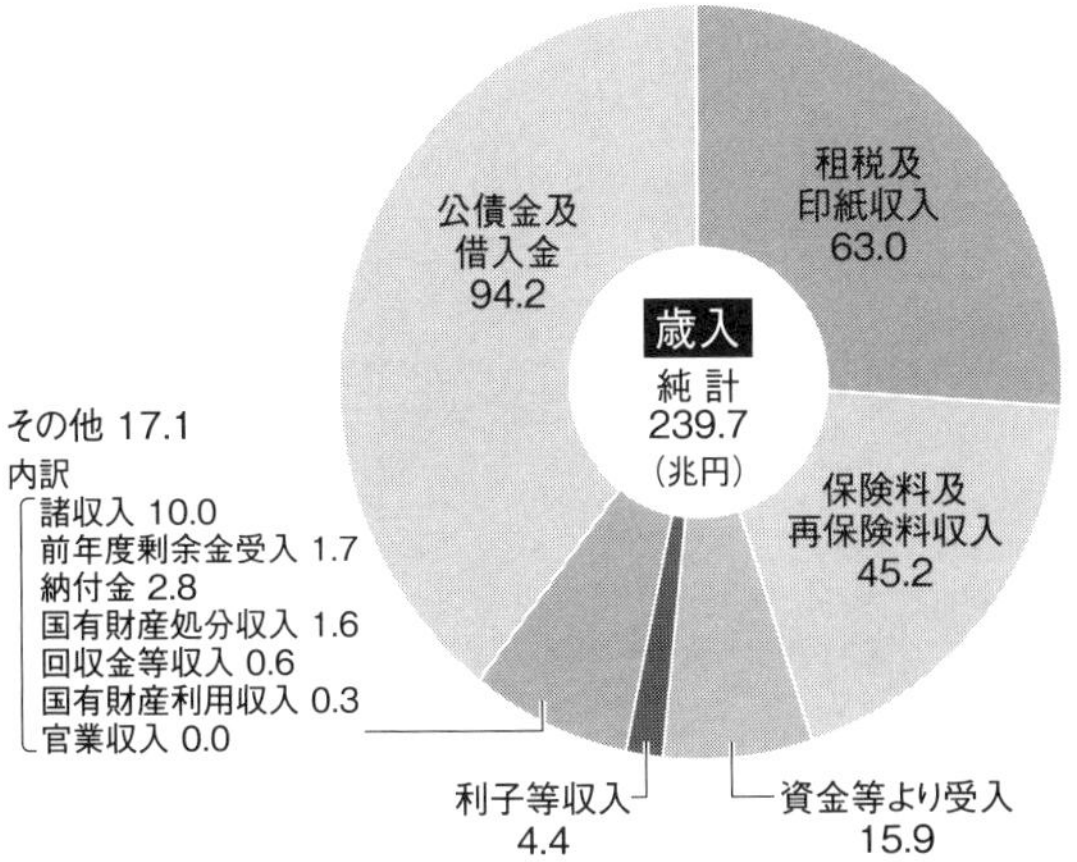

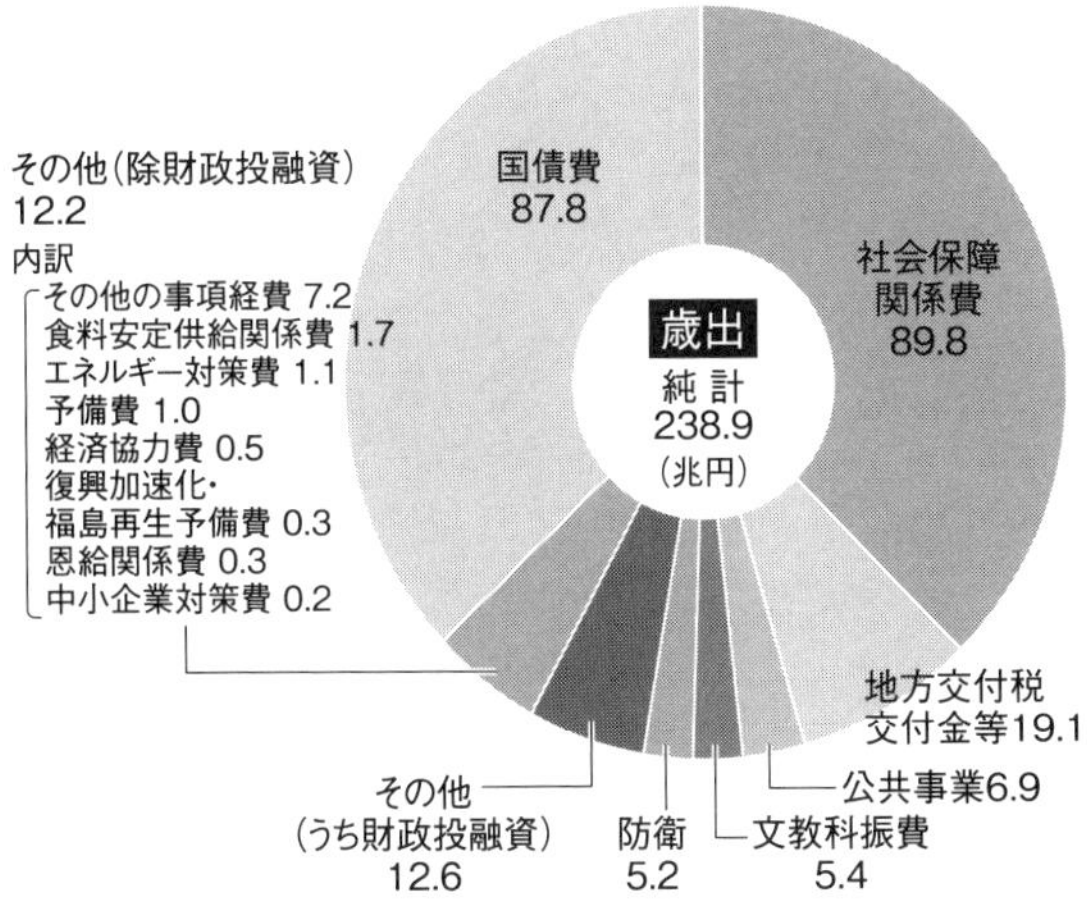

出典：財務省「特別会計ガイドブック（平成30年版）」

政治家に対し、そうするように仕向けてきたのですから。

では、その負担はどこに行ったのかと言えば、年金保険料収入不足分の負担は一般会計に押し付けられました。そして保険料収入だけではやっていけないのは医療や介護等も同じですので、それらの負担も一般会計に押し付けられました。しかし、一般会計についてもプライマリーバランスすら赤字ですから、結局大きな借金に頼るしかありません。つまり、**税収等で賄いきれない負担は最終的に未来の国民に押し付けられたのです**。借金と言うと、「将来世代への先送り」と言われ、あたかも今を生きる我々は負担をしないかのように錯覚してしまうかもしれませんが、間違いです。これまで繰り返し見てきたとおり、国の財政において、借金返済に当たる部分は極めて大きくなっています。これが大きく財政の足を引っ張り、今を生きる私たちのためのお金が十分に回っていない状況が生まれています。それが保育園の不足や大学の補助金削減等に現れています。つまり、「未来のための投資」にお金が回っていないのです。**我々は、先人達が先送りした「負担」をもう受けています**。この負担の先送りは、年金だけでなく、他の分野でもそうです。「負担はしたくない。でもお金は欲しい」という有権者の要望を叶《かな》えるには、未来の国民からお金を奪って財源確保するしかないのです。

諸外国より低すぎる所得税と消費税

国税収入に占める割合が高いのは、所得税、法人税、消費税の3つです。これは基幹3税などと呼ばれています。

この基幹3税について、諸外国と税収対GDP比を比べてみると、日本の税制の大きな欠点が浮かび上がります。なお、GDPとは、要するに国内で生まれた「儲け」を全て合計したものです。税はこの「儲け」から取りますから、税収の多寡を他国と比べるには、儲けの何%を税金として取っているのか、つまり**税収対GDP比**で見るのが妥当、ということになります。

では、OECD（Organisation for Economic Co-operation and Development：経済協力開発機構）に加盟している国々（日本を含め37か国）と比較してみましょう。データの揃っている2015年で比較します（なお、この時点での加盟国は36か国）。

まず、法人税収対GDP比を見てみると、日本は3・8%で、全体の6位です。「日本は法人税が高い」と言われますが、これを見るとそれが事実であることが分かります（図3－25）。

次に、所得税収等対GDP比を見てみると、24位であり、かなり下位の方です（図3－26）。なお、デンマークが突出していますが、これは、同国が社会保障を全額税金で負担している影響と思われます。社会保険料を取らない分、所得税が高くなるのでしょう。

最後に消費税を見てみましょう。なお、消費税は海外では付加価値税と呼ばれていますが、日本と仕組みは同じです。これを見ると、日本は31位の4・2%であり、極めて低いことが分

図 3-25 OECD加盟国と日本の法人税収対GDP比

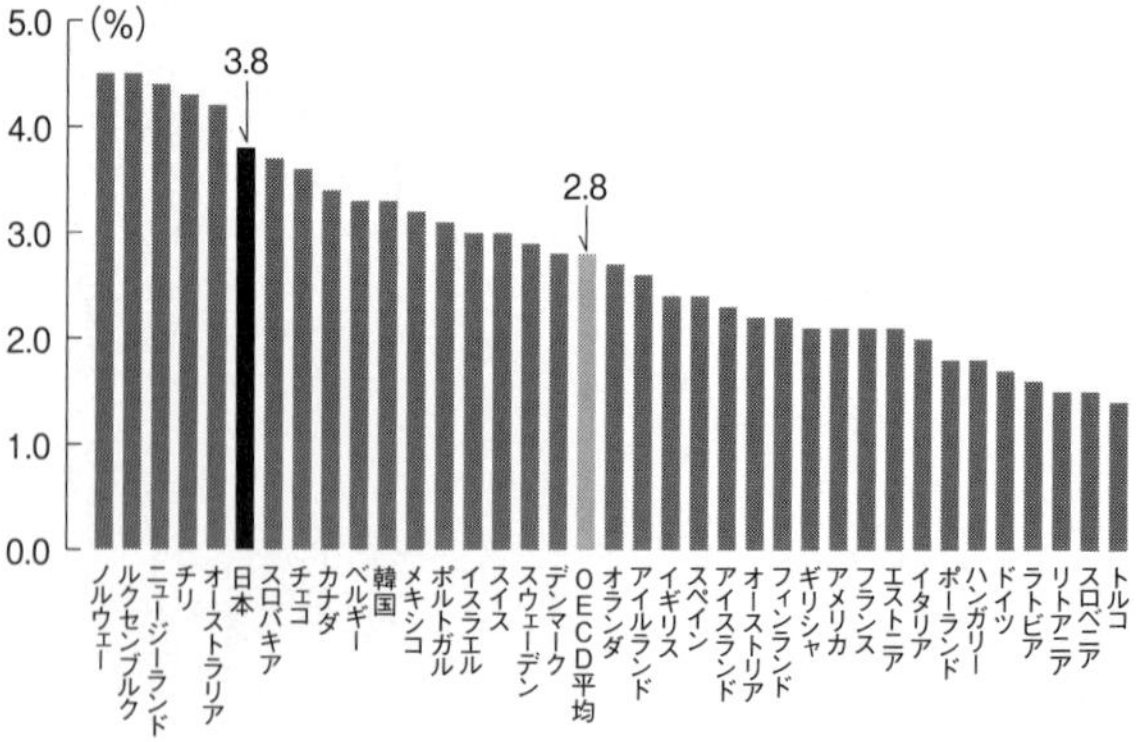

出典:OECD.Stat

図 3-26 OECD加盟国と日本の所得税収等対GDP比

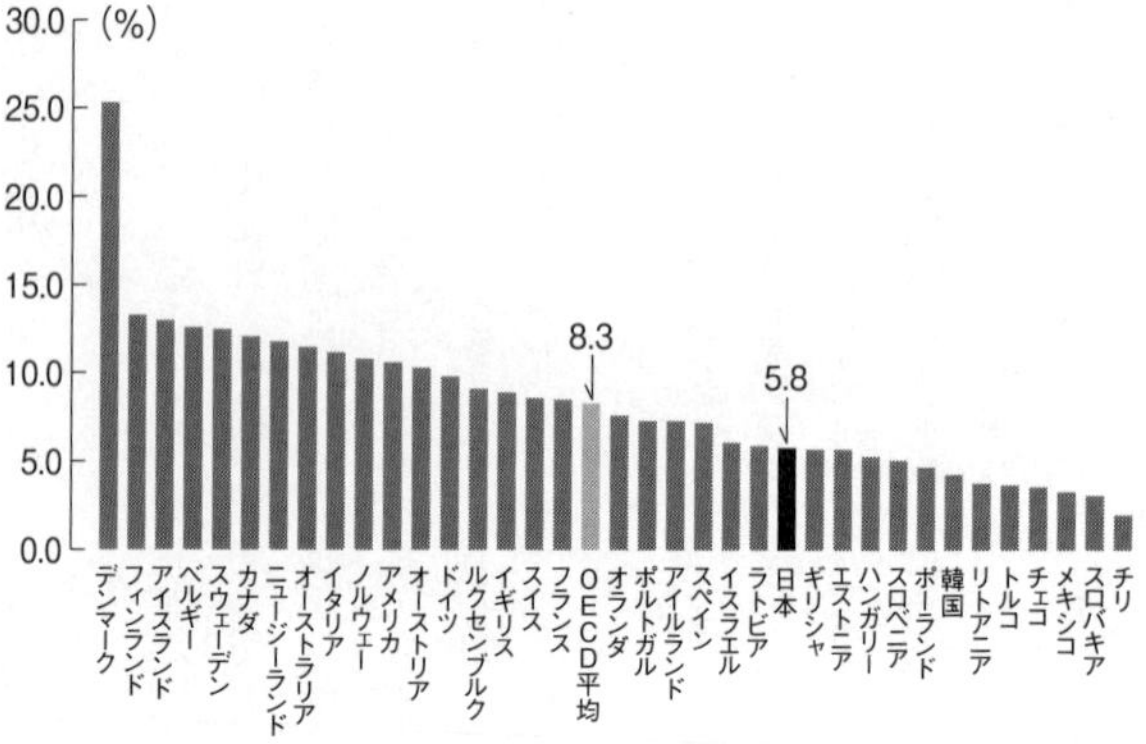

出典:OECD.Stat

図3-27 OECD加盟国と日本の付加価値税対GDP比

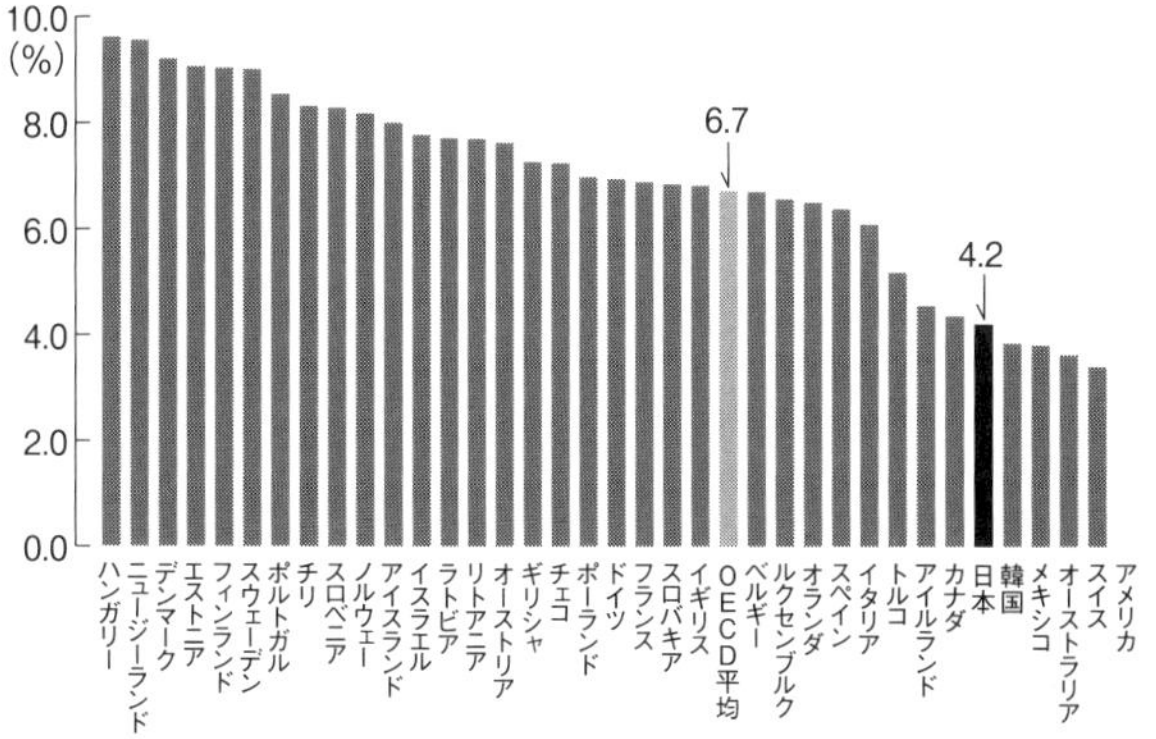

出典:OECD.Stat

かります（図3－27）。1位のハンガリーは9・6%ですから、日本はその2分の1も消費税を取っていないことになります。

最後に、基幹3税収対GDP比を見てみましょう（図3－28）。**日本はなんと36か国中29位です**。受け入れがたいかもしれませんが、事実です。どうしてこんなに低いのかと言えば、先ほど見たとおり、所得税と消費税が低すぎるからです。

次に、基幹3税以外の税収等も含めた税収対[※1]GDP比を比較してみましょう（図3－29）。

ここでも日本は下の方で、26位です。1位のデンマーク（46・1%）と比べると、日本は3分の2程度（30・7%）しかありません。

ここで、財務省が作成している国民負担率の国際比較のグラフを見てみましょう（図3－

図 3-28 OECD加盟国と日本の基幹3税収対GDP比

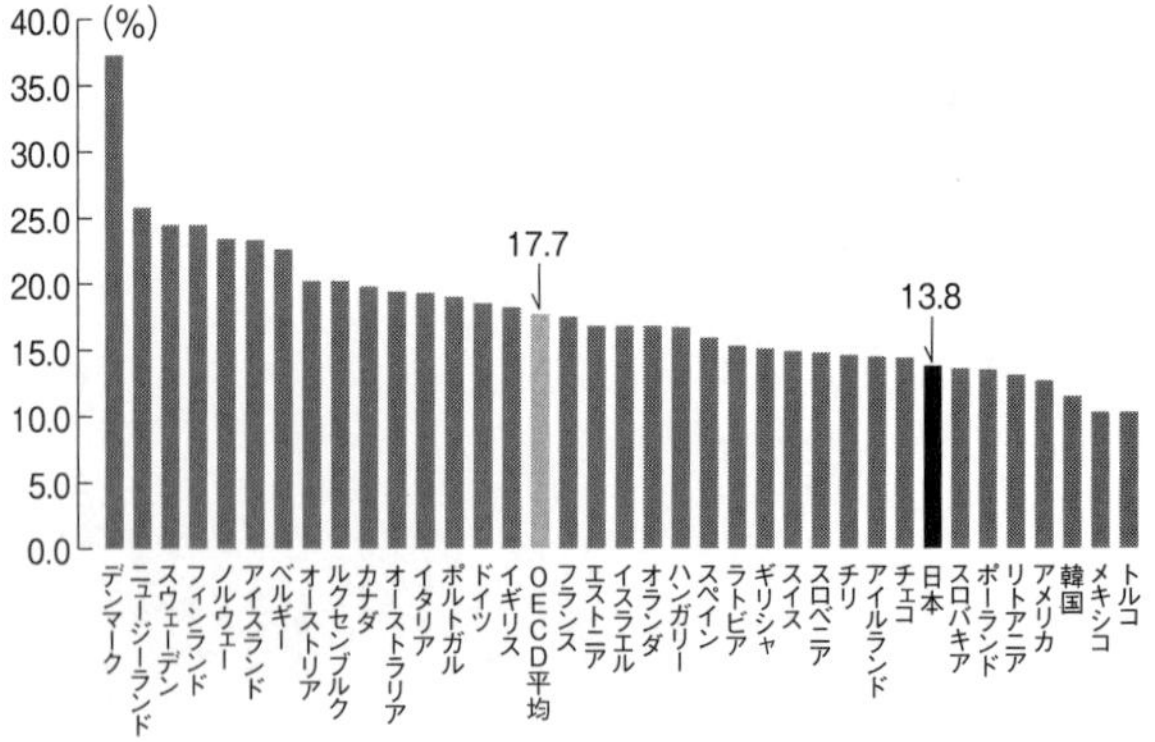

出典:OECD.Stat

図 3-29 OECD加盟国と日本の税収GDP比

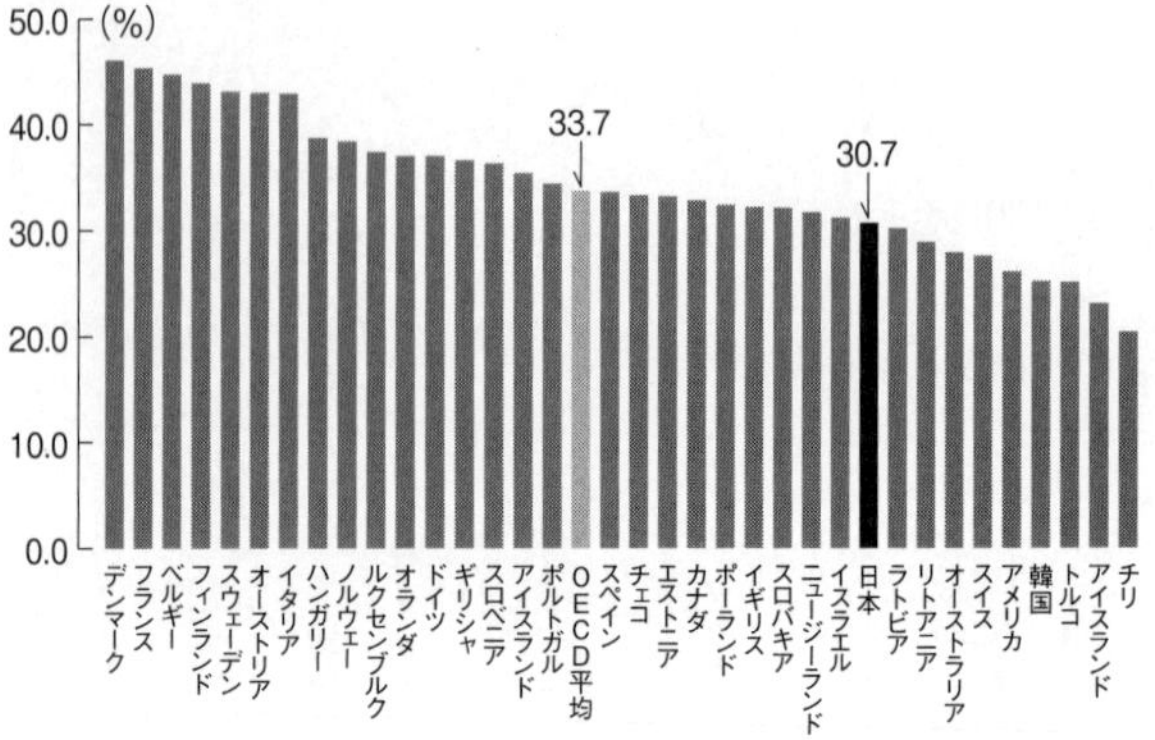

出典:OECD.Stat

図3-30 国民負担率の国際比較（OECD加盟35カ国）

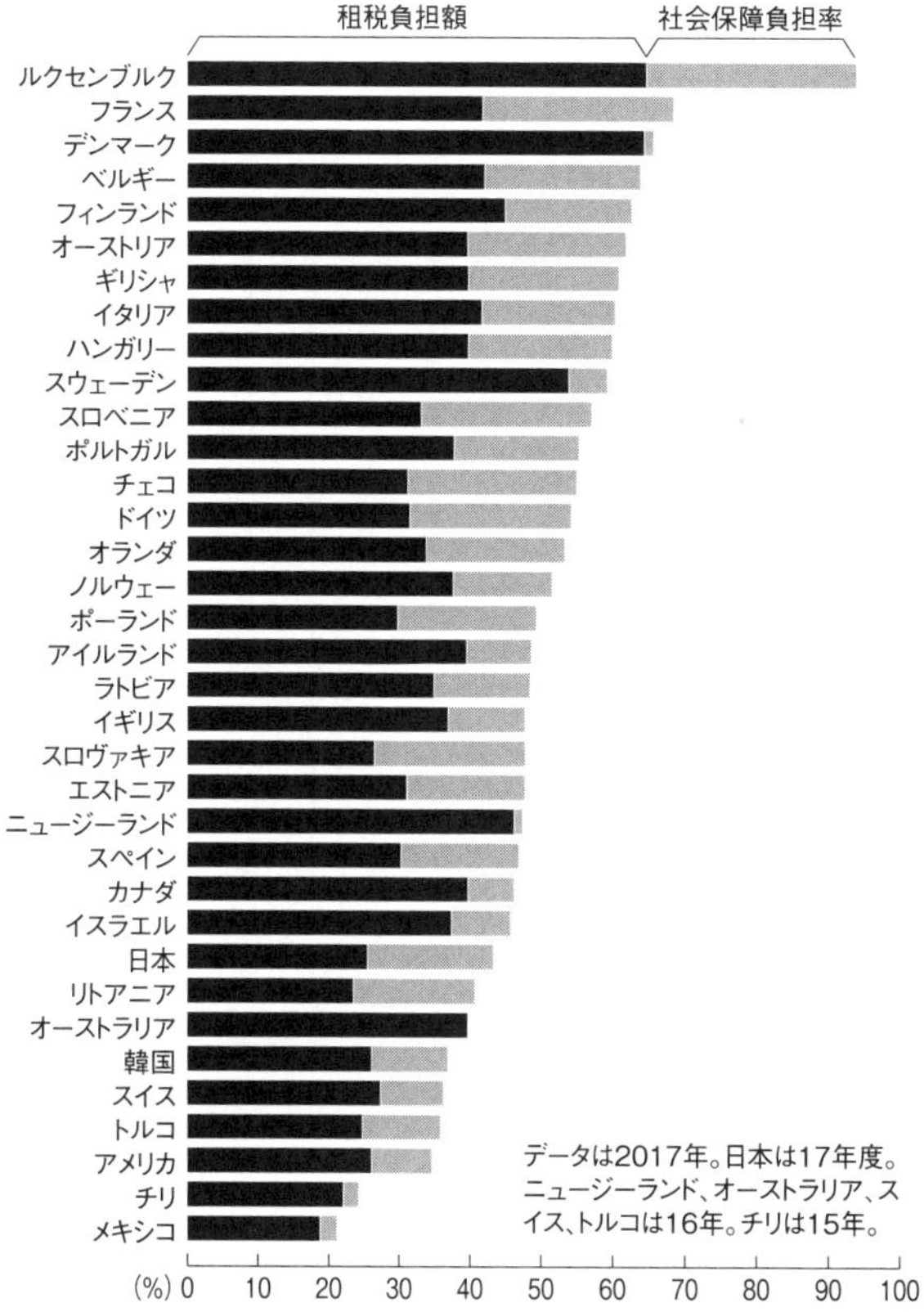

（注1）OECD加盟国36カ国中35カ国の実績値。アイスランドについては、国民所得の計数が取れず、国民負担率（対国民所得比）が算出不能であるため掲載していない。
（注2）括弧内の数字は、対GDP比の国民負担率。
（出典）日本:内閣府「国民経済計算」等 諸外国:National Accounts (OECD)、Revenue Statistics(OECD)、NIPA（米商務省経済分析局）

出典:財務省「令和2年度の国民負担率を公表します」

30)。これには税金だけではなく社会保障の負担率も含まれています（このグラフのみ他のOECDのデータとは時点が少し異なります）。

データのある35か国中、日本は下から9番目です。1位のルクセンブルクは93・7％もあってさすがに高過ぎますが、2位のフランスは68・2％、3位のデンマークは65・4％です。日本は43・3％ですから、これらの国とは比較になりません。

では、支出の方はどうでしょうか。OECDのデータに戻り、社会支出対GDP比を見てみましょう。なお、社会支出というのはおおむね社会保障費のことを指しています（図3－31）。

これを見ると日本は意外と上の方にいます。15位です。収入の方を見ると、日本は法人税収対GDP比以外は、全てOECD平均を下回っており、順位も下位ですが、支出の方を見ると、OECD平均より上であり、順位も上なのです。つまり、支出と負担のレベルが全然合っていません。「低負担・中福祉」と言えるでしょう。そして、その支出と負担のギャップを借金で埋め合わせしているのです。

これは、借金をして未来へ負担を押し付けることにより、本来であれば享受できない水準の社会保障を受けていることになります。しかし、国民にその自覚はあるでしょうか。無いでしょう。それどころか、負担の割に不十分な社会保障しか受けられていないという感覚ではないでしょうか。借金が無ければ、その不十分な社会保障の水準すら保てないのですが。「負担は

図3-31 OECD加盟国と日本の社会支出対GDP比

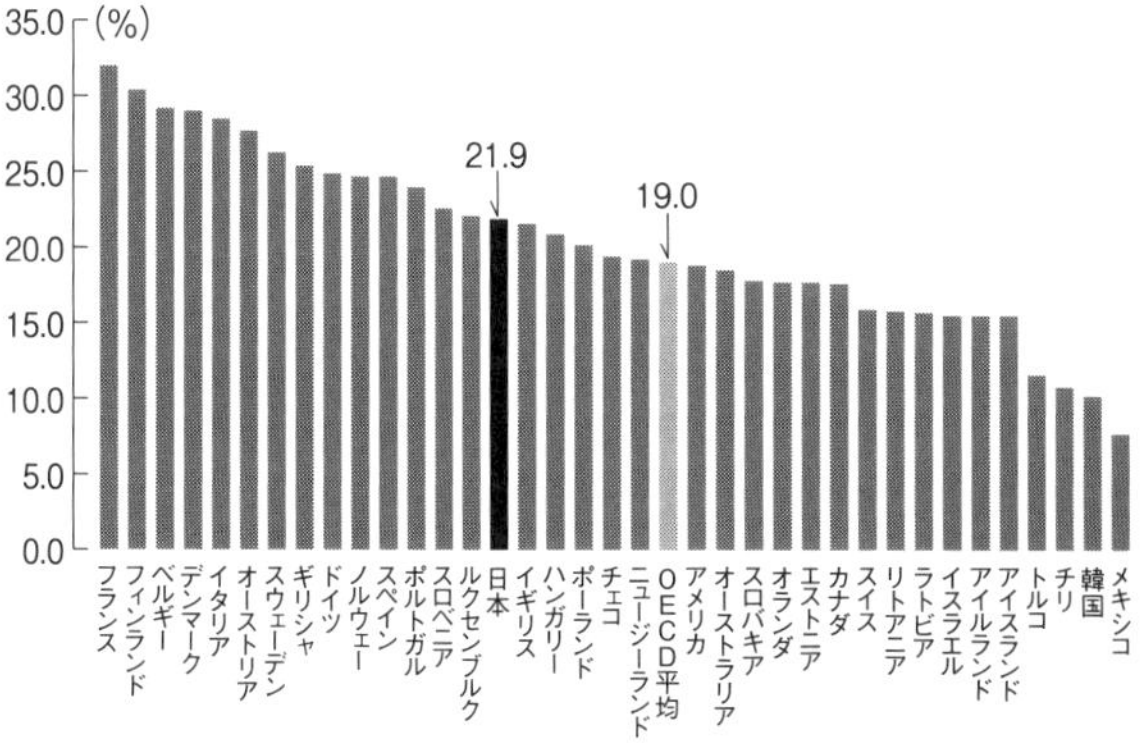

出典:OECD.Stat

したくない。でもお金は欲しい」という非常に「わがまま」な要望に政治が応え続けてきた結果がこれです。しかし、多くの国民はこの現実を知りません。

　負担の大きい上位国、例えばデンマークは、負担が大きい代わりに、医療費も教育費も介護費も完全に無料です。特に医療費は億単位の治療費がかかっても国が負担します。海外で億単位の手術をする場合も費用を出してくれるそうです。しかし、それは国民一人一人がとても大きな負担をしているからです。みんなでたくさんお金を出し合うから、誰かのリスクが顕在化して困った時に、国がお金を出して支えることができるのです。お金をたくさん出し合うことで、個人のリスクを軽減していると言えます。

　ここで、世界幸福度ランキング（２０１７年

図3-32 世界幸福度ランキング（2017年〜2019年）

順位	国・地域名	幸福度スコア
1	フィンランド	(7.809)
2	デンマーク	(7.646)
3	スイス	(7.560)
4	アイスランド	(7.504)
5	ノルウェー	(7.488)
6	オランダ	(7.449)
7	スウェーデン	(7.353)
8	ニュージーランド	(7.300)
9	オーストリア	(7.294)
10	ルクセンブルク	(7.238)
11	カナダ	(7.232)
12	オーストラリア	(7.223)
13	イギリス	(7.165)
14	イスラエル	(7.129)
15	コスタリカ	(7.121)
16	アイルランド	(7.094)
17	ドイツ	(7.076)
18	アメリカ	(6.940)
19	チェコ	(6.911)
20	ベルギー	(6.864)
21	アラブ首長国連邦	(6.791)
22	マルタ	(6.773)
23	フランス	(6.664)
24	メキシコ	(6.465)
25	台湾	(6.455)
⋮		

順位	国・地域名	幸福度スコア
46	ニカラグア	(6.137)
47	ルーマニア	(6.124)
48	クウェート	(6.102)
49	モーリシャス	(6.101)
50	カザフスタン	(6.058)
51	エストニア	(6.022)
52	フィリピン	(6.006)
53	ハンガリー	(6.000)
54	タイ	(5.999)
55	アルゼンチン	(5.975)
56	ホンジュラス	(5.953)
57	ラトビア	(5.950)
58	エクアドル	(5.925)
59	ポルトガル	(5.911)
60	ジャマイカ	(5.890)
61	韓国	(5.872)
62	日本	(5.871)
63	ペルー	(5.797)
64	セルビア	(5.778)
65	ボリビア	(5.747)
66	パキスタン	(5.693)
67	パラグアイ	(5.692)
68	ドミニカ共和国	(5.689)
69	ボスニア・ヘルツェゴビナ	(5.674)
70	モルドバ	(5.608)
⋮		

※153か国・地域を対象に、1人当たり国内総生産（GDP）、社会的支援、健康寿命、人生を選択する自由、寛大さ、腐敗の頻度などについて分析。カッコ内は幸福度のスコア

出典:World Happiness Report 2020

〜２０１９年）を見てみましょう（図３－32）。
日本はこのランキングでいうと62位です。世界3位のＧＤＰを誇る国が、幸福度では62位。1位はフィンランドです。2位にデンマーク、3位にスイス、4位にアイスランド、5位にノルウェー。スイスを除いて上位5位を占めているのは高負担・高福祉の北欧諸国です。日本よりはるかに多くの税金を取っています。日本では嫌われている消費税の税率も高く、いずれの国もＧＤＰ比で言えば消費税を日本の倍くらい取っています。特にデンマークは、軽減税率も無く、一律に25％の消費税を課しています。でも、たくさん税金を取る分、たくさん政府がお金を使えます。だから社会保障が充実します。

社会保障で人々が得たいものはなんでしょうか。「安心」でしょう。病気や事故等のリスクが顕在化した時でも、国が助けてくれるという安心があれば、幸福度も増すでしょう。**みんなでたくさんお金を出し合って支え合うから、「安心」を手にすることができるのです。**

他方で日本はこれらの国よりはるかに負担は低いです。それは未来に負担を押し付けているからです。でも、この幸福度ランキングを見る限り、たくさん借金しても結局国民が満足できる社会保障を提供できていないのではないかと思います。

＊1　ここでいう「税収」とは、データ引用元であるＯＥＣＤの定義によると「収入と利益に対する

税、社会保障拠出金、商品とサービスに課される税、給与税、所有権と財産の譲渡にかかる税、及びその他の税から徴収される収入」のことを指す。

高負担国と日本で違う点

高負担国家と日本で一番違う点は賃金です。付加価値税対GDP比上位10か国と、日本の名目賃金・実質賃金について、1996年を100とする指数で比較してみましょう。まずは名目賃金から（図3－33）。

2018年を見てみると、一番伸びているエストニアは671・3です。日本を除けば一番伸びていないポルトガルですら166・7です。ところが、日本は94・2。唯一1996年より下がっており、異常です。先進国で唯一日本だけがデフレになっているなどという話を聞きますが、それはこうして賃金が下がっているからでしょう。賃金が下がっているから、安い物しか売れなくなり、勝手に物価が下がるのです。次に実質賃金を見てみましょう（図3－34）。

一番伸びているのはエストニアで275・9。日本を除くと一番伸びていないのはポルトガルで104・6。日本は101・3で最下位。なお、日本は2018年に賃金の計算方法を変えて思いっきり賃金をかさ上げしましたが（詳細は拙著『国家の統計破壊』（集英社インターナショナル）参照）、それでもこの状況です。

図3-33 付加価値税対GDP比上位10か国と日本の名目賃金比較

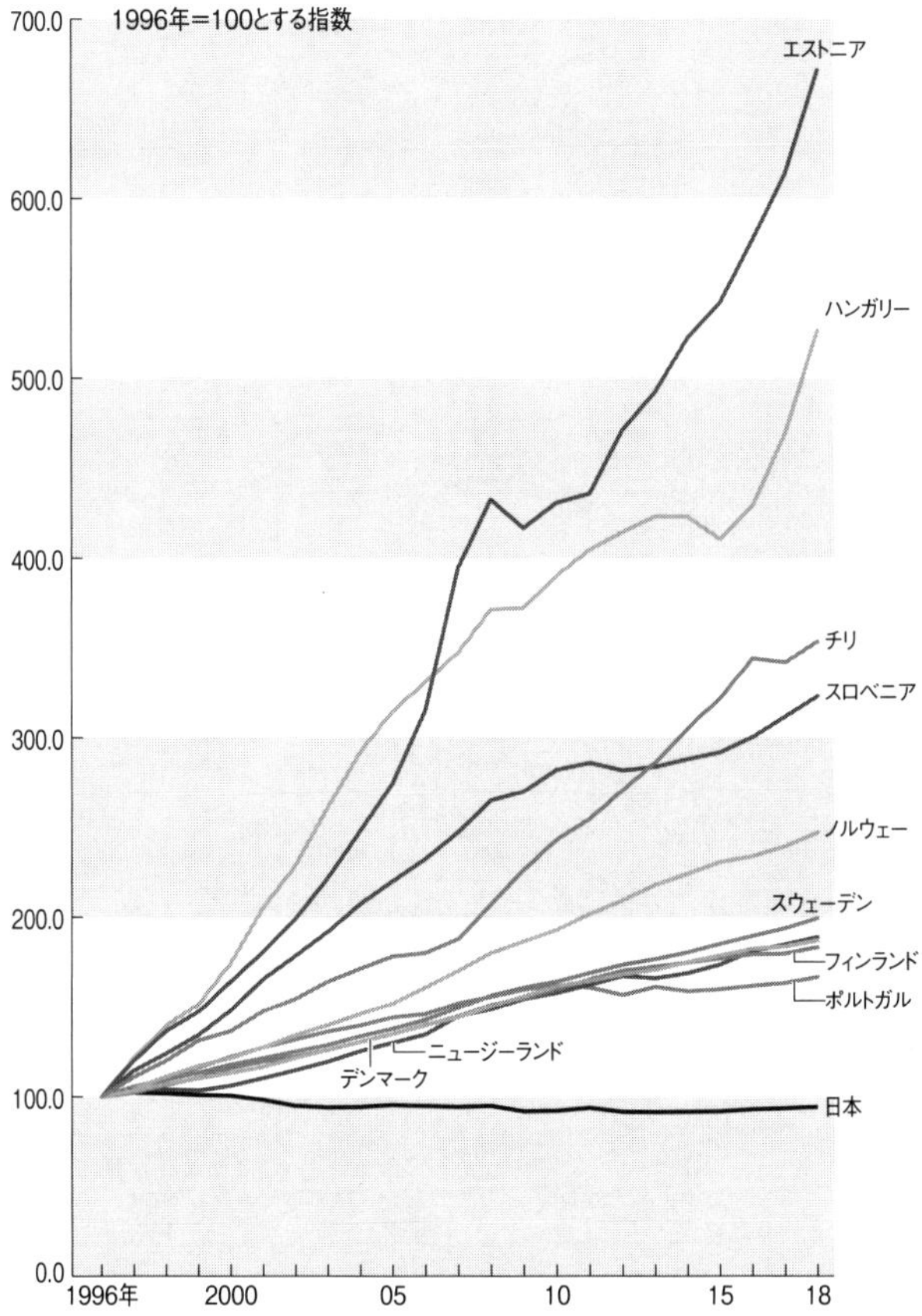

出典:OECD.Stat

図 3-34 付加価値税対GDP比上位10か国と日本の実質賃金比較

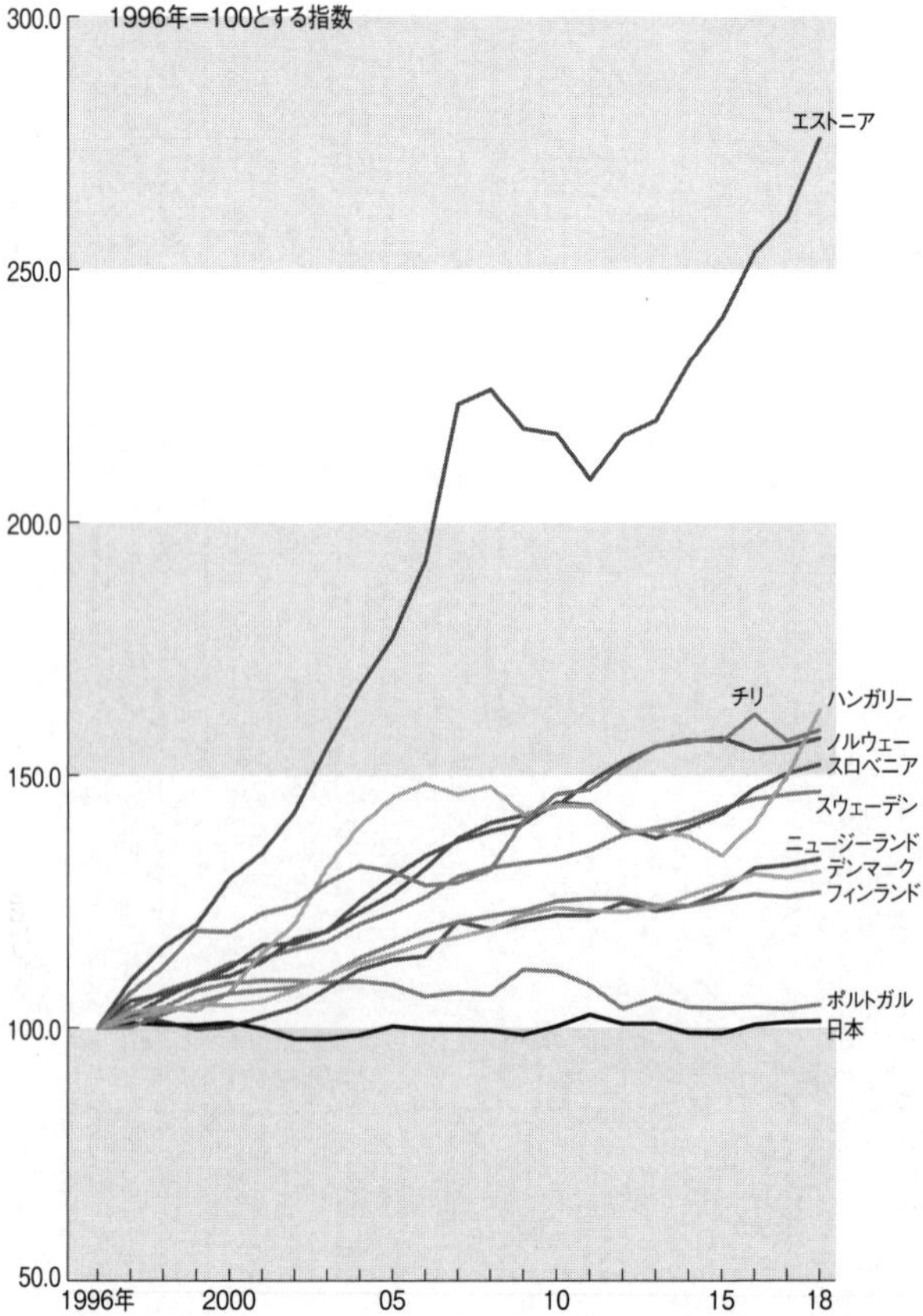

出典:OECD.Stat

諸外国では、負担も増えると同時に、その前提となる負担能力も同時に上がっていると言えるでしょう。だから特に名目賃金において、日本よりはるかに賃金上昇率が高いのです。税金も社会保険料も、賃金はその源泉の一つですから、高齢化に伴い社会保障費が増えるのは仕方がないにしても、**賃金を増やして負担能力も上げなければいけません**。

先ほど見た年金財政検証も、賃金が急にV字回復して急伸することを前提にしていました。厚生年金保険料収入は、賃金上昇に比例して増えていくからです。賃金が上がらなければ、増大していく社会保障費を負担できないのです。

しかし、日本は、バブル崩壊の後遺症で1997年11月から発生した金融危機以後、非正規雇用の増大や、残業代を払わなくてよい方の抜け穴の設置、サービス残業等を野放しにし、賃金が下がっていくことを徹底的に放置しました。つまり、負担能力を上げることをしなかったのです。この状態で増税や社会保険料負担の増大をしようとすれば反発されるのは当然でしょう。

賃金の低迷は当然経済にも影響します。日本のGDPの約6割を占めるのは国内消費であり、消費の源泉が賃金だからです。賃金下降を野放しにしたことがこの国の低迷の一因だと私は考えます。

ところが、その原因を見誤り、「とにかく物価を上げれば何とかなる」という発想の下に実施された経済政策があります。それがアベノミクスです。アベノミクスは年金にも大きな影響を及ぼしますので、次章ではアベノミクスについて説明します。

第4章　アベノミクスと年金

アベノミクスとは

アベノミクスというのは、2012年末に発足した安倍政権が進める経済政策のことです。具体的には、①大胆な金融政策②機動的な財政政策③民間投資を喚起する成長戦略の「3本の矢」を柱としていますが、事実上は①の大胆な金融政策に尽きるといってよいです。最近では「アベノミクス」という言葉自体、あまり聞かなくなりました。

大胆な金融政策というのは、日銀が民間銀行等から大量に国債を購入し、お金を大量供給することです。「異次元の金融緩和」と言われています。ピーク時において、年80兆円のペースでマネタリーベースが増加するよう買入れをしてきました。今はだいぶペースが落ちています。

マネタリーベースというのは日銀が直接供給するお金のことで、現金通貨（紙幣と硬貨）と日銀当座預金（民間銀行が日銀に預けているお金）を合わせたものです。「お金の素《もと》」と考えればよいでしょう。

さて、金融緩和についてはアメリカもやっていますが、日本のそれはアメリカのものとは比べものになりません。マネタリーベースの対名目GDP比を見てみましょう（図4－1）。

このように、日本は既に2019年の時点で90％を超えていますが、アメリカは20％程度で止まっています。対名目GDP比で言うと、アメリカの4倍以上の規模で金融緩和をしている

図 4-1 日米マネタリーベース対名目GDP比の推移

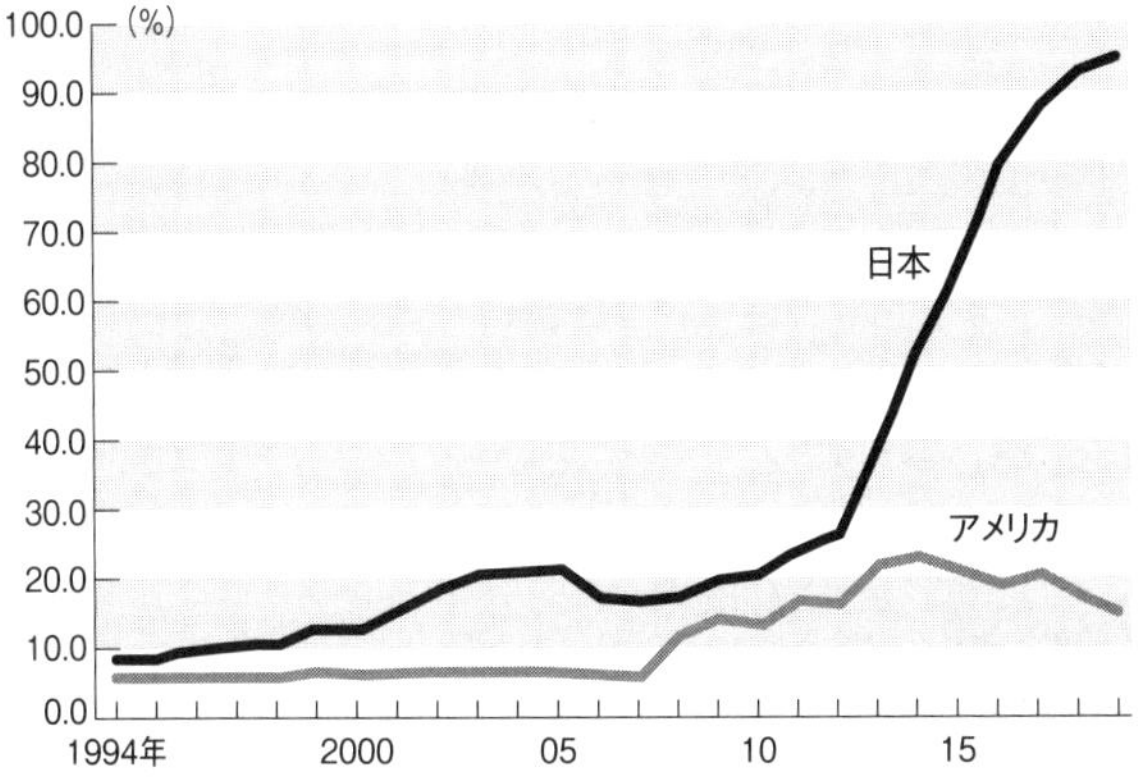

出典:日本銀行「時系列統計データ検索サイト」、Federal Reserve Bank of St. Louis「St. Louis Adjusted Monetary Base」、内閣府「国民経済計算」、IMF「World Economic Outlook Database」

のが日本です。

なぜこのような極端なことをするのか。それは、「物価が上がるぞ」と思わせて、「実質金利」を下げるためです。

金利はお金のレンタル料です。そして、見たそのままの金利を「名目金利」と言います。これに対し、予想物価上昇率を加味して算出する金利を「実質金利」と言います。名目金利から予想物価上昇率を差し引いた値が実質金利です。

金利を下げれば、返済負担が軽くなりますから、借金がしやすくなります。したがって、銀行等金融機関からの貸出しが増えます。ここで、銀行等が貸出しの際にどういうことをしているのか具体的に考えてみましょう。まず、銀行は貸出先に、自行の口座を作らせます。例えば、1000万円を貸す場合は、その口座に1000万円入れたという預金記録を作ります。つまり、お金を貸すというのは、預金記録を作るということであり、貸せば貸すほど預金が増えていくということです。そして、この預金は振込決済等、通貨と同じ役割を果たすので、「預金通貨」などと呼ばれます。すなわち、現代の通貨システムは、銀行等がお金を貸せば貸すほど通貨が増えるという仕組みになっているのです。

個人や法人が持っている預金通貨と現金通貨（紙幣や硬貨）を全部合わせたものをマネーストックと言います。金利を下げて貸出しが増えれば、預金通貨が増えるということですから、マネーストックが増えます。マネーストックが増えれば、それだけ使えるお金が増えるということですから、経済が活性化すると考えられます。だから、不景気の際は、金利を下げてお金を借りやすくするのです。

そして、預金のほとんどが**預けっぱなし**の状態です。だから、銀行等は、自分が本当に持っているお金、つまり、お金の素である「マネタリーベース」よりも、はるかに大きいお金を貸し出すことが可能になります。このように、貸出しによって通貨が増えていく現象を「信用創造」と言います。2000年代の後半ごろは、だいたいマネーストックがマネタリーベースの12倍くらいありました。しかし、無限に増やせるわけではありません。現金の引出しや、他の銀行等への送金に応じなければいけないからです。引出しや送金に応じるためには、マネタリーベースが必要です。したがって、マネタリーベースとマネーストックは無関係というわけではありません。例えば、銀行が信用を無くして取付け騒ぎが起きた際は、銀行が現実に持っているお金が引き出されてしまい、引出し・送金需要に応じられなくなるので、銀行は破綻します。

なお、預金者からの引出しに備えるため、準備預金制度というものがあり、現在は、現金の種類と保有している預金の規模ごとに、0・05〜1・3%の準備預金率が定められています。また、バーゼル規制というものがあり、貸付金や債券等に対する自己資本の割合が、国際的に活動する銀行では8%、と定められています。自己資本というのは要するに返済義務のない自分のお金のことです。こういう規制があるので、野放図に貸出しを増やすことはできないようになっています。これは後で説明しますが、「貸し過ぎ」によるバブル発生を防ぐためと言えます。

日銀は、かつて日銀からの貸付金の金利である公定歩合を操作することによって金利を上げ下げしていました。しかし、今はマネタリーベースを増減させることによって金利を上げ下げしています。銀行等は、相互に送金等でお金のやり取りをしていますが、それが足りなくなると、短期的に他の銀行等からお金を借ります。マネタリーベースが少なくなると、それだけお金の希少価値が上がりますので、銀行間取引の金利が上がります。逆に、マネタリーベースが多いと、お金の価値が下がるので、銀行間取引の金利は下がります。銀行間取引の金利の上下に合わせて、銀行が民間に貸出しをする際の金利も上下します。自分が借りた金利よりは高い金利で貸し出す必要があるからです。

そして、日銀がマネタリーベースを増減させる方法が、銀行等が持っている国債の売買をすることです。マネタリーベースを増やしたければ、国債を買い入れて、代金を支払います。これでマネタリーベースが増えます。逆に、減らしたい時は、国債を銀行等に売ります。これでマネタリーベースが減ります。日銀が銀行等から国債を買い入れることを「買いオペ」、逆に売ることを「売りオペ」と言います。アベノミクスで日銀がやっていることは、極端な「買いオペ」です。

図4－2を見てください。この図の矢印の部分が、信用創造によって生み出された部分です。**GDP比で言えば、間違いなく人類史上最大規模の買いオペです。**

このように、買いオペで金利を下げれば貸出しが増え、預金通貨が増えるという仕組みですが、アベノミクス開始前の時点で、名目金利はほぼゼロの状態であり、それ以上下げられないところまで来ていました。名目金利はさすがにマイナスにできないからです。このままでは預金通貨を増やすことはできません。しかし、「予想物価上昇率を上げれば、実質金利を下げることはできる」と言い出した学者がいたのです。「リフレ派」などと呼ばれています。例えば、名目金利がゼロの場合でも、予想物価上昇率が2％であれば、実質金利はマイナス2％です。

図 4-2　マネタリーベースとマネーストックの推移

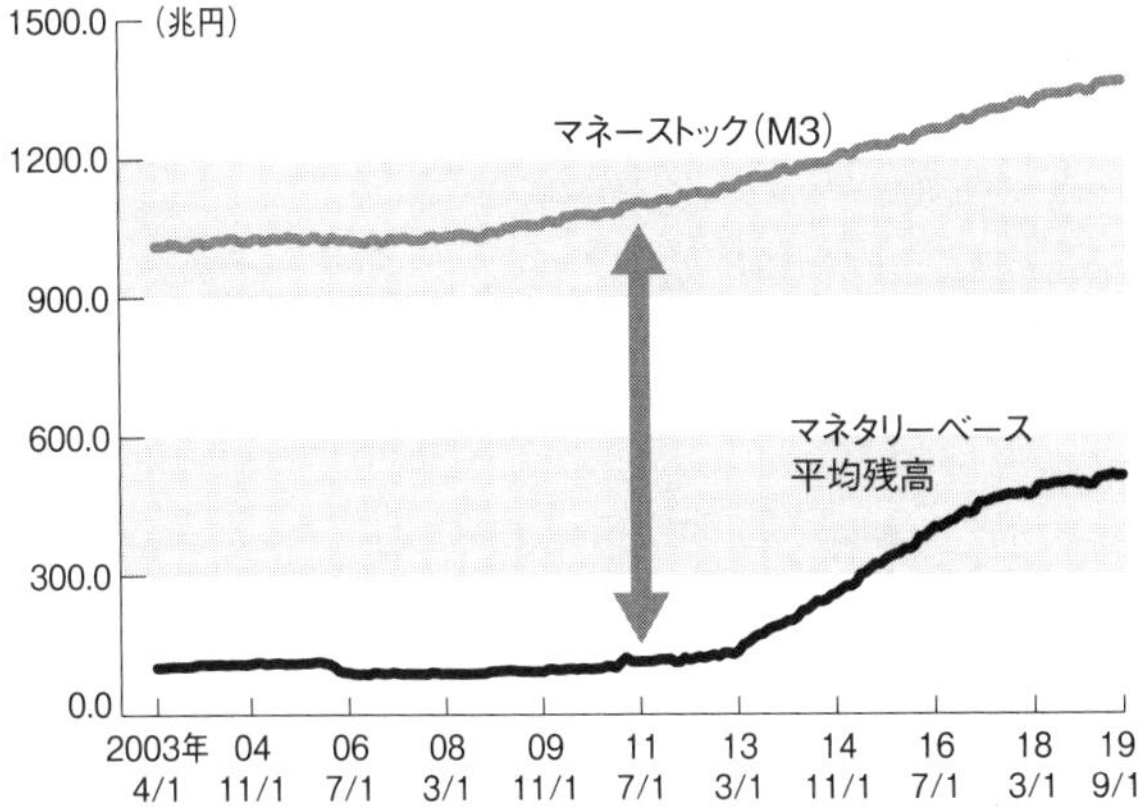

出典:日本銀行「時系列統計データ検索サイト」

つまり、返済しなければいけないお金が2%減るということですから、借りる側にとっては負担が減ります。こうすれば、お金を借りる人が増えるだろう、と考えたわけです。

そして、多くの人に「物価が上がるぞ」と思わせるためには、極端なことをする必要があります。だから、極端な買いオペを行い、ピーク時において、年80兆円のペースで「お金の素」であるマネタリーベースを増やそうとしたのです。お金は、増えれば増えるほど価値が下がります。お金の価値が下がるということは、物価が上がるということです。「お金の素」が極端に増えれば、物価が上昇し、貸出しが増え、マネーストックも増えると考えたのです。

さらに、もう一つ、「消費が増える」と考

えられました。物価が上がるとみんなが予想すれば、物価が上がる前にみんな商品を買うだろう、ということです。

したがって、アベノミクスが成功したのかどうかは①マネーストックは増えたのか②消費は伸びたのか、の2点を検証すれば足ります。

マネーストックの増加ペースは変わらず

ここで、アベノミクス開始前の2012年を100とするマネタリーベースとマネーストックの推移を見てみましょう（図4－3）。

見てのとおり、マネタリーベースが異常に上昇し、2019年末の時点で約400、つまりアベノミクス開始前の約4倍になっていることが分かります。ところが、マネーストックの方を見ると、開始前後で全く傾きが変わっていません。数値でいうと21・3ポイントしか増えていないのです。このように、マネタリーベースを極端に増やしたことは、壮大な「空振り」に終わりました。こんなに増やしたのに、肝心の貸出しがあまり伸びなかったため、マネーストックの増加ペースに変化が生じなかったのです。これはやる前から予想ができました。なぜなら、金利がゼロ付近だったということは、それだけ資金需要が無いということを示しているからです。人気の無い商品の値段が下がるのと同じで、お金の人気が無いから金利が極端に下が

図 4-3 マネタリーベースとマネーストックの推移

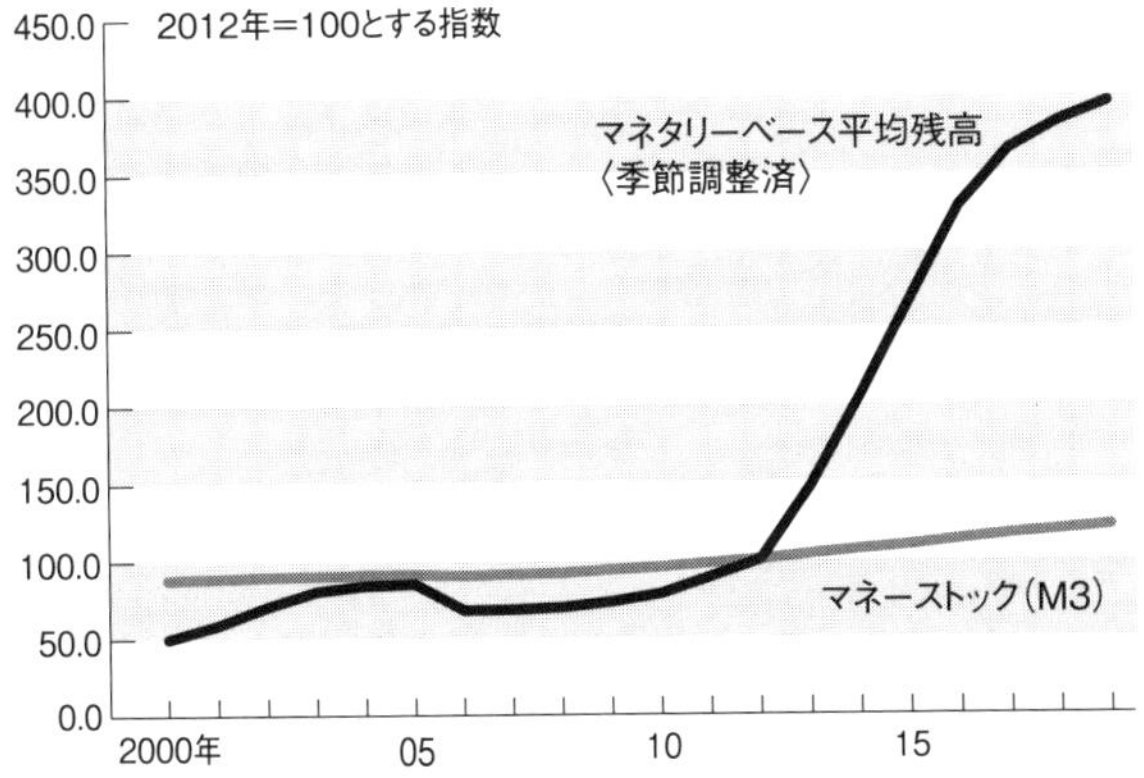

出典:日本銀行「時系列統計データ検索サイト」

っていたわけです。商品が全然売れないところへ、在庫を極端に増やしても売れないのは当たり前です。

なお、グラフを見ると2000年~2005年にかけてマネタリーベースが増えているのが分かると思います。この時も、アベノミクスとは比べ物にならないぐらい小さな規模ですが、国債をたくさん買ってマネタリーベースを増やすことをしてみたのです。しかし、マネーストックを見れば分かるとおり、効果はありませんでした。しかし、これをリフレ派は「規模が小さいから効果が無かったのだ」と主張したのです。そして史上空前の規模で国債の爆買いをしたところ、やっぱり効果は出ませんでした。ギャンブルに負けた人が負けを取り返すためにさらに大金をつぎ込むようなことを、日銀はやっているのです。

戦後最悪の消費停滞

では、消費の方はどうでしょうか。名目賃金・実質賃金・消費者物価指数の推移を見てみましょう（図4－4）。これはアベノミクス開始前の2012年を100とした指数です。

見てのとおり、名目賃金は長期的に見て下落傾向にあり、アベノミクス前の2012年の時点で、ピーク時（1997年）から約15ポイントも落ちていました。消費者物価指数も賃金とおおむね同じように下落していきましたが、途中からは横ばいになり、ピーク時（1998年）から約5ポイント落ちていました。そして実質賃金はピーク時（1997年）から11ポイント落ちていました。

このように、物価の下落よりも、名目賃金と実質賃金の下落の方がはるかに深刻だったのです。物価が下がったのは、賃金が下がったからです。賃金が下がれば消費者の購買力が落ちますから、安い物しか売れません。

しかし、アベノミクスはこの現実を無視し、「悪いのは物価の下落だ」と決めつけ、物価だけを上昇させてしまいました。2019年は2012年と比べて7・2ポイントも物価が上がっているのです。これは消費税増税の影響もありますが、それよりも大きいのは円安です。異

図 4-4　名目賃金・実質賃金・消費者物価指数の推移

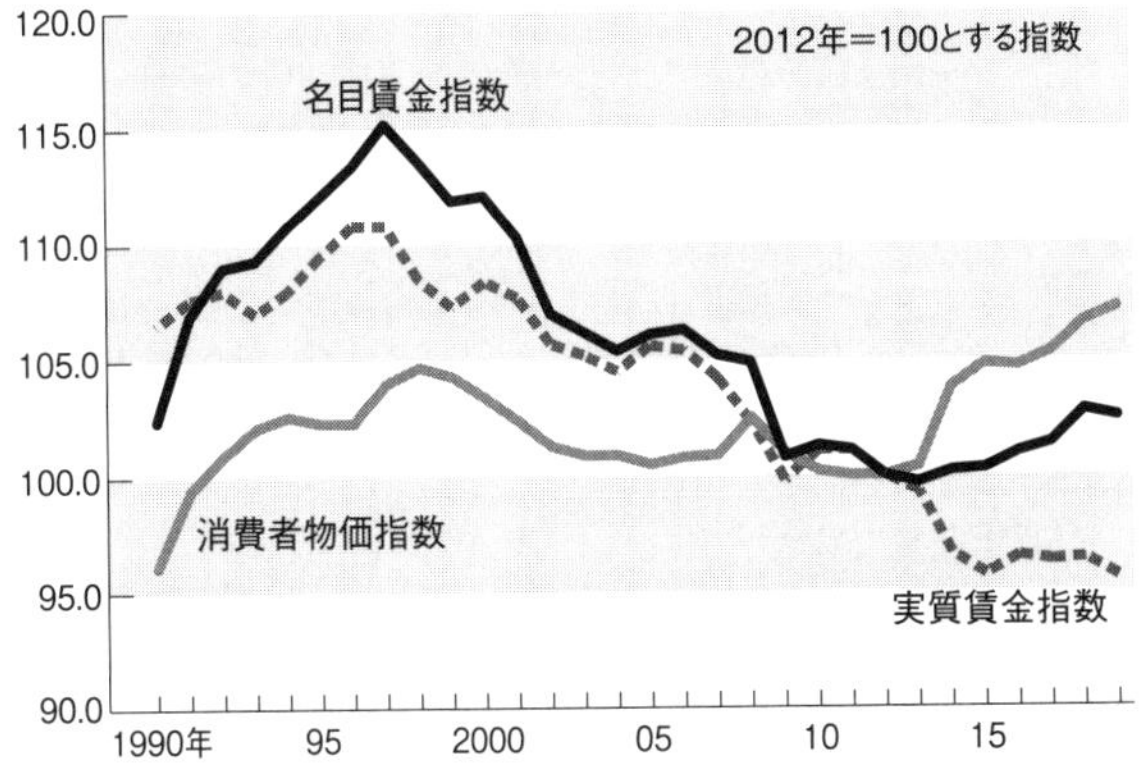

出典:厚生労働省「毎月勤労統計調査」、総務省統計局「消費者物価指数」

次元の金融緩和によってわざと円の価値を落とし、円安にしたため、「円安インフレ」が発生したのです。他方、名目賃金は2・5ポイントしか上がらなかったため、実質賃金は開始前と比べて4・4ポイントも下がっています。7年も経過するのに、未だにアベノミクス開始前よりも大きく下がっているのです。

なお、実質賃金下落について、「賃金の低い新しい雇用者が増えたから、平均値が下がったのが原因」ということを言う人が必ずいますが、間違いです。さっきも指摘したとおり、名目賃金は開始前より2・5ポイント上がっています。平均値の問題なら名目賃金も下がっていなければなりません。ただ単に、名目賃金の上昇を物価上昇が上回ったから、実質賃金が大きく落ちてしまったのです。こういう反論をする人は、そもそも実質賃金の計算式を知らないのでしょう。

なお、この名目賃金について、2018年は急に1・4ポイントも上がっていますが、これは計算方法を変えて思いっきりかさ上げしたからです。詳しくは拙著『国家の統計破壊』を参照していただきたいのですが、要するに、統計調査の対象となる「常用労働者」の定義を変更し、賃金の低い日雇労働者を外してしまったのです。これで大きく平均値が上がりました。通常、このような変更をする場合、変更前の年と大きな段差が生まれてしまうので、遡って改定するのですが、なぜかそれも止めてしまいました。そのせいで、2018年だけ急に賃金が伸びたのです。なお、2019年はそのようなインチキをした後遺症もあって、逆にマイナスになってしまいました。

ここで、物価の上昇要因について、重要なところですので説明します。ドル円相場の推移を見てください（図4-5）。

アベノミクス前は1ドル=80円程度だったのが、2015年にはピーク時で1ドル=120円を超えるところまで円安が進んでいます。これは円の価値が3分の2に落ちたのと同じです。2015年の物価が2012年に比べて約5%程度上がっているのはこれが大きな要因です。なお、日銀の試算によると、2014年の消費税3%増税による物価上昇効果は2%とのことですので、これを前提にすると、2015年までの物価上昇約5%のうち、増税の影響を除く

図 4-5 ドル円相場の推移

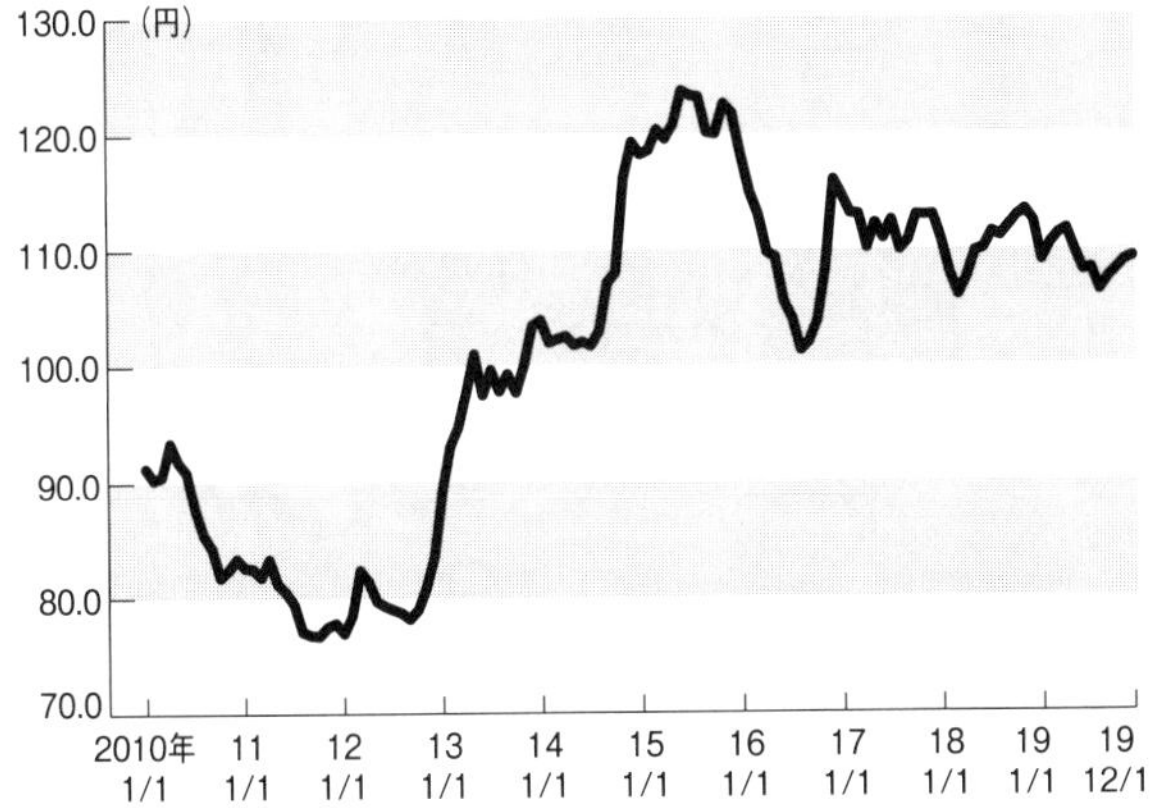

出典:日本銀行「時系列統計データ検索サイト」

約３％程度が、円安による物価上昇と見ることができます。その後、２０１６年に円高になったため、物価が下がりました。２０１６年は、アベノミクス以降で唯一前年より物価が下がった年になっています。

そして、もう一つ重要なのが原油価格です。原油は輸送燃料として使用される他、様々な商品の原材料になります。したがって、原油価格が上がれば物価が上昇しますし、下がれば物価も下がります。推移を見てみましょう(図４－６)。

見てのとおり、２０１４年から２０１５年にかけて、原油価格が大きく落ちているのが分かります。一番低い時で、アベノミクス前の半分以下に落ちています。このように、原油の暴落があったおかげで、円安によるイン

図 4-6 原油価格の推移

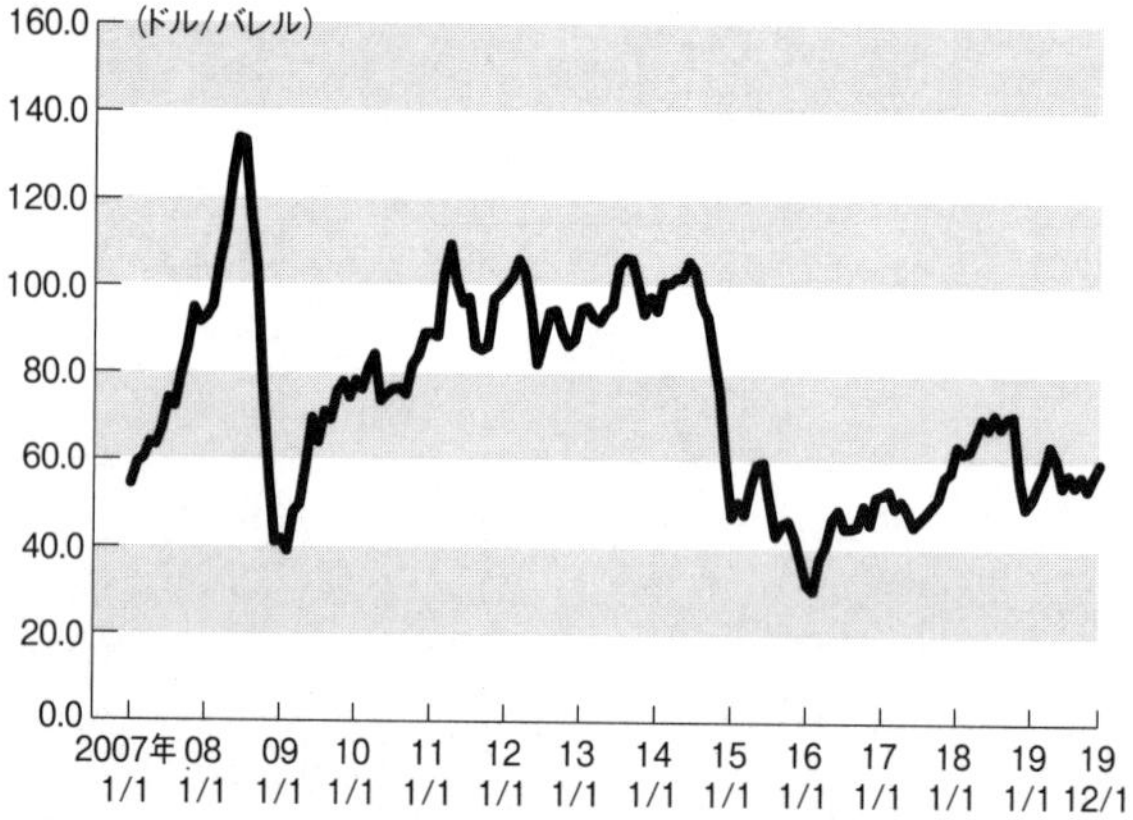

出典:U.S. Energy Information Administration(EIA)「Cushing,OK WTI Spot Price FOB(Dollars per Barrel)」

フレが相当程度抑え込まれたのです。この偶然が無ければ、円安による物価上昇はもっとすさまじいものになったでしょう。そして、2017年頃また上がり始め、同時に為替相場も円高から円安傾向に変化したため、また物価が上がり始めたのです。このように、アベノミクス以降の物価変動は、消費税増税、為替相場、原油相場の3つが大きく影響しています。

前述のとおり、マネーストックの増加ペースは変わらなかったので、「マネーストック増による物価上昇」は起きませんでした。しかし、増税と円安による物価上昇は生じたのです。つまり、「みんなが持つお金はたいして増えなかったが、お金の価値は下がってしまった」ということです。

図 4-7 実質民間最終消費支出

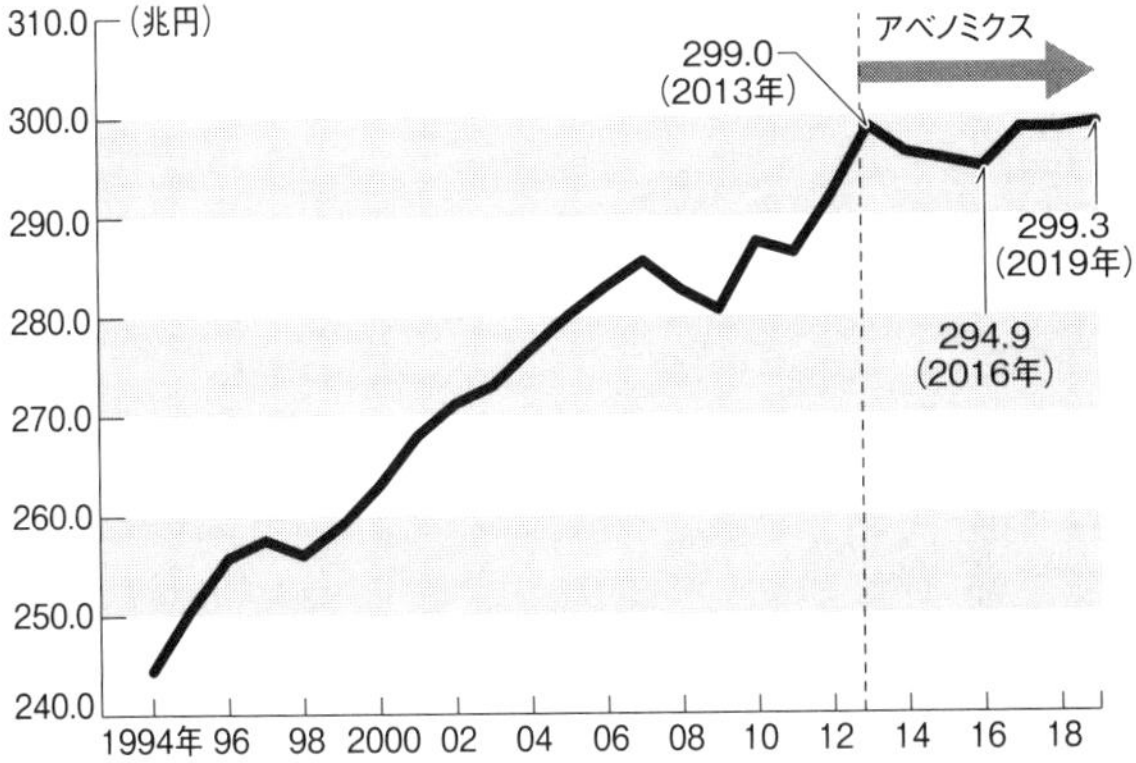

出典:内閣府「国民経済計算」

多くの方が、日銀の「2%の物価上昇」が達成されていないことをもって、「物価は上がっていない」と勘違いしています。この2%というのは「前年比」です。すなわち、日銀の目標は、毎年2%の物価上昇を目指すというものであり、「アベノミクス開始時から」2%ではありません。しかも、日銀の目標からは、消費税増税による物価上昇の影響は取り除かれています。増税の影響も含め、アベノミクス開始時点から見てみると、物価は大きく上昇しているのです。

物価が大きく上昇する一方、名目賃金がたいして伸びなかったので、実質賃金が大幅に落ちました。その影響が、実質GDPの約6割を占める実質民間最終消費支出に現れています(図4-7)。

2014年～2016年にかけて、3年連続で下がっています。これは戦後初の現象です。2017年はやや持ち直しましたが、それでも4年前の2013年を下回っています。この「4年前を下回る」という現象も戦後初です。さらに驚くべきは、2018年はまたもや前年より下がってしまいました。すなわち、2013年よりも下です。「5年前を下回って」しまったのです。もちろん、戦後初です。そして、2019年になって、やっと2013年を0・3兆円だけ上回りました。つまり、**2013年以降、日本の実質消費はほぼ伸びていないのです**。物価だけ無理やり引き上げてしまい、名目賃金がそれに追いつかず、国民の購買力が落ちたから、こんなことになってしまいました。アベノミクスは戦後最悪の消費停滞を引き起こしたのです。

しかし、この戦後最悪の消費停滞を引き起こしている数字も、実は大きくかさ上げされたものなのです。2016年12月にGDPが改定され、1994年まで遡って数字が変わりました。表向きは2008SNAという、国際的なGDP算定基準に合わせることが改定の趣旨であると強調されました。この新算定基準によると、研究開発費等がGDPにプラスされるので、おおむね20兆円程度かさ上げされます。しかし、重要なのは、この2008SNAと全く関係の無い部分で大きなかさ上げがされているということです。

まず、改定前後を比べてみましょう（図4－8）。

図4-8 名目GDP推移の比較

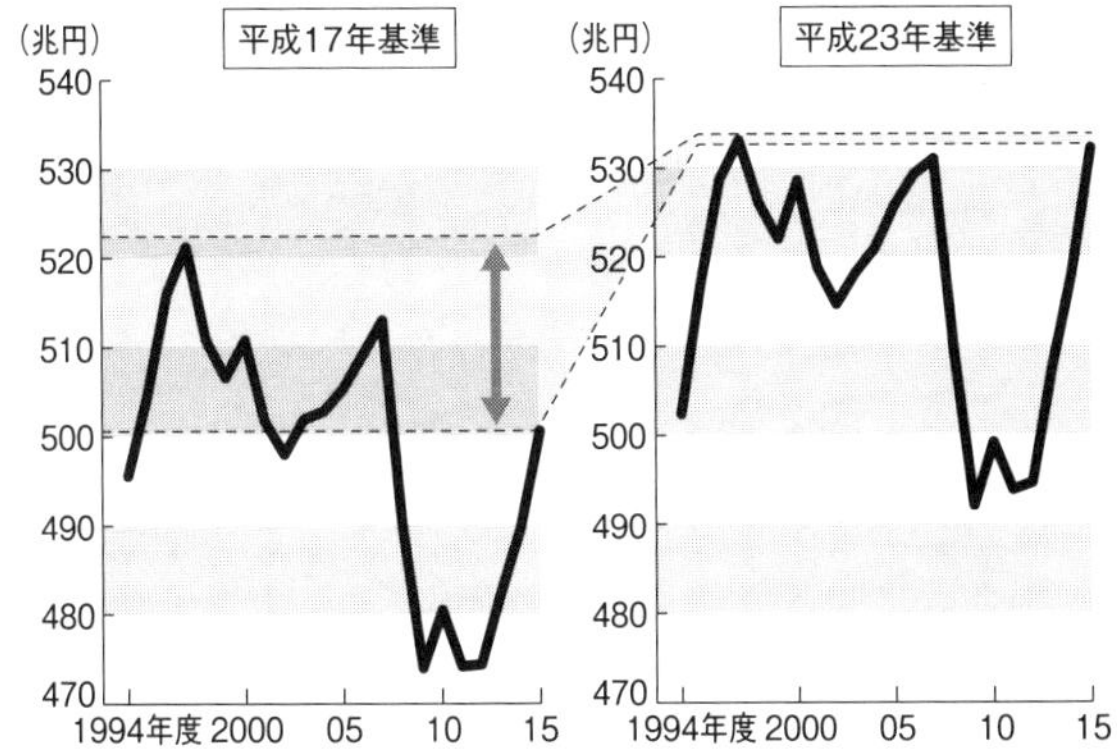

出典:内閣府「国民経済計算」

改定前、2015年度の名目GDPは500・6兆円でした。しかし、改定後は532・2兆円です。31・6兆円もかさ上げされました。注目すべきはピーク時との比較です。改定前のピークは1997年度の521・3兆円であり、2015年度とは20兆円以上の差がありました。ところが、改定後は、1997年度の数値は533・1兆円であり、その差は一気に0・9兆円に縮まっています。

次に、改定前後のGDPの差額を抜き出したグラフを見てみましょう（図4－9）。

このように、アベノミクス以降（2013年度以降）から、急激にかさ上げ額が伸びているのがよく分かると思います。特に1990年代との差が異常です。1994年度は6・8兆円しかかさ上げされていないのに、

図 4-9 平成17年基準と平成23年基準の差額

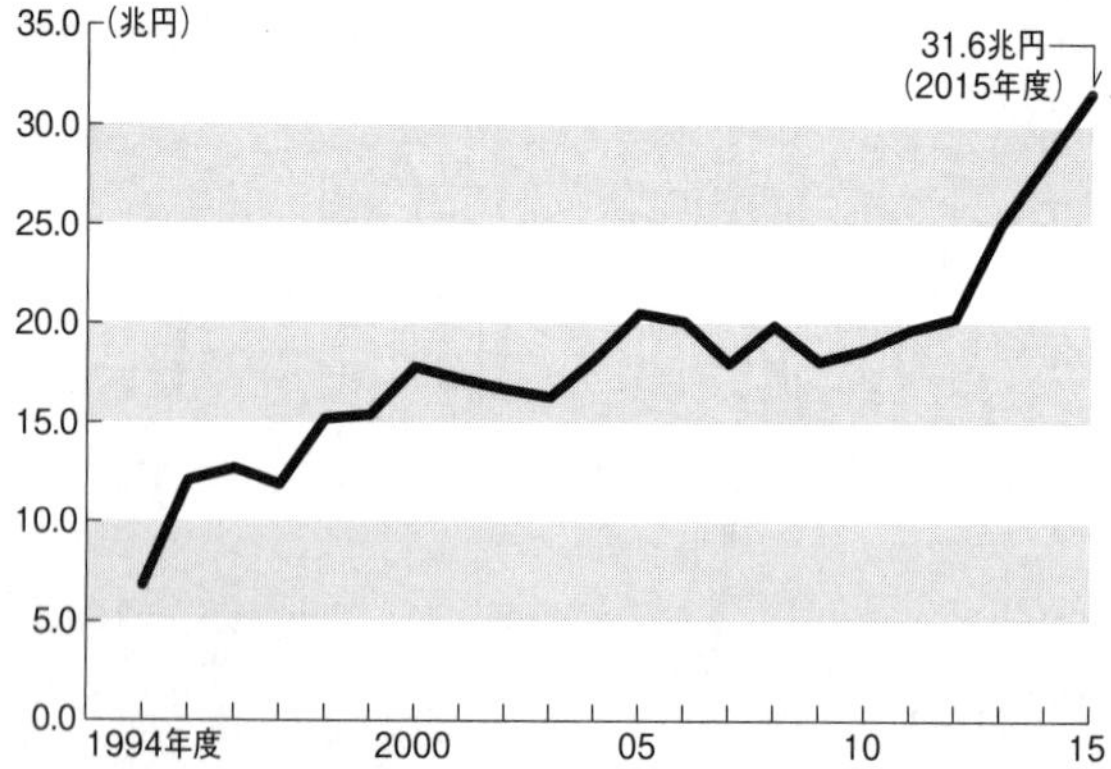

出典:内閣府「国民経済計算」

2015年度は31・6兆円もかさ上げされています。この差額を大きく2つに分けると、①2008SNA対応部分②その他です。まず2008SNA対応部分から見てみましょう(図4-10)。

これもアベノミクス以降のかさ上げ額が大きく、不自然に感じます。しかし、「その他」はこの比ではありません(図4-11)。

アベノミクス以降「だけ」急激にかさ上げされています。アベノミクス以降のかさ上げ平均値は5・6兆円です。他方、90年代は全部マイナスで、平均値を出すとマイナス3・8兆円です。つまり、この「その他」の部分で、90年代とアベノミクスに平均して約10兆円の差がついているということです。

「その他」の影響がどれだけ大きいのかは、

図 4-10 2008SNAによるかさ上げ額

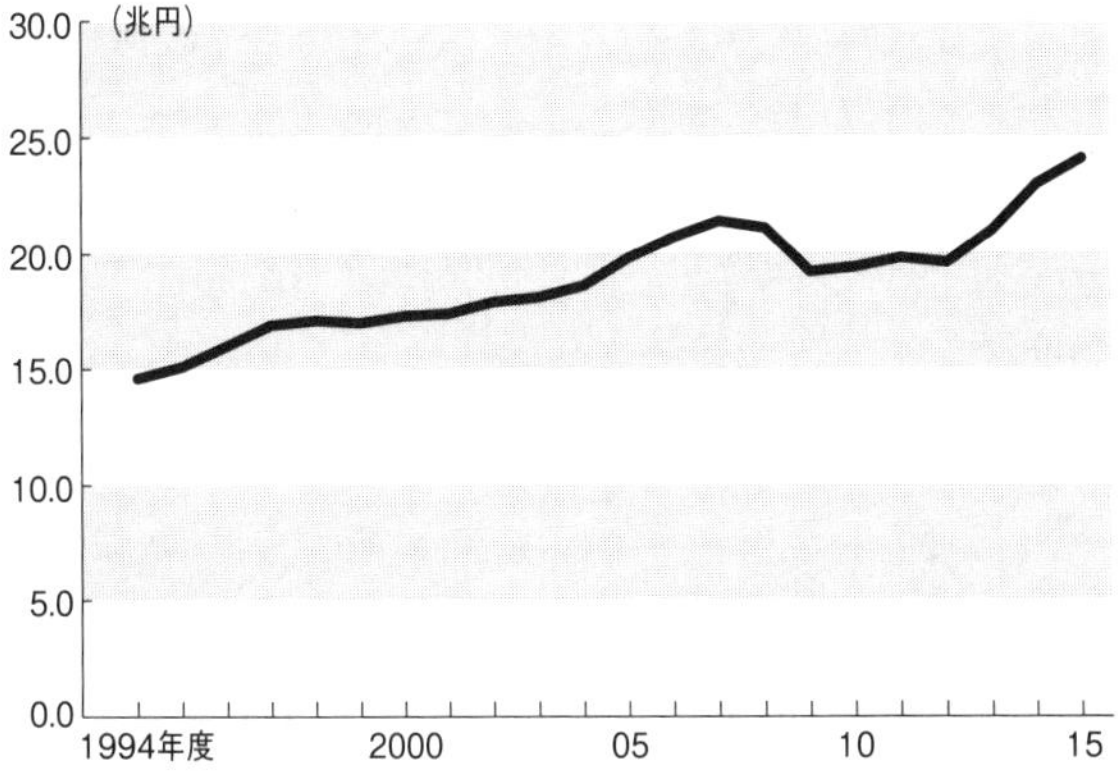

出典:平成28年12月22日付内閣府作成資料「平成27年度国民経済計算年次推計(平成23年基準改定値)(フロー編)ポイント」

図 4-11 「その他」のかさ上げ額

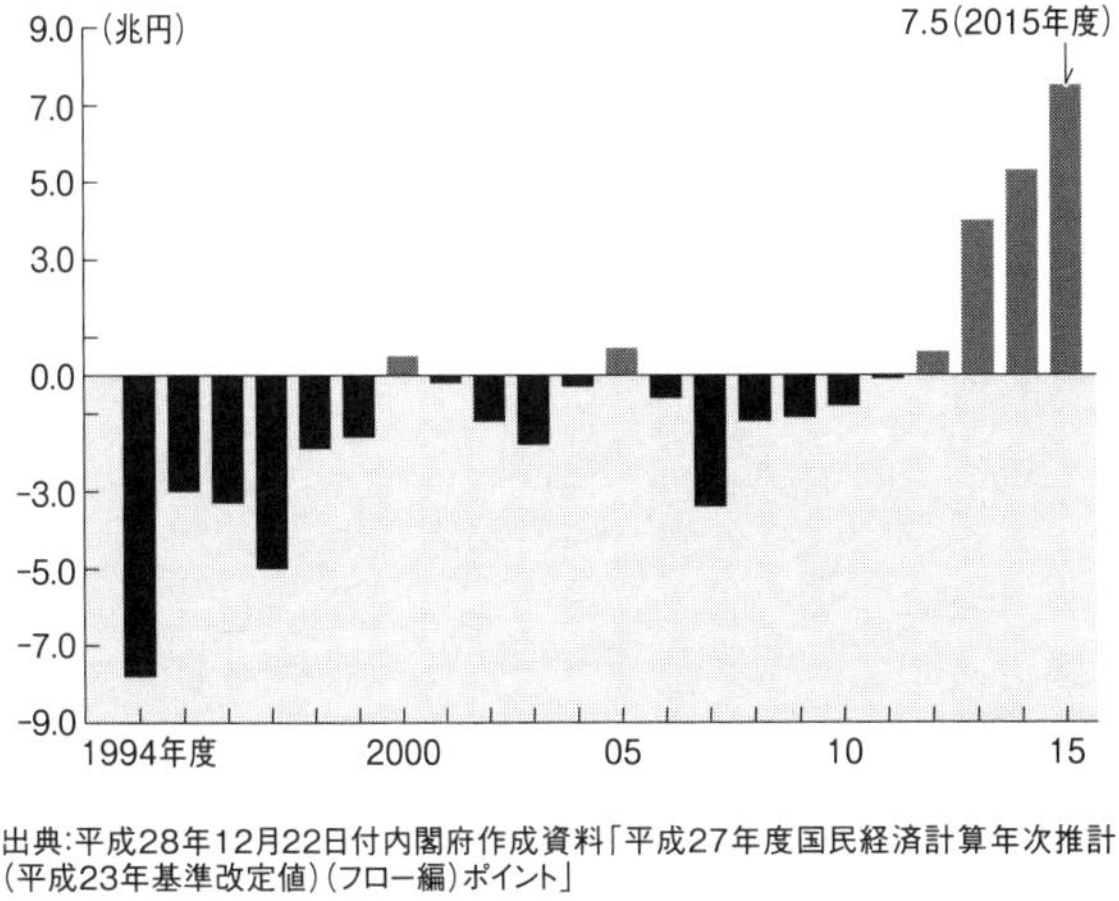

出典:平成28年12月22日付内閣府作成資料「平成27年度国民経済計算年次推計(平成23年基準改定値)(フロー編)ポイント」

図4-12 平成23年基準と「その他」を引いた基準との比較

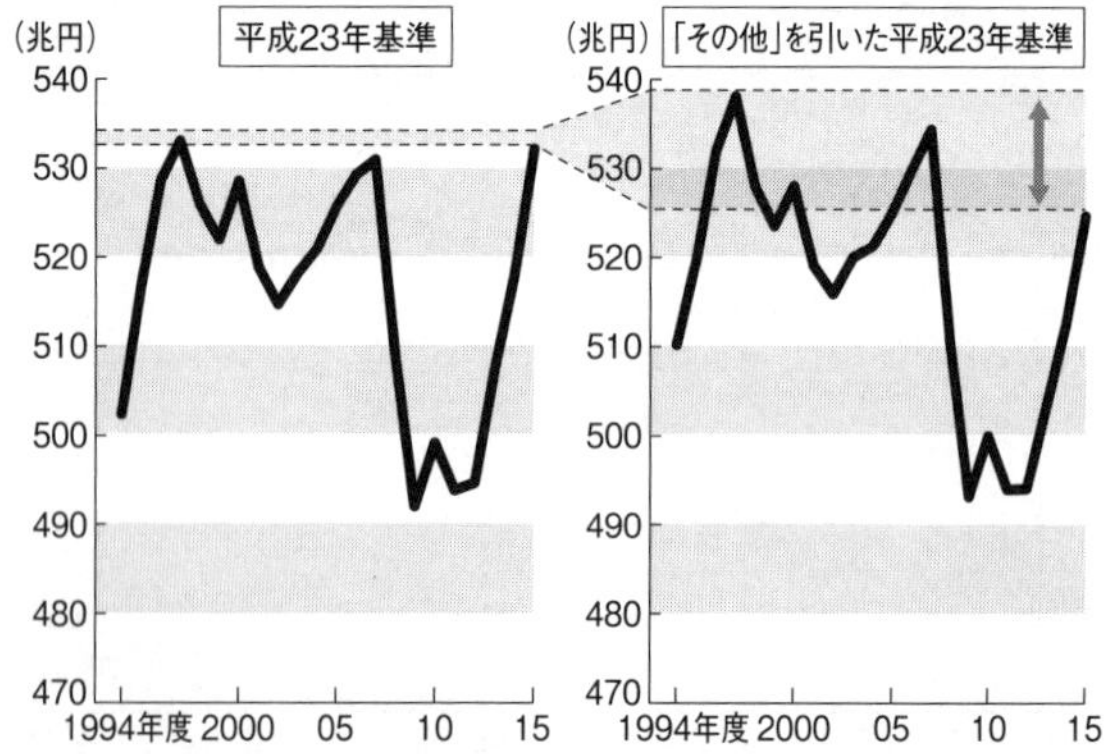

出典：平成28年12月22日付内閣府作成資料「平成27年度国民経済計算年次推計（平成23年基準改定値）（フロー編）ポイント」

改定後の数値から「その他」を引いてみるとよりよく分かります（図4－12）。

改定後の数値から「その他」を引くと、2015年度と1997年度の差は13・4兆円に開きます。このように、「その他」によって、名目GDPの高かった90年代を大きく下げた一方、アベノミクス以降だけを大きく引き上げたことが分かります。そして今名目GDPがどうなっているかというと、2016年度にめでたく最高値を更新し、以降最高値の更新を継続しているという状態です。

ここで、改定前後の名目民間最終消費支出の差額と、「その他」を重ねてみると、アベノミクス以降のみ、3年度連続でほぼ一致します（図4－13）。

つまり、「その他」で大きくかさ上げされ

図4-13 名目民間最終消費支出差額と「その他」かさ上げ額

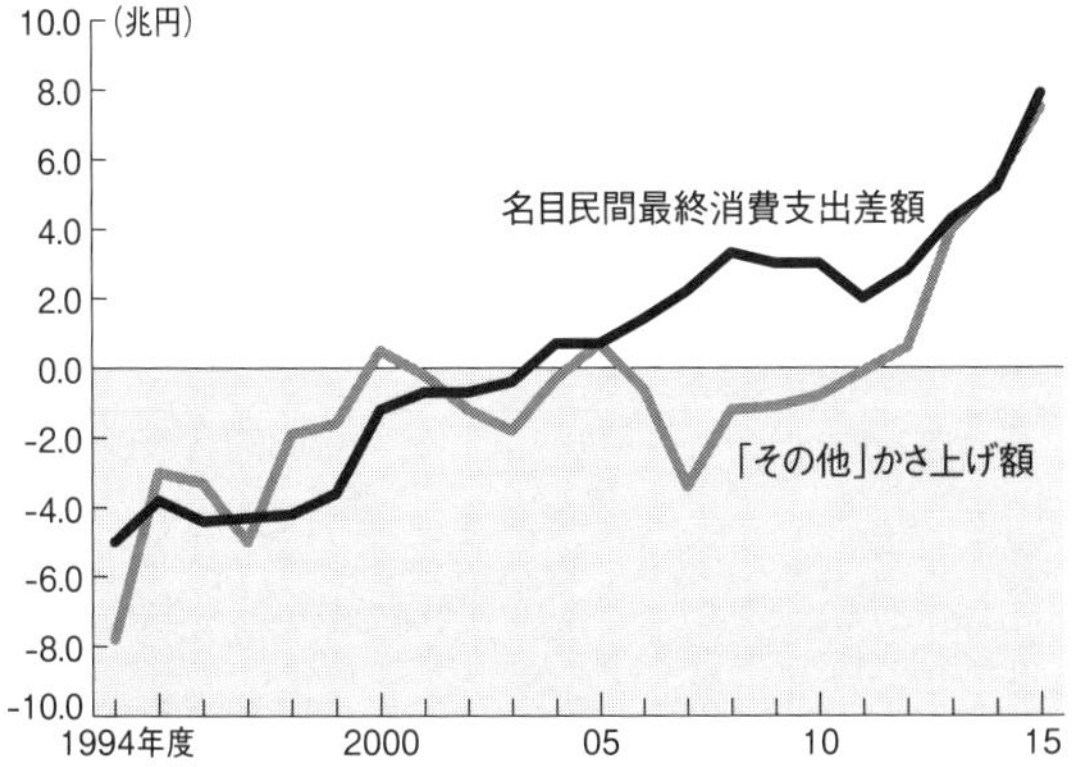

出典:内閣府「国民経済計算(GDP統計)」、平成28年12月22日付内閣府作成資料「平成27年度国民経済計算年次推計(平成23年基準改定値)(フロー編)ポイント」

た数値は、アベノミクスで最も失敗した「消費」に充てられたように見えるわけです。そして、この消費のかさ上げはこれ以降も続いています。「世帯数[※2]に世帯消費動向指数（各世帯の消費を指数化したもの）を乗じた数字」と、「家計最終消費支出（民間最終消費支出の98％を占める、家計消費の合計額）」を指数化して並べてみると、よく分かります（図4－14）。

この図を見ると、2014年まではほとんど同じ傾向を示していましたが、2015年に急激に大きく乖離し、差が開き続けています。おそらく、何か計算方法を2015年から変更したのでしょう。従来の計算方法のままなら、もっと大きく落ち込んでいたはずです。なお、2018年以降については、調査に用いる家計簿の様式を変えたせいで、世帯

図4-14 「補正世帯数×世帯消費動向指数」と家計最終消費支出（持家帰属家賃除く）の推移

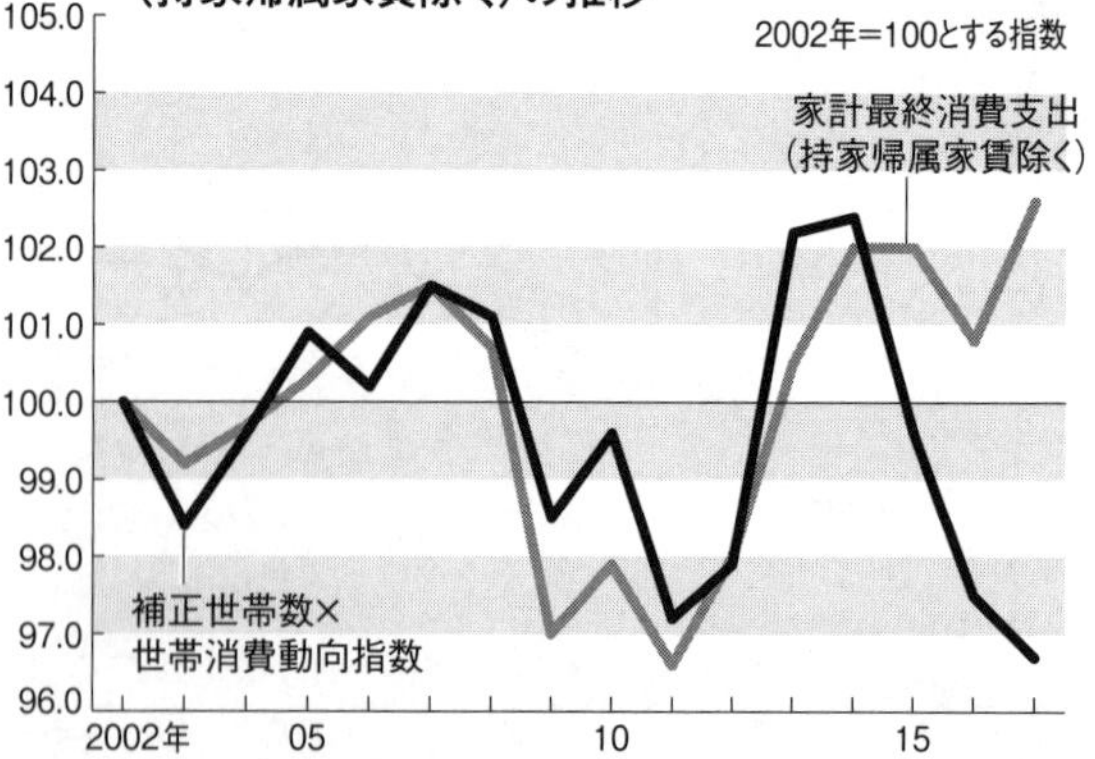

出典：内閣府「国民経済計算」、総務省統計局「消費動向指数」、厚生労働省「国民生活基礎調査」、福島県・宮城県・岩手県・熊本県の各ホームページ

消費動向指数が大きくかさ上げされており、過去のデータとの連続性が欠けています。したがって、ここでは用いていません。

　このように、統計をいじって一生懸命かさ上げしているのに、それでも「戦後最悪の消費停滞」を招いているのです。アベノミクスの失敗の悲惨さがよく分かるでしょう。この統計問題についてより詳しく知りたい方は拙著『国家の統計破壊』をお読みください。より深く分析しています。

※2　厚生労働省が公表している世帯数では、震災の影響により、2011年は福島、宮城、岩手、2012年は福島、2016年は熊本の世帯数が入っていない。しかし、2011年、2012年、2

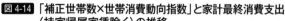

016年について、各県のホームページを見てみると、世帯数が載っている。そこで、各県のデータを厚労省の世帯数データに追加して補正した数値を「補正世帯数」として用いている。

図4-15 雇用者増加数(2019−2012)

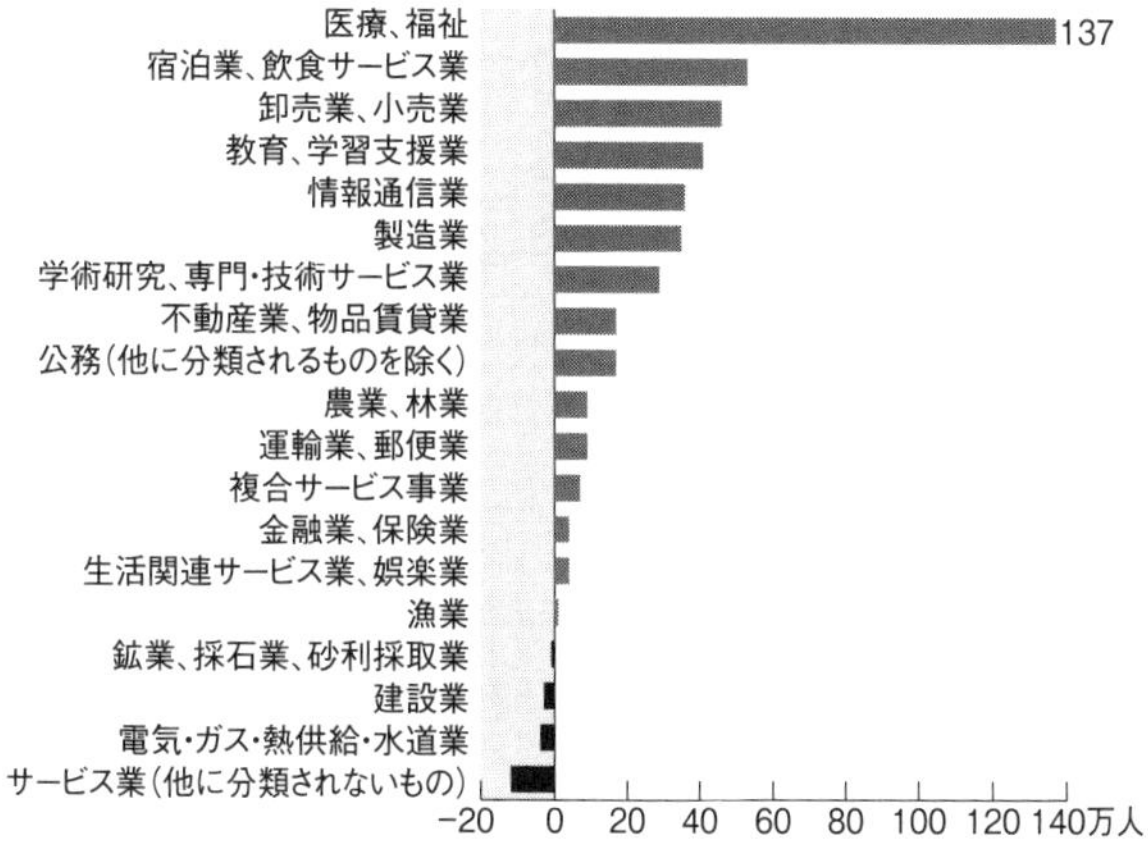

出典:総務省統計局「労働力調査」

雇用の改善はアベノミクスと無関係

アベノミクスというと、必ず「雇用の改善」が強調されます。肝心のマネーストックは伸びず、消費も伸びるどころか戦後最悪の消費停滞を引き起こしているのですが、そういった不都合なところは無視して、都合のよいところだけが強調されます。しかし、アベノミクスと雇用の改善は無関係です。これを分かりやすく示すのが、業種別の雇用者増加数です(図4－15)。

図4-16 失業率と有効求人倍率の推移

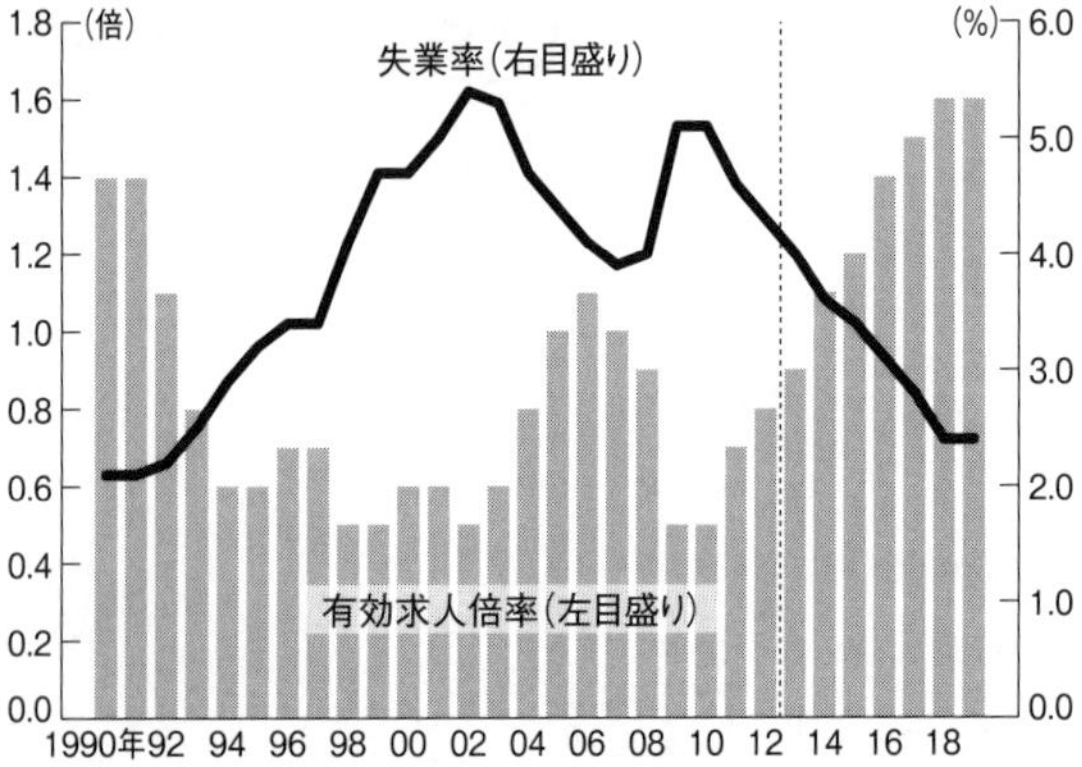

出典:総務省統計局「労働力調査」、厚生労働省「一般職業紹介状況」

2019年と2012年を比較すると、ダントツで伸びているのは医療・福祉です。ここだけで137万人も増えています。アベノミクスは結局円の価値を落とすことしかしていませんので、円安と無関係ならアベノミクスと関係ありません。医療・福祉の雇用者が増えているのは高齢化の影響であり、円安とは明らかに無関係です。その他を見ても、円安と関係があるのは6位の製造業(35万人)ぐらいで、後は飲食業と一緒のカテゴリーに入っている宿泊業ぐらいでしょうか。ただ、飲食業は円安により原材料費が高騰しますので、円安による恩恵は受けないでしょう。このように、「円安」と因果関係があるのか、を見てみると、ほとんど関係ない業種ばかりです。

失業率、有効求人倍率も、アベノミクス前から改善傾向にあり、グラフの傾きが全く変わりません（図4－16）。

結局、アベノミクスで雇用が改善しているように見えるのは、この間、金融危機等の大きな経済危機が発生していないからです。失業率と有効求人倍率の推移を見ると、リーマンショックの際に悪化し、そこから回復していって、その傾向がそのままアベノミクス後も続いていることが分かります。

アベノミクスは年金減額政策

明らかに失敗に終わっているアベノミクスですが、もし狙ったとおりに「前年比2％の物価上昇」を達成していた場合、一体どうなっていたかというと、実質的に年金を大きく減額されていたことになります（厳密に言うともう既に実質減額はされています）。

マクロ経済スライドが発動されたのは、2015年度と2019年度及び2020年度の3回です。2015年度は0・9％、2019年度と2020年度はそれぞれ0・1％でした。つまり、もう既に合計で1・1％、実質的に年金を減額されています。

そこで、仮に物価が毎年2％ずつ上昇するとし、かつ、マクロ経済スライドが2015年度と同じ0・9％で毎年発動されるとした場合の、既裁定年金額を考えてみましょう。物価が毎年2%ずつ10年間上昇した場合、物価は10年間で約22%上昇します。ところが、毎年マクロ経済スライド0・9%が発動された場合、既裁定年金の上昇は毎年1・1%に抑え込まれます。これで10年経過すると、約12%しか年金額は上昇しません。物価の上昇分が22%ですから、**実質的に10%減額されたのと同じ結果になります**。これはあくまで仮の計算であり、実際にはマクロ経済スライド率は実績に応じて毎年変動しますが、物価がアベノミクスの想定どおりに上がり続けた場合、毎年マクロ経済スライドが発動するのは間違いありません。

なお、新規裁定年金については、物価ではなく賃金に連動するので、賃金が全然上がらない場合、マクロ経済スライドは関係ありません。

このように、アベノミクスがうまくいった場合、年金が実質的に見てどんどん減額されることになるのです。ところが、受給者が見るのは名目額です。消費者物価指数を把握している人などごく少数でしょう。そして、名目額だけ見れば増えていますから、実質的に減額されていることに気付く国民はごく少数です。**サイレント年金減額**と言ってよいでしょう。

アベノミクスが高齢者に影響するのはこれだけではありません。先ほど見たとおり、2%の物価上昇が10年間続くと、約22%も物価が上昇することになります。つまり、お金の価値が22%下がるということです。もし預金を何も運用せずそのままにしておいた場合、実質的に22%減ることになります。厳密には預金の利息があるのでそこまで減りませんが、利息を無視した場合、預金2000万円なら440万円減ったのと同じです。

このように、アベノミクスは、年金と預金で暮らしていかざるを得ない高齢者を窮地に追い込む政策と言えるのですが、ほとんどの人は理解していないでしょう。「物価を上げていく」というのはそういうことです。そして、冒頭で紹介した金融庁の報告書は、「貯蓄だけでは足りないから、お金を眠らせておかないで運用しろ」というのが真の狙いでしょう。高齢者が貯めているお金を運用してもらえば、金融業界は手数料で儲かるからです。ただ、その脅しがあまりにも効き過ぎたため、大騒ぎになってしまいました。

年金を株で溶かす

アベノミクスが年金に影響するのはこれだけではありません。アベノミクス開始前には、日経平均株価は1万円にも達していませんでしたが、アベノミクス開始後は、ピーク時で2万円を大きく超える水準にまで上昇しました。この原因は3つあります。①異次元の金融緩和②年金資金投入③日銀ETF購入です。

まず①については、先ほどの為替レートを見ても分かるとおり、異次元の金融緩和によって大きく円安になりました。円安になるということは、海外投資家からすれば、円が安売りされているのと同じですから、日本株を買いやすくなります。さらに、日本の代表的産業である製

図4-17 投資部門別買い越し額の推移

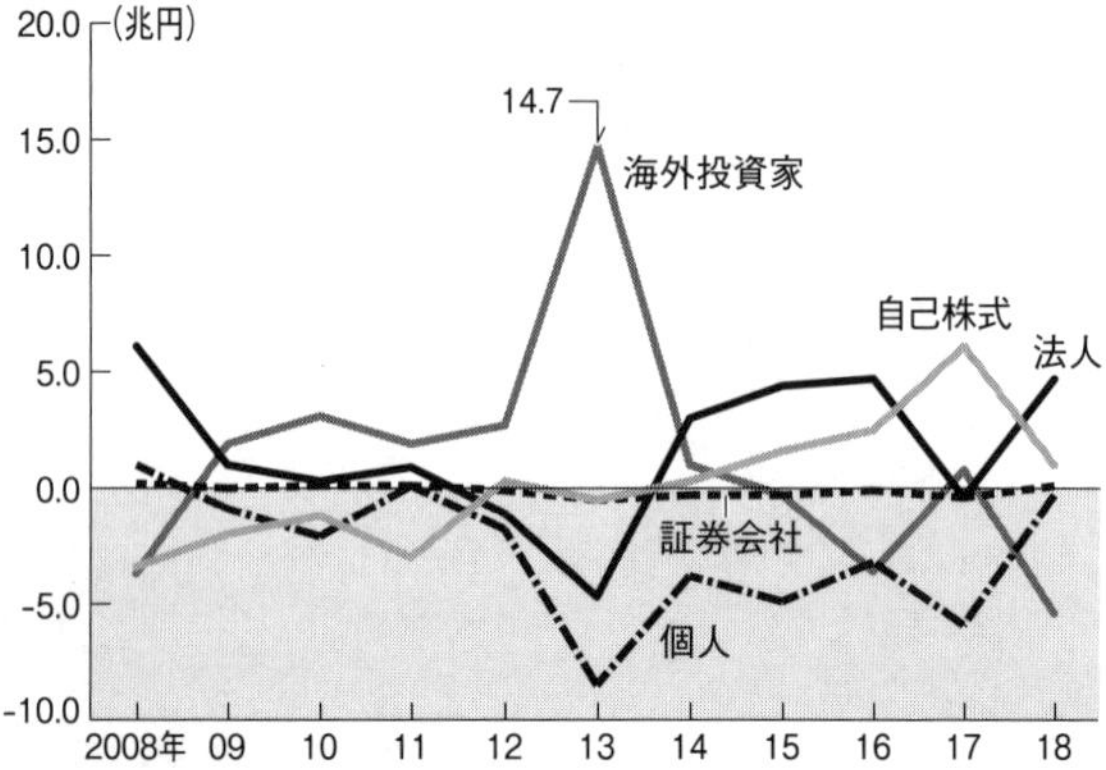

出典:日本取引所グループホームページ「投資部門別売買状況」

造業等輸出産業は、円安による為替効果で大きく利益が出ますから、それらの企業の業績が上向くことが予想されます。さらに、金融緩和によって溢れたお金が株式投資に流れていくという予想も出てきます。これらの事情があいまって、金融緩和をすると円安になり、株価が上がるのです。ここで、東京証券取引所一部上場企業における、投資部門別買い越し額の推移を見てみましょう（図4－17）

見てのとおり、2013年は、海外投資家の買い越し額が14・7兆円にも達しています。東証一部において海外投資家が売買総額に占める割合は6～7割に達しますから、この海外投資家の「買い」が、2013年における株価上昇の大きな要因です。

ところが、2014年以降になると、海外

投資家の買い越し額は減少し、2016年には逆に3・6兆円の売り越しとなっています。これは、リーマンショック時の売り越し額3・7兆円に匹敵する数字です。**さらに驚くべきことは、2018年の売り越し額はリーマンショック時の売り越し額3・7兆円を超え、5・4兆円に達したのです。**

リーマンショックを超える売り越しとなっているにもかかわらず、どうして株価が下がらないのか。その最も大きな要因は日銀と年金で買い支えているからです。日銀と年金による買い支えは先のグラフでいうと「法人」に該当します。法人の買い越し額は、2014年以降だと、2017年を除いて全てトップになっています。

ここで「年金」と言っているのは、正確にはGPIF（Government Pension Investment Fund、年金積立金管理運用独立行政法人）のことです。GPIFは、国民が払った年金保険料のうち、積み立てている分を管理・運用している機関です。GPIFは、2014年10月にポートフォリオ（資産構成割合）を変更し、株式への投資割合を約2倍にしました。そのため、日本の株式市場に年金資金が大量に投入されることになったのです。実際の株式の運用額と資産構成比の推移を見てみましょう（図4-18）。

2014年度末の数字を見ると、急激に国内株式運用額・率が急上昇しているのが分かります。2013年度末と比較すると、10兆8238億円も増えています。

図4-18 GPIFの国内株式運用額と構成比の推移

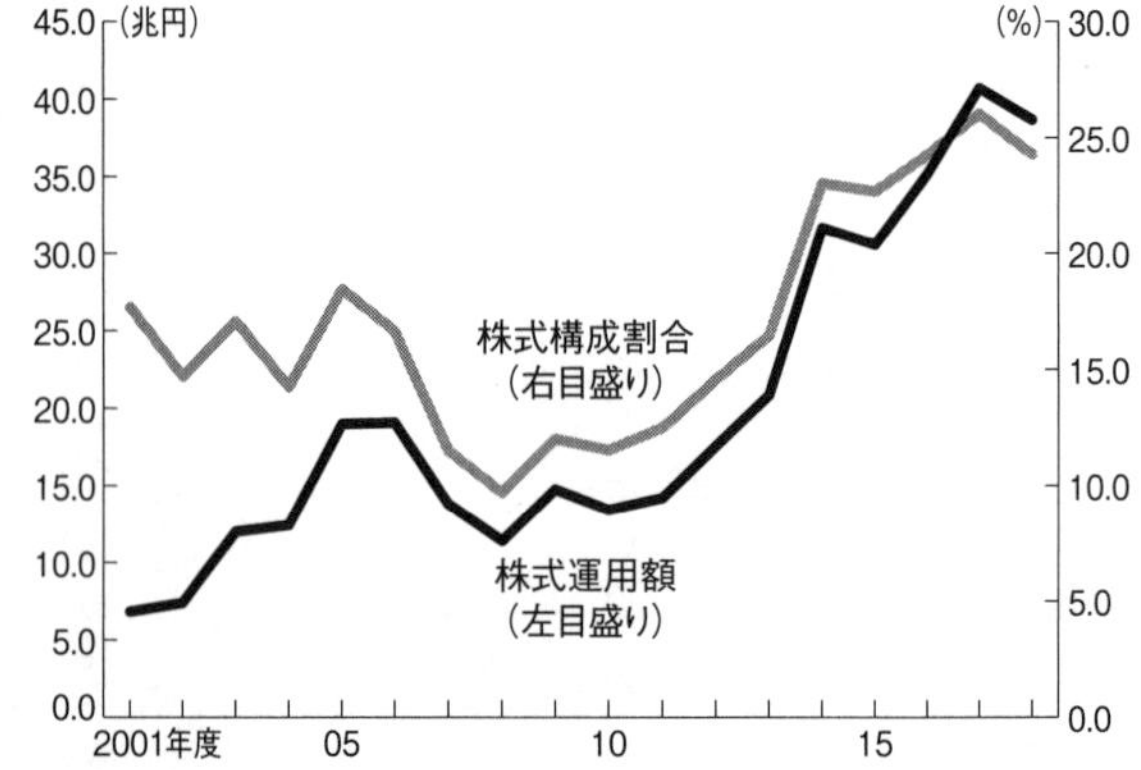

出典:GPIF「管理・運用状況」

２００６年にＧＰＩＦが運用開始した際の国内株式の構成割合は11％でした。そして、値段の変動を考慮して、±６％の許容範囲が設けられていました。その時に一番大きな割合を占めていたのは国内債券の67％（許容範囲は±８％）であり、大半を占めたのは、安全資産とされる日本国債でした。国民の年金を預かって運用するのですから、安全資産をメインで運用するのは当然です。法律上も、年金の運用は、被保険者の利益のために、**長期的な観点から、安全かつ効率的に行うことにより、将来にわたって年金事業の安定に資することが求められています**（厚生年金保険法第79条の2、国民年金保険法75条）。

そして、２０１３年にポートフォリオが変更され、国内株式は12％（±６％）、国内債

図4-19 GPIFの収益額の推移

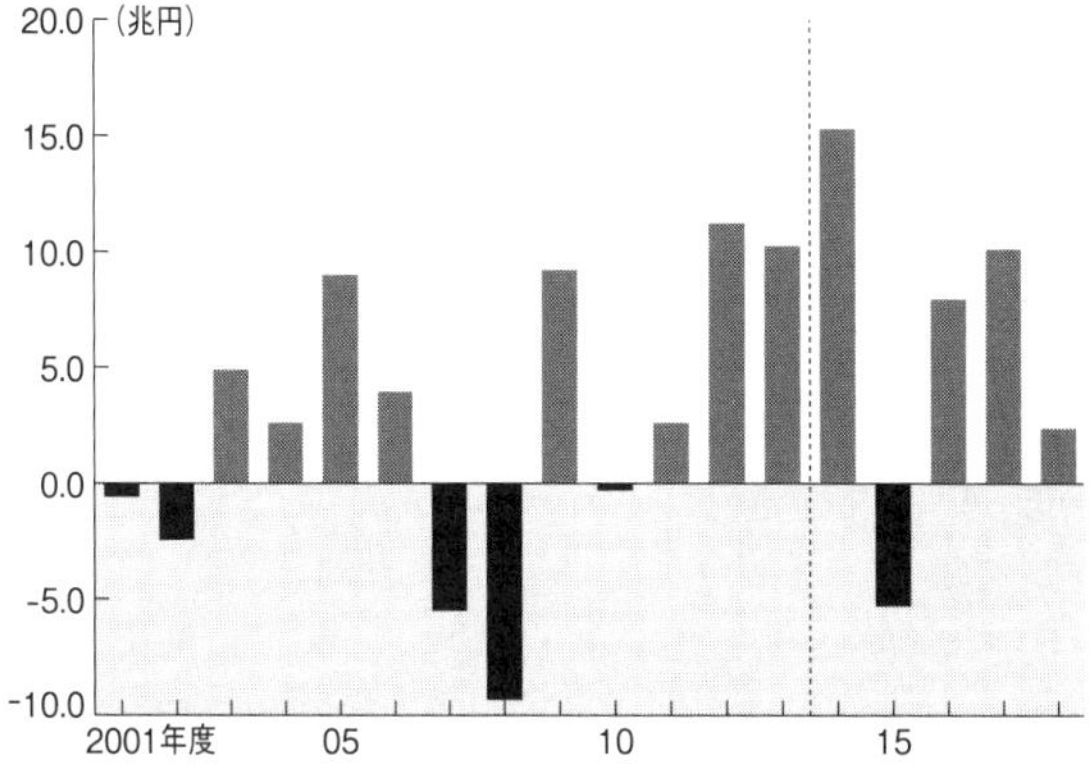

出典:GPIF「収益額(運用手数料等控除前)の推移」

券は60%(±8%)になりました。国内債券60%ですから、まだこれでも安全運用です。ところが、先ほど指摘したとおり、2014年になって急に国内株式を25%(±9%)に倍増し、国内債券を35%(±10%)へ激変させたのです。なおこの際、外国株式も従前の12%から25%(±8%)に倍増させています。さらに、外国債券も11%から15%(±4%)に増やしました。長期にわたって安全に行われるべき年金資産の運用が、非常にリスクの高いものへ変わっていったのです。これは法の趣旨に反していると言うべきでしょう。

そして、このようにポートフォリオを非常にリスクの高いものに変更して、利益が増えているかというと、そうでもありません。GPIFの収益額の推移を見てみましょう(図

4－19）。

ポートフォリオの変更前において、収益が最高だったのは2012年度の11兆2222億円です。そして、ポートフォリオ変更後において、これを超えたのは、2014年度の15兆2922億円の1回のみ。2015年度は5兆円以上の赤字を記録しました。2016年度は約8兆円の利益を出しましたが、8兆円の利益を出したのは変更前でも4回あります。2017年度は約10兆円でかなりいい成績でしたが、変更前だって10兆円を超えたことは2回あります。2018年度は2兆4000億円程度の利益しか出ていません。変更前でそれを下回るのは、収益がマイナスになった5回だけです。あとの8回は全て2兆4000億を上回っています。

このように、非常にリスクの大きいポートフォリオに変更した割に、変更前と比べて大きく儲けているとは言えないのです。**しかも、2020年に突如発生したコロナショックにより、2019年度の運用実績が8兆2831億円の大赤字を記録しました。**

GPIFの運用資産額は、2018年度末の時点で159兆2154億円です。2018年度予算における公的年金の総支給額が56・7兆円ですから、約3年分の積立金があるということです。なお、2040年度の年金は73・2兆円になるという試算を政府が出しており、これを前提にすると約2年分程度になります。

この積立金を少しずつ取り崩していき、100年後におおむね年金給付の1年程度の積立金が残ることを目指すと政府は言っています。しかしながら、既に指摘したとおり、財政検証の想定の最低ケースですら、過去28年間に1度しか達成していない水準が今後毎年達成されていくという絶対にあり得ない前提に立っているため、100年もたないでしょう。なお、想定の最低ケース（人口予想は中位）においては、2052年度に国民年金の積立金が無くなるとしています。実際はもっと早くに枯渇すると思います。

ただし、積立金が枯渇するからといって、給付がゼロになるわけではありません。完全な賦課方式になるだけです。所得代替率はどこまで下がっているのか想像もつきませんが、年金支給額は決してゼロにはなりません。なお、想定の最低ケースでは、2053年度以降の所得代替率は38％〜36％となっています。繰り返しになりますが、想定の最低ケースですらあり得ないぐらい楽観的ですので、この所得代替率を割るのは確実と言うべきでしょう。

心配なのは、想定以上に取り崩しが必要になった場合の、株式市場や債券市場に与える影響です。特に、株については明らかに買い過ぎています。しかも、株価が暴落すると、その分ポートフォリオにおける株の構成割合が下がるので、元に戻すために買い増すことができてしまうのです。現にそのようなことをやっています。これをいざ現金化する時に市場が大きく反応してしまうと、株の売却損が大きく出て、その分支給額が削られることになるでしょう。

そして、最後に株価上昇の大きな要因となっているのが、日銀のETFの購入です。ETF

図4-20 日銀ETF購入額の推移

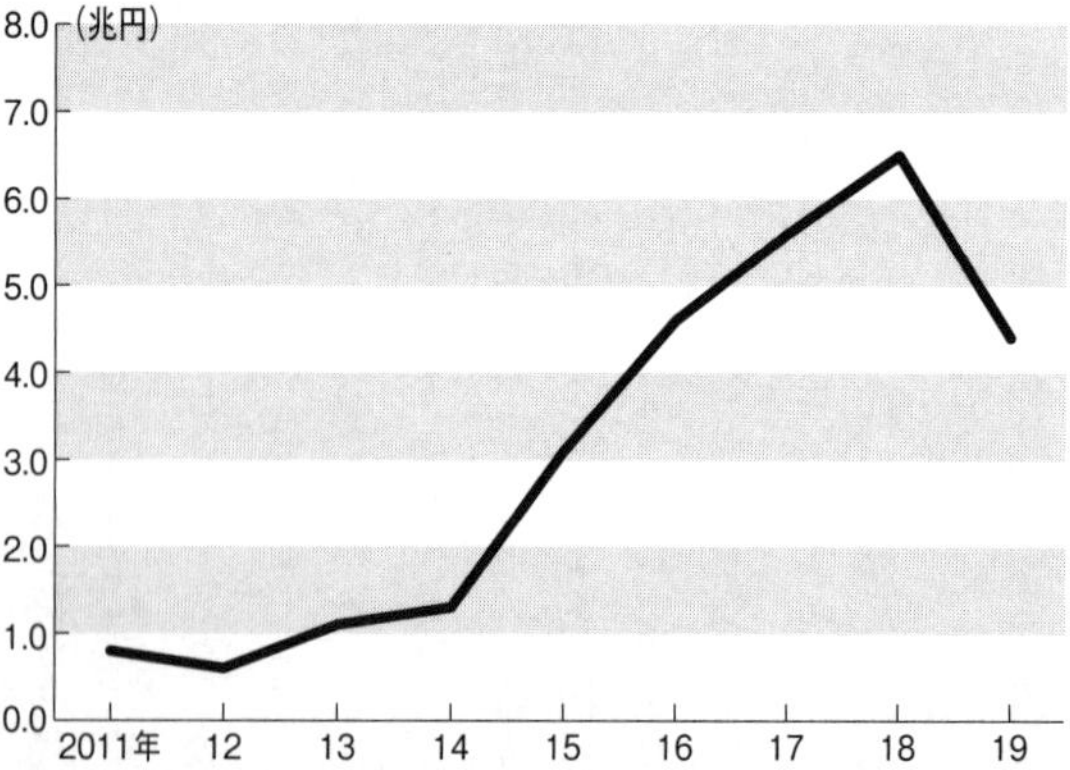

出典:日本銀行「指数連動型上場投資信託受益権(ETF)および不動産投資法人投資口(J-REIT)の買入結果」

というのは、上場投資信託（Exchange Traded Fund）の略です。これは、自分で株を購入するのではなく、投資信託会社にお金を預けて、上場企業の株式に投資してもらい、その運用益をもらうものです。このＥＴＦの運用は、日経平均株価等の指標に連動するようになされます。ざっくり言えば、市場の平均値に近くなるように、投資信託会社がうまい具合に株を組み合わせて購入するのです。したがって、個々の会社の業績を吟味して買われるわけではありません。日銀がこのＥＴＦを大量購入することにより、株式市場にお金が投入され、株価が上がることになります。その推移を見てみましょう（図4－20）。

年々右肩上がりで増えているのがよく分かると思います。最初に購入を始めたのは２０

10年で、その時は約300億円に過ぎませんでしたが、2015年以降あっと言う間に上昇していき、2018年は6・5兆円を超えました。2019年は4・4兆円になっています。日銀がETFを購入するタイミングは決まっていて、午前の終値が前日の終値からある程度下がると購入します。つまり、株価が下がった時に買い支えているのです。日銀が一度に購入するETFの額は700億円程度ですが、それが呼び水となって、投資家の買いを誘うので、株価が回復します。2019年に購入額が下がっているのは、株価の下がる機会がそれまでの年に比べて少なかったからでしょう。

そして、コロナショックで株が大暴落した際、日銀は大慌てになり、それまで購入枠が年6兆円だったものを、一気に倍の12兆円に増やしました。その後、1日の買入れ額について、それまで700億円程度だったのが、2000億円程度買うようになりました。株価が下がり莫大な評価損を出すと、債務超過になり、円の信用を大きく損なう恐れがあるからです。日銀は通貨発行機関ですから、その気になれば無限にETFを買うことができてしまいます。もう止められません。

こうやって日銀と年金で株価を本来あるべき金額より大きく吊り上げて好景気を装っていたのです。これが安倍総理の高い支持率を支えるひとつの要因でした。しかし、価格が高いところで購入しているため、暴落した場合、日銀もGPIFも莫大な損を出すことになります。そうなれば、一番の被害に遭うのは我々です。特に、日銀は通貨発行機関ですから、日銀が債務超過になるような事態になれば、円が市場の信頼を失い、為替市場で大きく売られてしまうことにより、大幅な円安になる恐れがあります。円安インフレの発生です。そうなった場合、一番大きな被害に遭うのは年金生活者です。貯蓄はインフレで大きく減価しますし、年金改定はマクロ経済スライドにより、物価上昇よりも低い改定額にしかならないからです。

年金生活者に襲いかかるアベノミクスの副作用

前述のとおり、アベノミクス第1の矢「異次元の金融緩和」により、日銀は、当初は50兆円、ピーク時には80兆円のペースで国債保有残高を増やしました。ここで重要なのは、この「80兆円」というのは、国債純増額ということです。これがあまり理解されていません。日銀がもともと持っている国債について、償還日が来ると償還により消えてしまうので、日銀はその分まで再購入しています。したがって、総購入額はもっと莫大な額になるのです。

例えば、日銀の保有国債のうち、10兆円が償還日を迎えるとしましょう。政府は日銀に対し、10兆円を支払う必要があります。政府はそのお金をどこから調達するのか。既に述べたとおり、政府は借金の大部分を借り換えているだけです。したがって、借換債10兆円を発行して、お金を調達するのです。この借換債10兆円を、銀行等に買ってもらいます。そして、銀行等は、日銀当座預金から購入代金を政府に支払います。つまり、銀行等が借換債10兆円を買うと、日銀当座預金から政府預金に10兆円お金が移動します（なお、政府預金はマネタリーベースに含まれません）。日銀当座預金が10兆円減るということです。簡略化するとこういうことです。

①政府が借換債10兆円発行
②銀行等が借換債10兆円購入
③日銀当座預金10兆円減少
④政府預金10兆円増加
⑤政府から日銀へ10兆円支払い（政府預金10兆円減少）
⑥日銀が保有していた10兆円の国債消滅

このように、満期が来ると10兆円分の国債が消えると同時に、**10兆円のマネタリーベースも消えてしまう**のです。

ここで、日銀が銀行等から再度国債10兆円を買い入れたらどうなるでしょう。日銀当座預金の減少分10兆円が、また元に戻ります。つまり、**マネタリーベースが元に戻る**ということです。

こうやって償還で消える分まで再投資して額を維持した上で、新たに買い増して国債残高を

図4-21 国債買入総額の推移

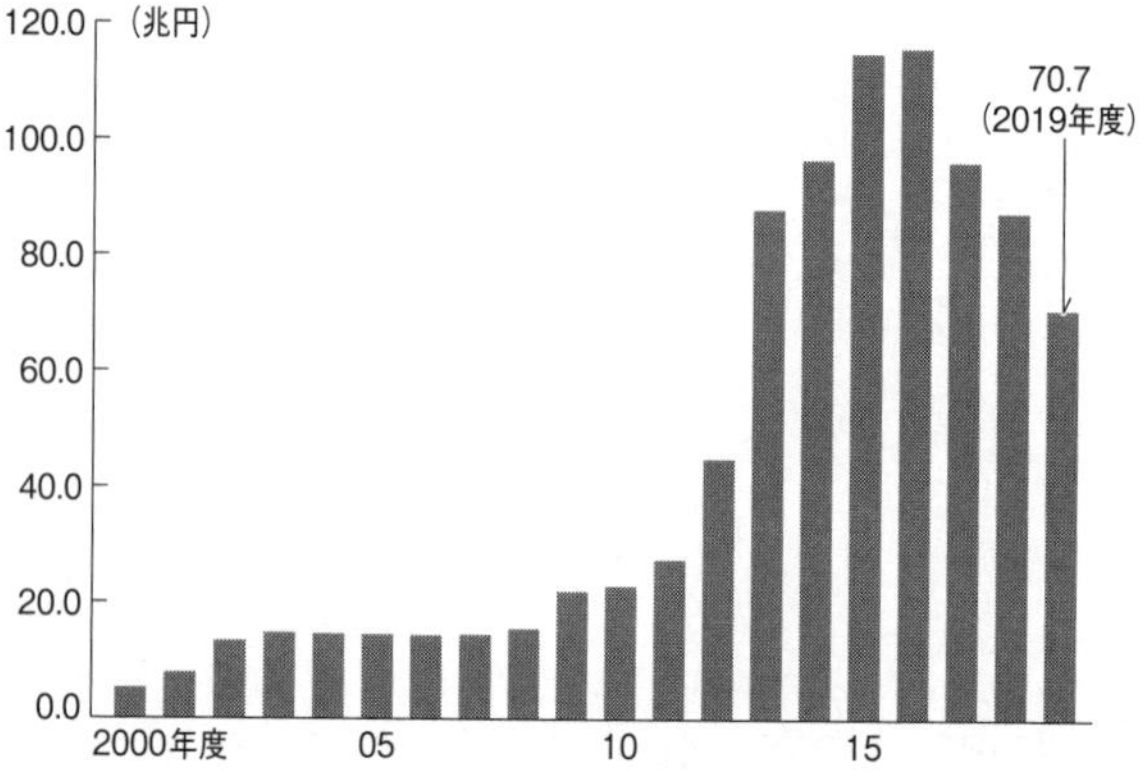

出典:日本銀行「時系列統計データ検索サイト」

図4-22 国債償還総額の推移

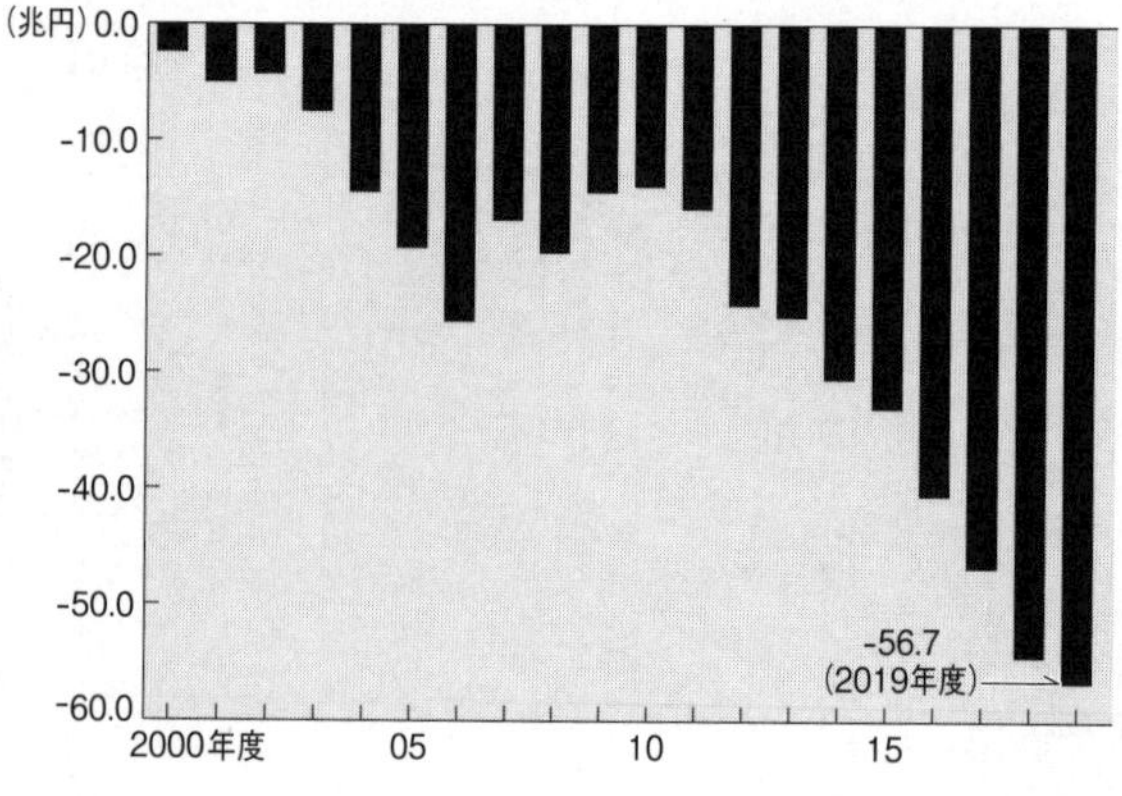

出典:日本銀行「時系列統計データ検索サイト」

図4-23 国債純増額の推移

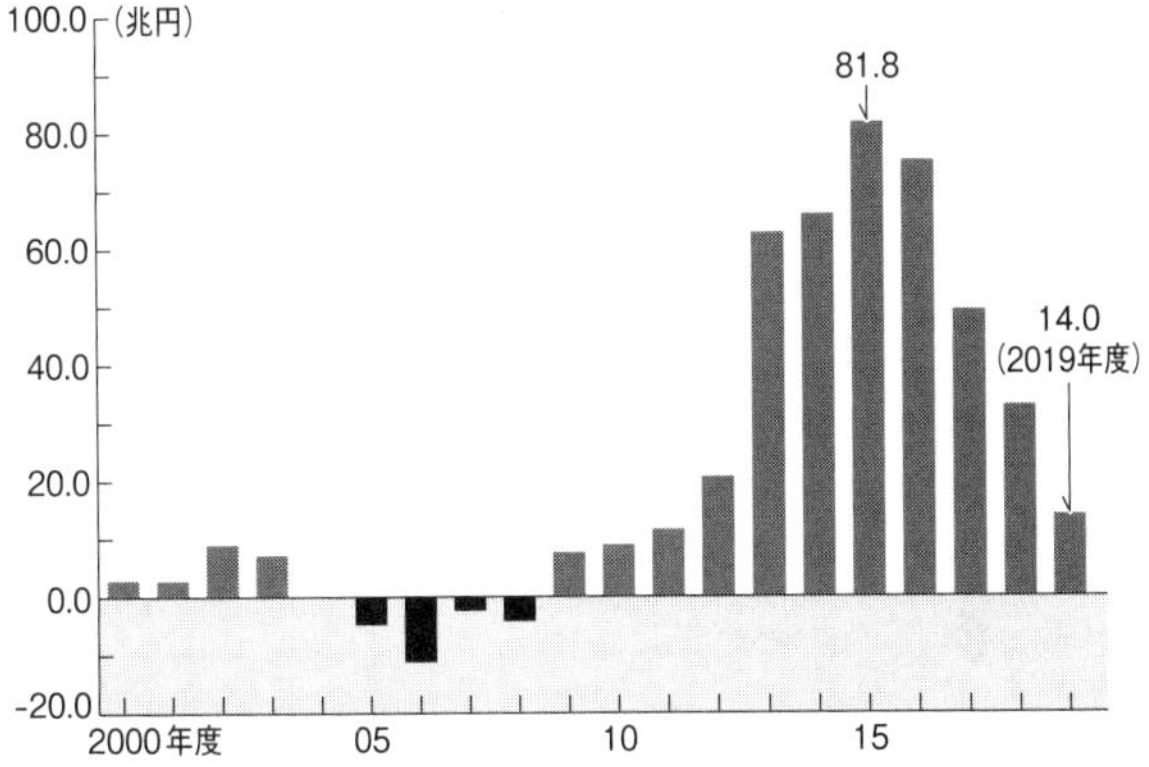

出典:日本銀行「時系列統計データ検索サイト」

増やしていく必要が生じます。したがって、日銀の国債総購入額は莫大な金額になります。その推移を見てみましょう（図4－21）。

このように、ピーク時の2016年度で15・8兆円、ペースが落ちた2018年度でも70・7兆円も買っています。

そして、日銀保有国債のうち、毎年償還を迎える国債の推移を示したものが図4－22です。2018年度以降は、償還総額が50兆円を超えています。さらに、買入総額から、この償還総額を差し引いた国債純増額が図4－23です。2015年度において、純増額が80兆円程度になっているのが分かるでしょう。「残高を80兆円増やす」というのはこういうことです。**償還分に対する再投資も含めると、80兆円よりもはるかに大きな額を購入してい**

図4-24 日銀買入総額／国債総発行額の推移

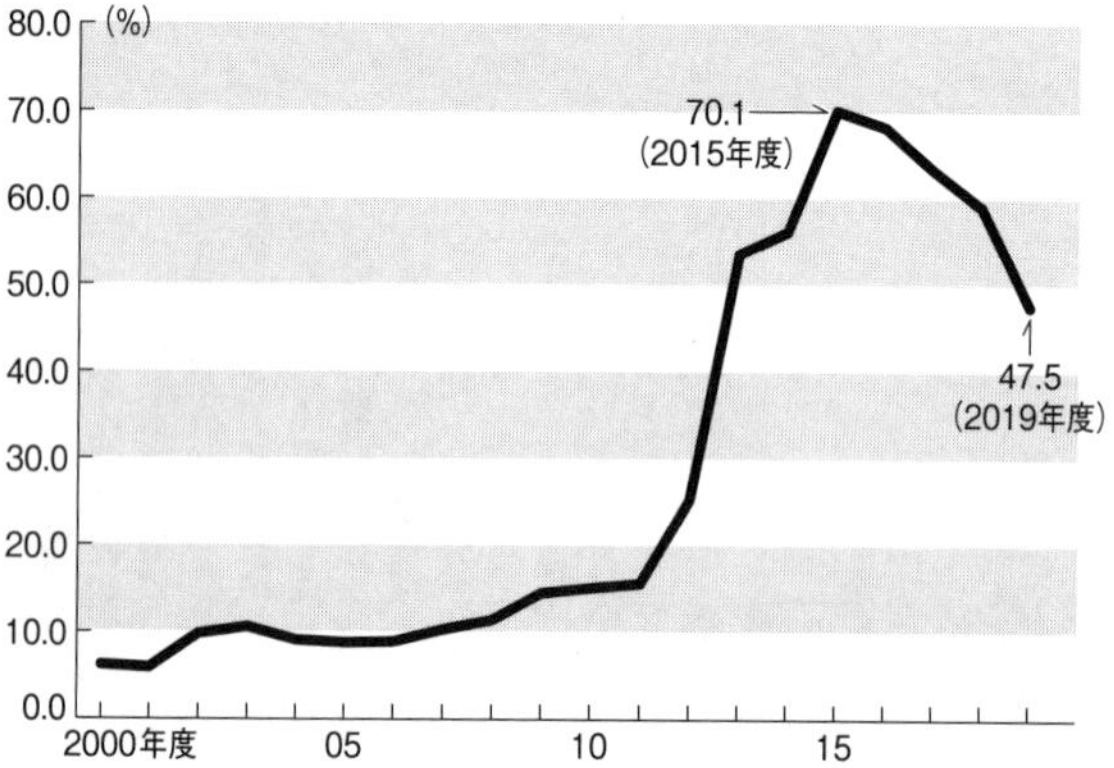

出典:日本銀行「時系列統計データ検索サイト」、財務省「戦後の国債管理政策の推移」

るのです。

では次に、この日銀の買入総額が、借換債も含めた毎年の国債総発行額の何割を占めているのか見てみましょう（図4－24）。

このように、ピーク時の2015年度で約70％、ペースの落ちた2019年度ですら約50％です。その年に発行される国債の5割〜7割を買っているのです。政府から直接購入しているわけではなく、銀行等が政府から買った国債をすぐ買い取っています。これを「日銀トレード」などと呼びます。

この日銀トレードによって、長期金利は歪められています。長期金利の推移を見てください（図4－25）。

2016年と2019年の2回、長期金利の年平均がマイナスになっています。利回り

図4-25 長期金利(年平均)の推移

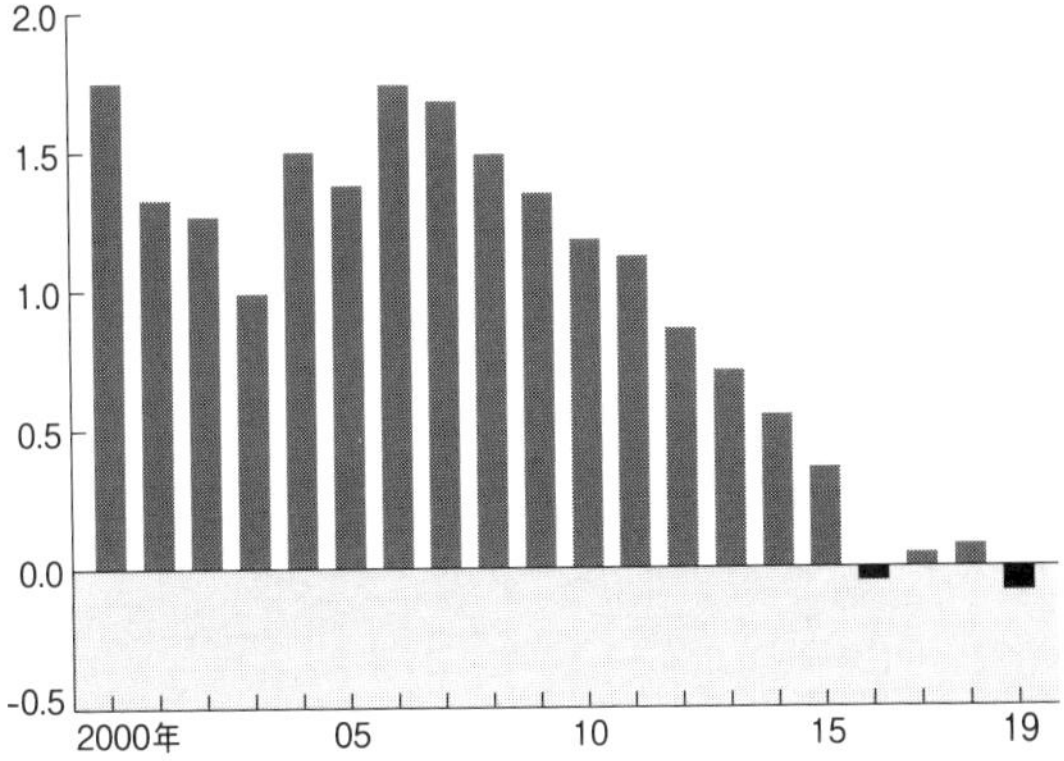

出典:財務省「国債金利情報」

がマイナスになるほど異常な値段で買われているということです。利回りがマイナスになるということは、債券価格が異常に高騰しているということです。利回りがマイナスになれば、満期まで持っていても損をするだけです。市場に任せていればこんな現象は起きません。市場原理の働かない日銀が大量に国債を買うのでこうなってしまいます。

これは流通市場の金利ですが、発行市場の段階でも、応募者平均利回りは2016年と2019年にマイナスを記録しています。それでも買手がいるのは、日銀にもっと高く売れるからです。

なお、これは年金運用額の下押し要因にもなります。2014年10月に変更したポートフォリオでは、以前より割合を減らしたとはいえ、国内債券の基本割合は35％でした。その大部分は日本国債ですから、こうやって金利が抑え込まれると、利息収入が少なくなります。これが影響したのか、ＧＰＩＦはポートフォリオを見直し、国内債券の基本割合を35％から25％へ減らす一方、外国債券の基本割合を15％から25％へ増やす方針を発表しました。そうすると、保有している日本国債を少なくとも10兆円以上は売却する必要があり、市場に大きな影響が出ますが、これは日銀が買い取って影響を抑え込むのでしょう。

なお、ＧＰＩＦがポートフォリオを変更して国債を売却する際、日銀がそれをアシストするのは過去にもありました。先述のとおり、ＧＰＩＦは２０１４年10月に国内債券の基本割合を60％から35％へ、25％も落としました。当時の総資産は１４０兆円程度ですから、単純に計算すると、１４０兆×０・25＝35兆円ぐらい日本国債を売りに出すことになります。そのままだと、金利が高騰し（国債価格は下落し）、市場が大騒ぎになってしまいます。しかし、同じ２０１４年10月に、日銀は、それまで年50兆円のペースで国債残高を増やすと言っていたのを、30兆円増加させて80兆円にすると発表しました。これはきっと偶然ではないでしょう。こうやって日銀が買い取ることにより、金利の高騰を抑え込もうとする目的もあったのだと思います。

では、めでたく目標の物価上昇率前年比２％を達成した場合、日銀はどうするのでしょうか。日銀は、物価目標を達成したとしても、すぐには緩和を止めないと言っています。すぐに止めると公言すれば、市場が混乱するからでしょう。しかしながら、何かの原因で円安が大きく進み、円安インフレによって、年2％どころではなく、3％とか4％とかの物価上昇率になった場合はどうでしょう。これは決してあり得ないことではありません。今までだって、2014年～2015年にかけての原油の大暴落という偶然が無ければ、円安インフレによってそれぐらい物価が上がってしまう可能性は十分にありました。

物価が上がり過ぎてしまった場合、今度はそれを抑え込まなければなりません。賃金や年金がそれに追いつかずに生活が苦しくなるからです。

ここでもう一度復習です。金利が下がればお金が借りやすくなるので、貸出しが増えます。貸出しとは、貸したお金に相当する預金記録が新たに発生することです。つまり、貸出しによって預金通貨が増えます。預金通貨が増えるということは、世の中に出回るお金が増えるということです。世の中に出回るお金が増えれば、値段を高くしても物が売れますから、インフレになります。金利を上げればその逆の現象が起きますので、インフレを抑え込むことができます。

そして、金利の上げ下げの手段が、日銀と銀行等の間で国債を売り買いすることでした。日銀が国債を買い取れば、銀行等が日銀に持っている日銀当座預金に代金が振り込まれ、残高が増えます。そうすると、お金の希少価値が下がり、銀行間で行われている貸し借りの金利が下がります。銀行間取引の金利が下がれば、銀行が民間に貸し出す際の金利も下がります。このように、「買いオペ」をやると、金利が下がっていきます。

逆に、日銀が銀行等に国債を売れば（売りオペ）、日銀当座預金が減ります。そうなるとお金の希少価値が高まるので、銀行間の貸し借りの際の金利も上がり、銀行が民間に貸し出す際の金利も上がります。こうやって、買いオペ・売りオペで金利を上下させ、世の中に出回るお金の量を調節するのです。

では、現在の状態でインフレが予想以上に進行した際に、日銀がそれを抑え込むために「売りオペ」をやったら一体どうなるでしょう。日銀は直近2019年度ですら、発行額の約5割を買い占めてしまう史上最大の買手です。この買手が、急に売手に転じたら市場はどう反応するでしょう。間違いなく国債を売りに走ると思います。

そうなれば国債は大暴落です。金利は急騰します。そんな危ない状態になったら、誰も円を持っていたくないでしょう。だから為替市場における急激な円売りも同時に起こります。そして、猛烈な円安インフレが、国民生活を地獄に叩き落とすでしょう。日銀に国債を直接引受させても円安インフレは止まりません。むしろ悪化するでしょう。直接引受は、政府が通貨を発行し放題になるのと同じ状態であり、そのような状態になれば、どんどん円が発行され、その価値が落ちていくことは目に見えているからです。投資家がそんな危ない通貨を持ち続けていたいと思うはずがないでしょう。したがって、売りオペはどう考えてもできません。というより、買うのを単に止めるだけでも、国債は暴落するでしょう。多くの投資家が前提にしていた「日銀トレード」が無くなってしまうのですから。

このように、**想定以上のインフレが起きてそれを鎮圧しようとする際に、通常の手段である「売りオペ」ができないことが、アベノミクス最大の副作用と言ってよいのです。**

そして、買うのを急に止めることもできません。そうするとやはり国債が暴落して金利が上がり過ぎてしまうからです。市場の5割を占める投資家がいなくなるのだから当然です。金利が上がり過ぎた場合、新規国債の表面利率はその高い金利に合わせなければなりません。また、借換債の表面利率も同様に上げる必要があります。表面利率を高く設定しないと、安く落札されてしまい。目標額を調達できないからです。

高い金利を払うためには、さらにたくさん借金をしなければなりません。日本財政は、税収等政府の自前の収入でその年の経費分すら賄えておらず、借金を全て借金で返しているような状態だからです。借金が増えれば財政への信頼が落ち、それはさらなる金利上昇要因になります。このように、金利上昇→借金増大→財政への信頼低下→金利上昇→借金増大→財政への信頼低下→金利上昇→……と地獄の金利上昇スパイラルが発生してしまう可能性があります。こうなると、円も運命を共にし、どんどん円安になり、円安インフレは止まらないでしょう。

このように、金利が急に上昇すると、とんでもないことになってしまいますが、かといってインフレが想定以上に進行した場合に、日銀が何もしないわけにはいきません。なぜなら、インフレが進行しているということは円の価値がどんどん下がっていくということであり、**それに対して日銀が何もせず放置していれば、ますます為替市場で円が売られ、円安インフレが進行してしまうからです**。誰も価値が落ちていく通貨をそのまま持っていたくないから、どんどん売られてしまうのです。また、金利を引き上げて適切に預金通貨の量を調節しなければ、株や土地等への投機を招き、バブルを発生させてしまいます。日本は一度それで大失敗をしています。

そこで市場に混乱をもたらすことなく適度に金利を上昇させる方法として考えられているのが、日銀当座預金の金利を引き上げる方法です。例えば、日銀当座預金に2％の金利をつけると言った場合、銀行等は、民間への貸出金利をどう設定するでしょうか。きっと2％よりは高く設定するでしょう。なぜなら、単に日銀に預けておくだけで2％増えていくからです。このように、日銀当座預金の金利が最低限の金利となるので、これを徐々に上げていけば、銀行等の貸出金利も上げていけるというのです。

しかし、ここで大きな問題になるのが、日銀の当座預金の額が巨大すぎるということです。2019年度決算における日銀のバランスシートを見てみましょう（図4－26）。

図4-26 日銀貸借対照表

資産の部（兆円）		負債及び純資産（兆円）	
金地金	0.44	発行銀行券	109.62
現金	0.21	**当座預金**	**395.26**
国債	**485.92**	その他預金	51.82
コマーシャル・ペーパー等	2.55	政府預金	12.63
社債	3.22	売現先勘定	24.12
金銭の信託（信託財産株式）	0.73	その他負債	0.08
金銭の信託（信託財産指数連動型上場投資信託）	29.72	退職給付引当金	0.20
金銭の信託（信託財産不動産投資信託）	0.58	債券取引損失引当金	4.80
貸出金	54.33	外国為替等取引損失引当金	1.41
外国為替	25.97	資本金	0.00
代理店勘定	0.02	法定準備金	3.25
その他資産	0.59	当期剰余金	1.30
有形固定資産	0.22		
無形固定資産	0.00		
合計	604.48	合計	604.48

出典:日本銀行「第135回事業年度（令和元年度）決算」（2020年5月27日）

資産のうち、最大を占めるのが、国債約486兆円。負債のうち最大のものが当座預金約395兆円です。これを計算しやすいように400兆円としましょう。400兆円に金利が1％つけば4兆円です（厳密に言えば、金利は当座預金から預金準備額を除いた部分に付きますが、ここでは簡略化して説明します）。2％なら8兆円、3％なら12兆円です。このように、数％上がるだけで莫大な利払費負担が生じるのです。

他方、日銀の収入の大半を占めるのが、500兆円近く保有している日本国債からの利息です。2019年度決算で言うと、日銀の経常収益2兆2407億円のうち、国債利息が1兆1960億円です。経常収益の5割ぐらいが国債利息ということですが、金利が異常に抑えつけられているため、約486兆円も保有しているのに、金利は1兆1960億円しかないのです。単純に保有残高に対する金利を出すと約0・25%しかありません。このように、最大の資産からは超低金利のため少ない利息収入しか入らない一方、最大の負債の方の金利を上げてしまうと、入ってくるお金より出ていくお金の方がはるかに大きくなり、日銀は大赤字になります。そして、日銀の純資産は引当金を含めても約11兆円しかありませんので、赤字がこれを超過すると、債務超過ということになります。普通の会社なら倒産です。しかし、普通の会社と違い、日銀は通貨発行機関ですので、支払い不能になることはありません。問題は、債務超過に陥った中央銀行の通貨が為替市場において信用を保てるのか、ということです。信用を失えば円売りが起き、円安インフレにつながります。つまり、結局インフレを抑えられないことになってしまうので、日銀当座預金の金利引上げはやってもあまり意味がないことになってしまいます。

なぜどの国も政府ではなく、中央銀行が通貨発行権を有し、政府から独立しているのか。それは、政府に通貨の発行権を持たせると、必ず通貨を発行し過ぎてしまい、インフレ・スパイラルが発生するからです。だから中央銀行に通貨発行権を持たせ、「通貨を発行し過ぎない」ようにしているのです。通貨に対する信用は、この「中央銀行が通貨を発行し過ぎない」という信頼に裏付けられていると言えるでしょう。そして、中央銀行自身の財務の健全性を保つことも、この「通貨を発行し過ぎない」という信頼に結び付きます。なぜなら、中央銀行自身の財務の健全性を無視すれば、いくらでも通貨を発行できてしまうからです。したがって、日銀が債務超過になれば、通貨の信用を保つことができないのではないかと思われるのです。

なお、日銀当座預金への付利引上げとは別の理由で債務超過が起きることが危惧されています。それは、日銀が約30兆円も保有しているETFの評価損です。コロナショックにより株価が急落したため、ETFにも一時莫大な評価損が出ました。その後回復しましたが、今後も株価暴落の可能性はあります。そうすると、それが原因で債務超過になる可能性があります。ただし、これは株価に左右されるため、株価が回復すれば債務超過状態はすぐ解消されます。したがって、「債務超過といっても一時的なもの」と市場が受け止めれば、それほど円の信用に影響しないかもしれません。

しかし、日銀当座預金の付利引上げは一時的なものではありません。高い付利を維持する限り、利息をその間ずっと維持しなければいけません。想定を超えるインフレが長く続けばずっと赤字を垂れ流す必要があるということです。しかも、国債市場への影響を考えると、おそらく償還分は再投資して、残高を維持しつつ付利を引き上げざるを得ないのではないかと思います。つまり、日銀当座預金が無限に増殖し続けるということです。これではさすがに円の信用は維持できないと思います。

私は、日本に経済成長による健全なインフレが発生することはもはやないと思っています。起きるとしたら、円の信用が失われることによる円安インフレです。そして、たしかに日銀当座預金の付利引上げは金利を上げる手段として理屈の上ではできるかもしれません。しかし、債務超過になる可能性を考えると、結局円安インフレを鎮める手段にはなり得ないのではないかと思っています。

他に金利を引き上げる方法としては、法定準備預金の準備預金率を思いっきり引き上げる方法が考えられます。法定準備預金とは、引出しに備えるため、金融機関が保有する預金のうち一定割合を日銀当座預金に入れることを義務付けるものです。現在は、現金の種類と保有している預金の規模ごとに、0・05〜1・3%の準備預金率が定められています。現在の法律では、この準備率を20%まで上げることができます（準備預金制度に関する法律第4条2項）。

準備預金率を思いっきり上げて法定準備預金を増やせば、その分は貸出しに回すことができなくなります。つまり、金融機関が貸せるお金が減るということです。金融機関は減った分について、金利を上げることでカバーしようとするでしょう。そうやって金利が上がればお金が借りにくくなり、世の中に出回るお金が減ると考えられるのです。しかし、この方法は金融機関の収益に大きなダメージを与えるのではないかと言われています。本来なら貸し出せるお金を貸し出すことができなくなるからです。これはやってみないと分かりません。

インフレが急激に進行して手が付けられなくなった場合に取りうる究極の方法としては、預金封鎖があります。一定額以上の預金を引き出せなくするのです。これで流通するお金の量を強制的に減らすことができるので、インフレを抑える効果があります。そして、封鎖した預金に対し、思いっきり課税すれば、財政を急激に回復させることができます。太平洋戦争後の日本はそれをやりました。「財産税」という極端な税を課したのです。この税は超過累進課税方式が取られ、最低税率は25％、最高税率は90％にも達しました。

なお、預金封鎖と言うと、「封鎖される前に引き出せば逃げられるのではないか」と思うかもしれません。しかし、かつての日本は「新円切替」を組み合わせました。そして、新円は、旧円を預金し、それを引き出す際にしか発行されません。こうすると、みんな預金せざるを得なくなります。２０２４年から一万円札の肖像画が福沢諭吉から渋沢栄一に変更されますが、例えば「福沢紙幣は無効。渋沢紙幣はいったん預金した者にのみ発行する」と言われれば、預金せざるを得ませんね。このように、新円切替・預金封鎖・財産税の3点セットで強制的に通貨量を減らすと同時に、一気に財政再建を果たすという手段も考えられます。

ただし、日本がかつてこれをやった時には、まだ明治憲法下であり、緊急勅令というものを使って行いました。今の憲法には緊急勅令のような緊急事態条項はありません。したがって、法的に同じことをできるのかという疑念があります。

このように、いざ想定を超えるインフレが生じてしまった場合、それを抑え込むことができなくなってしまうのではないか、という点が、アベノミクス最大の副作用です。そして、経済成長に伴う健全なインフレならいいものの、日本に今後起こりうるインフレは、「円安インフレ」です。これは日本財政への信頼が失われることにより発生するインフレです。日本は毎年借金の元本をほとんど返済していません。国債のうち、最大の割合を占める建設国債・特例国債については、その残高の1・6％しか返済していません。古い借金は新しい借金で返済し、その上に、経費の不足を補うための新しい借金をしているのです。これは国債の買手がいるから成り立つものですが、国債の買手が「もうさすがに危ない」と考えて手を引けば、あっという間に国債が暴落し、円も運命を共にします。

日銀が異次元の金融緩和を始める前の時点でも、国債の金利は大きく下がっていました。これは、有望な投資先がなく、さりとてお金を遊ばせておくわけにいかないので、「とりあえず国債を買っておこう。国債なら安全だろう」とみんなが同じことを考えて買った結果です。「周りが買うから自分も買う」状態であったと言えるでしょう。

このような思考停止状態であったことに加え、まだまだ増税余地があったことも大きかったと思います。諸外国は消費税率（付加価値税率）の高い国がほとんどであり、ＥＵは加盟国に15％以上の付加価値税率を課すよう求めています。大半は20％を超えています。軽減税率を定めている国もありますが、対ＧＤＰ比で見ると、日本よりはるかに多く取っています。このように、他国と比べると、アベノミクス前は５％に過ぎなかった日本の消費税率は、まだまだ上げる余地がありましたし、さすがに上げるだろうと市場も思っていたのでしょう。

ところが、日銀が爆買いをするようになってからは、「周りが買うから買う」状態から「日銀が買うから買う」状態に変化してしまいました。さらに、日銀が金利を抑え込んでいるので、増税を２回も延期できました。もし、日銀がいない状態で消費税の増税を延期した場合、日本財政の持続可能性に疑問が持たれ、大きく国債が売られてしまっていた可能性は高いです。そうなれば円も暴落して大騒ぎになっていたでしょう。つまり、**金利は財政に対して警告を発する役割を果たすのですが、日銀のおかげで警告機能は失われました**。今の日本財政は強烈な麻酔をずーっと打っている状態です。大手術が必要な患者に麻酔を打って放置しておいたらどうなるでしょう。死んでしまいますね。日本財政も同じです。好き勝手なことをすれば、最終的に為替市場の信頼を失い、円が暴落してしまうのです。

そして、コロナショックで経済に大きなダメージが生じましたから、税収は絶望的に落ち込み、さらに、大規模な財政出動も必要になりました。２０２０年度の２次補正後の国債発行予定額を見ると、借換債等も含めた総発行額は２５３兆２６４８億円です。今までの最大発行額は２０１２年度の１７７兆５３０３億円ですが、これをはるかに上回る史上最大額となりました。果たしてこれを市中消化しきれるのでしょうか。日銀トレードがあるとは言え、発行市場で購入される国債の全てに日銀トレードが行われているわけではありません。銀行等が「日本財政が危ない」と判断して国債を引き受けてくれなければ、大変なことになります。政府は必要なお金を調達できなくなり、借換ができなくなります。借換ができないということはデフォルトです。日銀に国債を直接引受させることにより、形式的にデフォルトを避けることはできますが、それをやると為替市場の信頼を失い、円の暴落が止まらなくなります。円が暴落すれば、市中消化はもうできないでしょう。価値が落ちていく通貨で建てた国債など持っていても意味がないからです。

そして、円が暴落した時にはじめて「日銀がインフレを制圧できない」というアベノミクスの副作用が露わになるのです。もし今後もずーっと為替市場において円の価値が維持されるのであれば、副作用はばれません。しかし、ひとたび暴落すればもう何もできません。預金封鎖・新円切替・財産税の3点セットで抑え込むしかなくなるでしょう。法的にどうやって実行するのかは分かりませんが。

急激な円安インフレに襲われた時、最も悲惨な被害に遭うのは年金生活者です。年金改定は年に1度ですから、物価急上昇に対応できません。そもそもマクロ経済スライドがありますので、物価上昇よりも確実に年金支給額上昇は抑え込まれてしまいます。そして、老後の生活のために貯めたお金は、円安インフレによって実質的価値が急減していきます。

つまり、**アベノミクスは、どう転んでも年金生活者にダメージを与えるのです**。物価目標を達成して想定どおりに経済成長できてもマクロ経済スライドで年金が知らないうちに実質減額されていきますし、失敗して副作用が爆発しても同じです。そして、預金は、インフレが緩やかでも急でも、いずれにせよ実質的に減額していきます。程度が異なるだけで、どちらに転んでも年金生活者は痛い目に遭わされるのです。

そもそも、アベノミクスに「成功」は無かったと言えます。なぜなら、物価目標を達成した後で日銀が国債を買うのを止めてしまった場合、結局爆買いの反動で国債が暴落してしまうからです。早期に目標達成していればダメージはまだ少なかったかもしれませんが、全く目標を達成できなかったため、ずるずると勝ち目のない戦いを続ける羽目になってしまい、潜在的なダメージが膨らみ続けてしまいました。

このように絶望的な状況なのですが、最近、「ＭＭＴ」という理論がごく一部の人達から支持され、「日本の財政は大丈夫だから、むしろもっと借金をしろ」と主張されるようになりました。次章ではそれについて見てみたいと思います。

第5章　ＭＭＴと年金

「通貨安インフレ」を無視した理論

MMTとは、Modern Monetary Theory（現代貨幣理論）の略です。これは端的に言うと、「自国通貨建ての国債はデフォルトにならないので、インフレにならない限り、財政赤字は問題無い」という主張です。だからもっと借金して財政支出をたくさんしろと言うのです。したがって、年金も大規模な国債発行で賄っていけば問題無いように思えてしまいます。しかし、**これは全く真新しいことを言っていません。**既に説明したとおり、形式的にデフォルトを避けるためなら、最後は自国の中央銀行に直接引受をさせればよいからです。

ところが、それをやることは政府の裁量で通貨を発行し放題にすることを意味します。すると、為替市場の参加者達は「円がたくさん発行されて円の価値が下がるぞ」と予想し過ぎると、円が売られてしまいます。そうなると円安インフレが発生します。円安インフレが進行し、それに合わせて財政支出を増やさないと追いつかなくなります。そこで財政支出を増やすと、また「円の価値が下がるぞ」と思われてやはり円が売られて円安インフレが悪化します。

このように、財政支出増大→インフレ→インフレに合わせて支出増大→さらにインフレ進行→インフレに合わせて支出増大→さらにインフレ進行という無限のスパイラルが発生するのです。これが理解できないので、ベネズエラではずーっとこのスパイラルが止まらず、インフレが進行しっぱなしです。

ＭＭＴ論者の主張を見ていると、「今はモノやサービスの需要に対して供給が過剰だからデフレなのだ。供給不足にならない限りインフレにならない」と思い込んでいるようです。しかし、財政への信頼喪失からくる通貨安インフレは、モノやサービスの需給とは別の次元の話です。現に、アベノミクスでも円安インフレは発生していますが、**これは日本国内の需要が増えたからではなく、単なる通貨安インフレです**。現に国内消費は戦後最悪の停滞を記録しました。ＭＭＴ論者は、この「通貨安インフレ」というものを全く無視しています。

したがって、**「インフレにならない限り財政赤字は問題無い」なんて、当たり前なのです**。財政赤字が増え過ぎれば、財政への信頼低下により、通貨が為替市場で売られて通貨安インフレが発生してしまうからです。日本のＭＭＴ論者を見ていると、「物価上昇率前年比２％を達成するまでは財政拡大してよい」と主張する人が多いようですが、極端な財政支出の拡大をすれば、円安インフレによってあっという間に前年比２％は達成されてしまうでしょう。アベノミクスだって、原油の暴落という偶然が無ければ、前年比２％が達成されていたことは確実です。しかし、それは単に通貨の価値が落ちたことによるインフレですので、国民にとって全く意味の無い悪いインフレです。

そして、日本のＭＭＴ論者を見ていると、私が見ている範囲ではみな「今はデフレ」と認識

図 5-1 消費者物価指数（持家の帰属家賃除く総合）と食料価格指数の推移

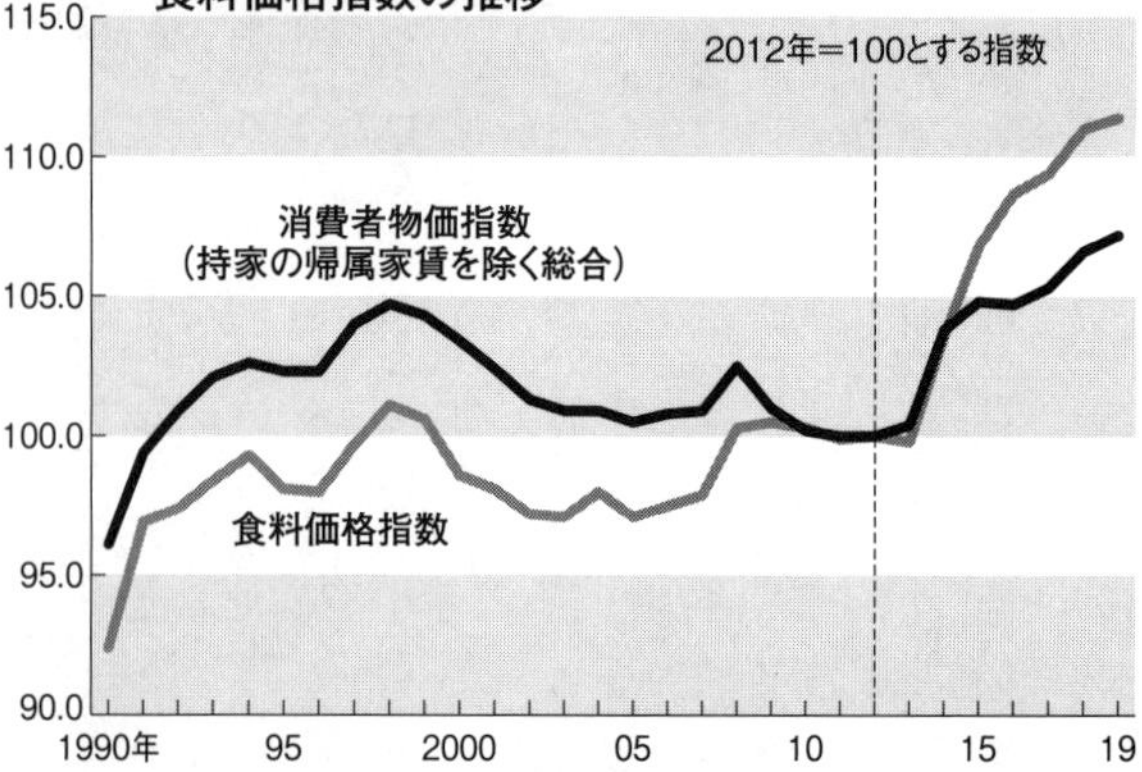

出典：総務省統計局「消費者物価指数」「家計調査」

しているようです。しかし、既に指摘したとおり、これは誤りです。デフレとは、継続的に物価が下がり続ける現象のことです。アベノミクス開始以降、物価が前年を下回ったのは、円高になった２０１６年のたった１回です。それ以外の年では全て前年より物価が上がっており、２０１９年と２０１２年を比較すれば、７・２％も上がっています。これを食料価格だけに絞って見てみると、11・４％も上がっています（図５－１）。なお、食料価格については、アベノミクス以降で前年を下回ったことは一度もありません。

値段が同じなのに食品が小さくなっていることに気付いた方は多いでしょう。今では値段も上がった上に食品が小さくなっている状態です。これは円安が最も大きく影響しています。自国通貨の価値を下げることにより起きる「通貨安インフレ」は、国民生活を苦しくするだけなのです。

しかし、日本のMMT論者はこの現実に触れません。というより、知らないのだと思います。自分でデータをダウンロードして調べてみれば、今がデフレではなく、インフレであることには当然気付くのですが、そういう最低限の確認すらしていないということです。

アベノミクスでやったことは、お金の在庫であるマネタリーベースを増やしただけであり、いわば「こけおどし」です。そのこけおどしですら、急激に円安を進行させ、開始前の円高ピーク時と比べて一時円の価値は3分の2程度にまで落ちました。しかし、たまたま同時に原油が暴落したため、円安インフレが抑え込まれました。

MMT論者が主張する積極的な財政出動は、確実にマネーストックを増やしますから、こけおどしではありません。為替市場に与えるインパクトは、単にマネタリーベースを増やすだけの異次元の金融緩和よりも大きいでしょう。大規模な円売りが起きて円安インフレが急に進行する可能性があります。つまり、「前年比2％の物価上昇」は円安インフレによってあっという間に達成されてしまう可能性があるのです。物価目標が達成された後は、財政支出を抑えることをMMT論者もさすがに認めるようですので、結局、「ぬか喜び」となります。MMT論者は、通貨安インフレの存在を無視し、「そう簡単にインフレは起きない」と思い込んでいるから積極的な財政支出を主張できるのです。

さらに、ＭＭＴ論者は**異次元の金融緩和の副作用も完全に無視しています**。ここまで説明してきたとおり、異次元の金融緩和の副作用は、インフレ抑制手段の王道である「売りオペ」ができないため、インフレを制圧できないのではないか、という点です。ＭＭＴ論者は「いざインフレになっても簡単に抑え込める」と思っているようですが、大きな間違いです。

税は財源ではない？

ＭＭＴ論者は、政府と中央銀行を一体のものとみなし、政府はいくらでも通貨を発行できると考えているようです。ならばなぜ税金が必要なのか。それに対する彼らの答えは、通貨の価値を信じさせるため、というのです。税金の支払いに使えるから人々が通貨の価値を信じるということです。

これは言い過ぎです。税金の支払いに使えることが通貨に対する信用の一要素であることは否定しませんが、それが全てではありません。なぜなら、歴史を紐解けば納税に使えない他国の通貨も使用されてきました。日本で最初に使用された硬貨は無文銀銭というものですが、これは外国から輸入されたものです。日本の商人が外国の商人との間で使用していたものが、日本国内においても流通したのです。当然、最初から納税に使えたわけではありません。

そして、現代では仮想通貨が最たる例です。ビットコインは納税に使えません。でも多くの人が通貨として使用しています。

また、ハイパーインフレに襲われた国では自国通貨ではないドルが流通する「ドル化」という現象が起きます。基軸通貨であるドルは価値が安定しているからです。通貨は、単にみんなが価値があると信じて交換に応じるから使われているだけです。

MMT論者の租税観はこんなものなので、「税は財源ではない」などと主張します。これも間違いです。税が財源ではないなら、1947年度〜1964年度まで、均衡財政を貫いてきた日本をどう説明するのでしょう。国債を発行していないのですから、支出は当然税金で賄っていたわけです。今の日本だって、一般会計歳出財源の約6割は税金です。**現実に税金を財源にしているのです**。そもそも税金はもともと穀物や布などの現物であり、それが通貨に姿を変えただけです。日本でも明治時代の前までは、米で納税していました。国民が生み出した価値を集めるのが税です。

MMTには「通貨は価値が姿を変えたもの」という考えが欠けているなと思います。例えば、あなたが働いて30万円のお金を手に入れたとしましょう。その30万円は、あなたの「労務」という価値が姿を変えたものです。そして、その30万円でテレビを買ったとしましょう。それは、30万円分の労務が、最終的に30万円のテレビと交換されたということです。通貨が間に入ることで、あなたの生み出した「労務」という価値を、テレビと交換できたのです。

このように、通貨は価値が姿を変えたものです。そして物価とは、価値と通貨の交換比率と言えます。30万円のテレビであれば、円とテレビの交換比率が30万対1ということです。そして、価値が増えないのに、通貨だけを異常に増やしてしまうと、当然、交換比率は変わってしまいます。より多くの通貨を差し出さないと価値と交換できなくなります。これがインフレです。通貨だけを増やしても意味が無いのです。必要なのは「価値」すなわちモノやサービスを生み出すことです。しかも、その価値は、「人が欲しいと思う魅力的なもの」でなければなりません。だから、企業はたくさんのお金を投資して、魅力的なモノやサービスの開発に精を出しているのです。魅力が無ければ買ってもらえず、価値が減ってしまうからです。現在ハイパーインフレが進行中のベネズエラは、価値を生み出せないのに通貨ばかり延々と増やしているので、インフレが止まりません。ＭＭＴ論者には、「通貨は価値が姿を変えたものである」という認識が欠けています。

彼らは借金で通貨が増えていくと主張します。それは間違っていないのですが、借金は、現在価値と将来価値の交換です。将来の時点において借りた金を上回る価値を生み出し、それを通貨に替えて返済できなければ成り立たないものです。

例えば、あなたが返済期限1年、年利5％で１００万円を借りたとしましょう。あなたは、

1年後に105万円を返さなければいけません。働いて稼いだお金で返すことになるでしょう。つまり、「105万円分の労務」という価値を生み出さなければならないということです。これを通貨に替え、返済に充てるのです。したがって、あなたは、現在の100万円という価値と、未来の105万円という価値を交換したことになります。だから借金は現在価値と将来価値の交換なのです。そして、返済するのは未来のあなたですから、見方を変えれば、あなたは未来の自分から105万円を奪ったとも言えます。未来のあなたは、借金が無ければその時点の自分のために使えるはずだった105万円を、返済に充てなければならないからです。

貸出しによって預金通貨が増えていく現象を「信用創造」と呼ぶことは既に説明しましたが、これについて、「無から金が生まれる」という表現を使う人がいます。たしかに、銀行等が実際に持っているお金よりもたくさんのお金を貸しているので、無から生まれているように見えます。しかし、いずれ返済しなければならないことを考えると、無から生まれたと言えるでしょうか。それは、「無」ではなく、「未来の自分」からお金を取っているだけと言うべきなのではないかと思います。

銀行危機と国家債務危機

このように、借金とは、財やサービス等の「価値」を生み出して返済しなければ成り立たな

図 5-2 バブル期前後の公定歩合の推移

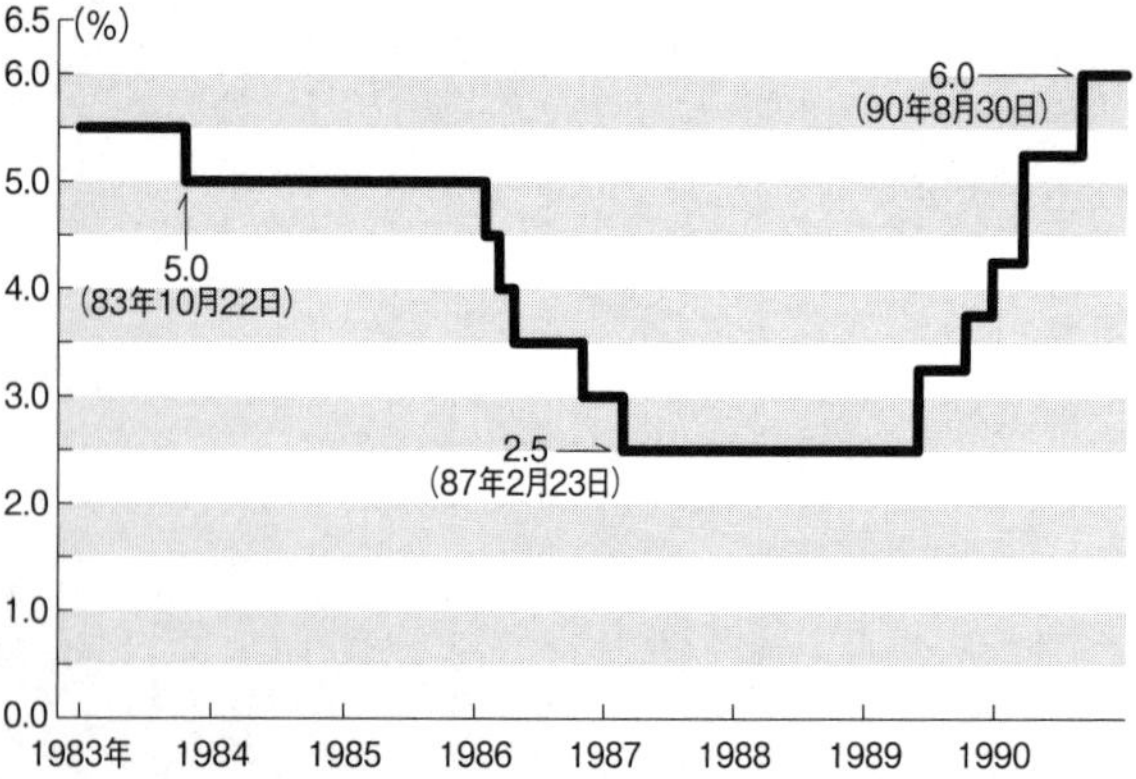

出典:日本銀行「基準割引率および基準貸付利率(従来『公定歩合』として掲載されていたもの)の推移」

いものです。この返済ができなくなる状態が、民間企業において大規模に発生すると、銀行危機が発生します。これが１９９７年11月から発生したのが日本の金融危機でした。この引き金となったのは日銀の公定歩合の引下げです（図５－２）。１９８６年に２％、１９８７年にさらに０・５％下げ、一番低い時は２・５％になりました。その一番低い状態が２年２か月ぐらい続いて、バブルが過熱したことから、１９８９年からまた公定歩合を上げ始めました。

　１９８５年のプラザ合意により、それまで高すぎたドルを国際的に安くしていくことになりました。つまり、円高ドル安が進行することになります。これによって、円安で価格競争力を保っていた製造業を中心とする日本企業が大きくダメージを受けると考えた日銀は、公定歩合を引き下げて対応しようとしたのです。公定歩合というのは、日銀が民間銀行等にお金を貸す際の金利のことです。今はマネタリーベースの増減で金利を操作していますが、昔は公定歩合を上げ下げすることで金利を調整していました。公定歩合を大きく引き下げたことにより、お金が借りやすくなり、爆発的に貸出しが増えました。つまり、預金通貨が異常に増大したのです。これがバブル発生の引き金となりました。

普通はお金が増えるとその価値が下がります。したがって、為替市場において円安が進むはずですが、当時は国際的に協調してドル安にしていたので、円高は止まりませんでした。したがって、円の供給量が増大し、なおかつその価値が上がっていくという特異な現象が生じたのです。円は、公定歩合の引下げ前と比較すると、ドルに対して2倍程度の価値になりました。

こういう状況の中、あふれ返ったお金は株や不動産投資に向かいました。みんな考えることは同じです。手っ取り早く儲けたいのです。そして株や不動産の価格はどんどん上がっていき、異常な資産インフレが生じました。日経平均株価を見てみると、ピーク時で4万円近くになっています（図5－3）。今と比べると信じられない値段です。

土地公示価格の推移も見てみましょう（図5－4）。公示価格というのは、地価公示法に基づいて土地鑑定委員会が公表する土地の価格のことです。

図 5-3 バブル期前後の日経平均株価終値(年次)の推移

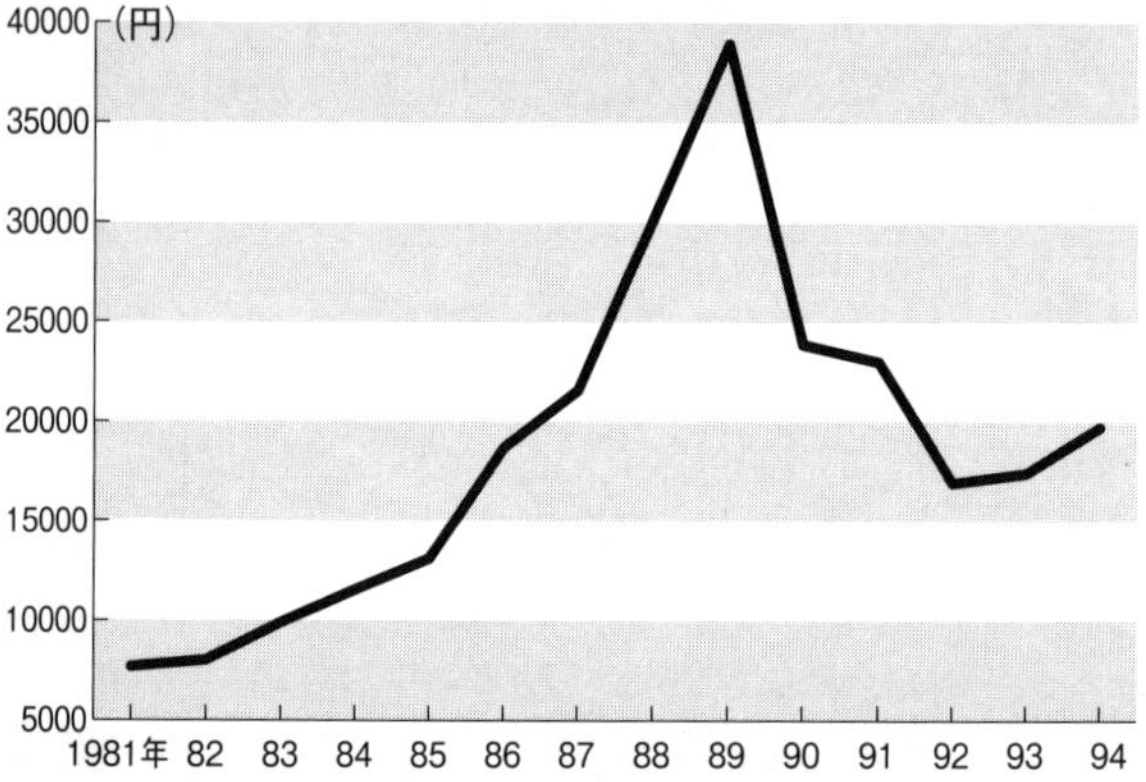

出典:日経平均プロフィルホームページ「ヒストリカルデータ」

図 5-4 バブル期前後の公示価格(全用途)の推移

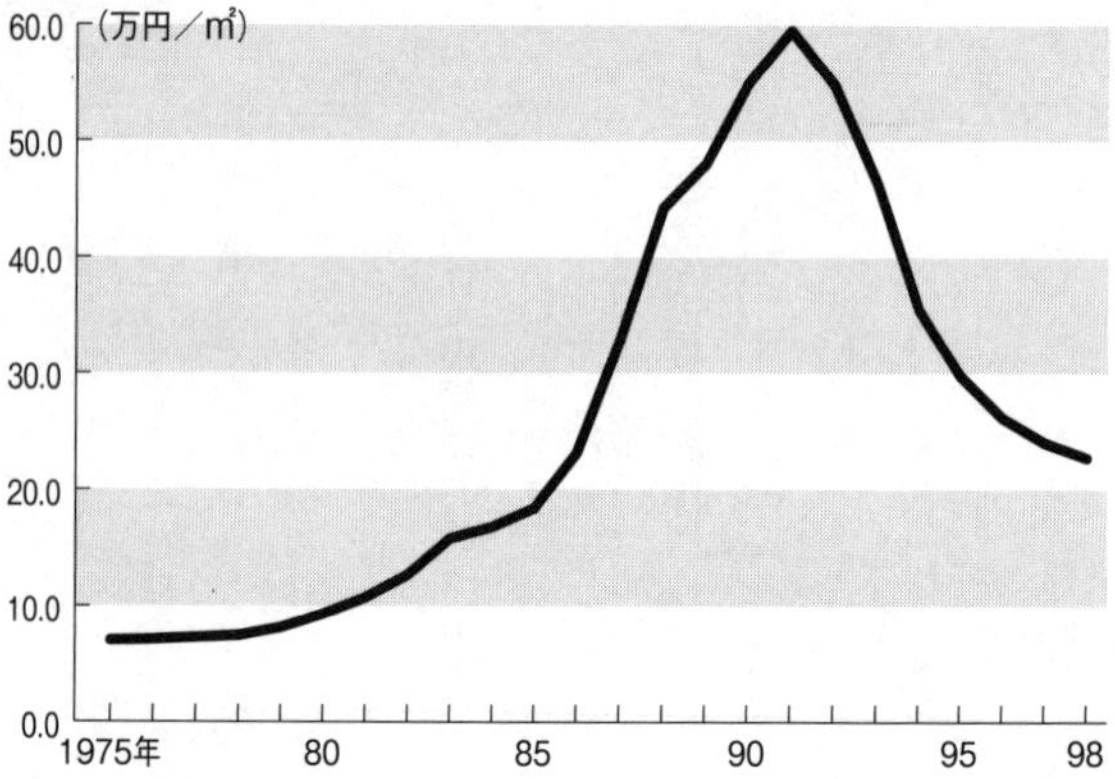

出典:国土交通省「地価公示」

こちらも異常に上がっているのが分かるでしょう。公定歩合の引下げ前と比較すると、ピーク時の価格は3倍くらいになっています。

株や不動産の価格が上がっていくと、価格が上がることを前提にした借入れが増えます。借りた金で株や不動産を買い、それを売って利益を上げ、また金を借りて……という状態になります。「値上がり益で金を返す」ということです。どんどん株価が上昇していき、同時に円の力も非常に強くなっていったので、1989年の世界時価総額ランキングでは、上位50社のうち32社を日本企業が占めるという超異常現象が発生しました。なお、2018年の同ランキングでは、上位50社に入っているのは35位のトヨタ自動車だけです。最も多いのはアメリカで、次に中国です。

先ほど、借金は現在価値と将来価値の交換と説明しました。「将来価値が生まれる」という信頼に基づいてお金は貸し出されます。バブル時の将来価値というのは、値上がり益のことでした。しかし、株と土地の価格の推移を見れば分かるとおり、いずれもピークを過ぎた後に急激に落下しました。バブルはいつかはじけるのです。人々が値上がり益に疑問を持ち始めた時、その疑念が広がり、価格が急落します。そうすると、借金が返せなくなります。バブルが崩壊したのは1991年ですが、大量の不良債権、つまり、返済不能になった借金が生まれました。返せないのですから、最終的にはあきらめるしかないのですが、日本の金融機関は潰れそうな会社に追い貸しをして延命させたり、自社の損失を子会社に付け替えるなどして延命を図りました。「そのうちまた景気が回復するだろう」という楽観的な見方があったのでしょう。景気が回復すれば、返済が可能になりますので、不良債権は不良債権ではなくなります。政府もそのような見方でした。だから、バブル崩壊後に公共事業を異常に増やし、景気回復を果たそうとしたのです。

しかし、景気は大して回復しませんでした。重要なのは、バブル崩壊後も、経済成長はできていたということです。本当にバブル崩壊のダメージが爆発したのは、1997年の11月からでした。同月3日に準大手証券会社の三洋証券、同月17日に北海道拓殖銀行、その1週間後に四大証券の一角だった山一證券が次々と破綻していきました。不良債権をごまかしきれなくなったのです。貸していたお金が返ってこないのですから、必ずどこかの時点で資金繰りがつかなくなります。それが1997年11月だったのです。この年、アジア通貨危機や、消費税増税があったことも響いたでしょう。しかし、それらの出来事が無くても、いつか必ず破綻を迎える日は来たと思います。不良債権を永遠にごまかし続けることはできないからです。

そして、金融機関は、お互いにマネタリーベースの貸し借りをしていますから、1行が破綻すると、それがどんどん連鎖していきます。この混乱は1998年も続き、同年10月23日には日本長期信用銀行が、同年12月14日には日本債券信用銀行が破綻しました。いずれも名門と言

図 5-5 バブル期前後の国内銀行貸出金残高の推移

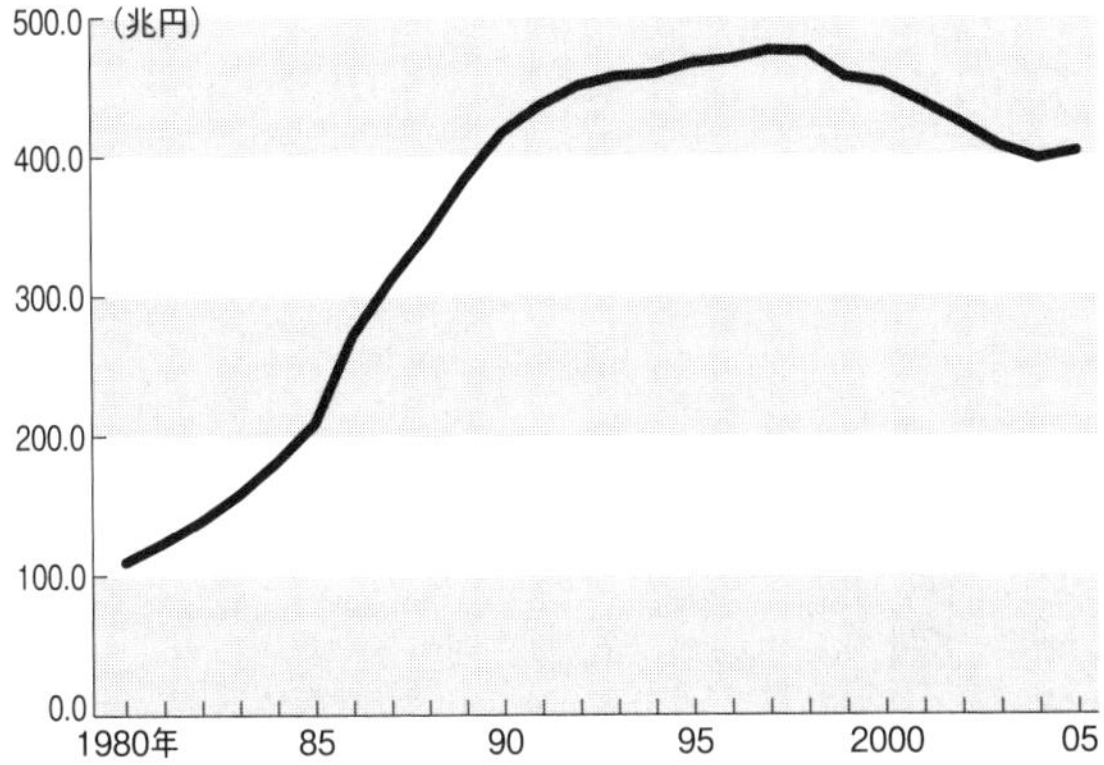

出典：新版『日本長期統計総覧』第3巻「14-3-a　国内銀行の資産・負債等―銀行勘定（昭和50年～平成17年）」

われる日本を代表するような銀行でした。結局、1998年と1999年のたった2年間で、銀行が10行も破綻しました。不良債権の処分損は、現在までに100兆円を超えています。

日本がデフレに突入したのは1998年以降ですが、これは金融危機が発生したタイミングと同じです。国内銀行の貸出金残高の推移を見ると、ちょうど1997年にピークを記録してから、1998年以降減少に転じたことが分かります（図5－5）。

1998年から名目賃金も減少に転じ、物価も1999年から減少に転じました。その後、名目賃金はアベノミクス前の2012年までに約15％、物価は約5％落ちました。さらに、名目GDPも1997年がピークでしたが、1998年から2年連続で落ちました。金融危機が影響を与えたことは明白でしょう。こうやって金融機関が連鎖的に破綻していくと、信用創造機能が損なわれます。新しくお金を貸す余裕などないからです。したがって、会社も倒産していきます。生き残りを図ろうとする会社は、賃金を下げてその場をしのごうとします。だから賃金が下がるのです。日本はそれをずーっと放置してしまったため、今に至るまで低賃金の状況が続きました。また、会社は残業代を支払わずに正社員を長時間労働させることもしました。残業代を払わなければ、長時間労働させてもコストは増えません。そして、一人の社員を長時間働かせれば、人員も抑制することができます。その上、正社員を非正規社員に置き換えてコストを抑えました。そうして「低賃金・長時間労働」が促進されてきたのです。労働者は、賃金が安い上に長時間労働を強いられ、過労死が頻発する悲劇的な事態となりました。

諸外国と日本とで一番大きな違いは、この1997年11月から始まった金融危機の存在です。こんな大規模で致命的な金融危機は日本にしか発生していません。だから日本だけ、賃金も物価も伸びず、名目GDPで見ると経済成長もたいしてできなかったのです。要するに、バブルの後遺症を未だに引きずっていると言ってよいでしょう。

そして、銀行危機の次に危惧されるのが、国家債務危機です。国債をスケジュールどおりに償還できなくなる事態です。銀行危機が発生すれば大不況になり、税収が落ち込みますから、

図 5-6　危機後3年間における実質公的債務増加分の累計

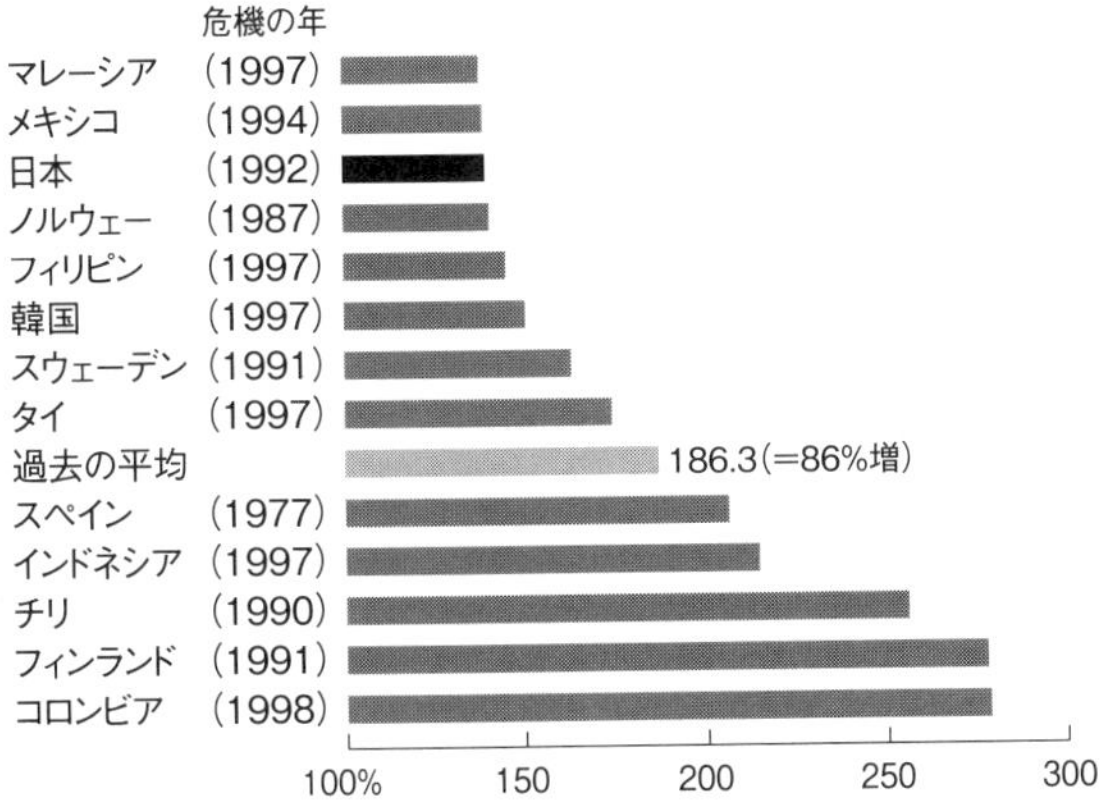

出典:『国家は破綻する——金融危機の800年』(カーメン・M・ラインハート、ケネス・S・ロゴフ著／村井章子訳／日経BP社)をもとに作成

その分国債を発行してその場しのぎをしなくてはなりません。だから、財政が必ず悪化するのです。例えば、１９８０年代後半から１９９０年代にかけて銀行危機に襲われた13か国の平均実質公的債務増加率を見てみると、３年間で86％も増えています（図５－６）。

　そして、日本は未だにこの増加の途上にあります。日本の税収と歳出の差が大きく開き、「ワニの口」と呼ばれるようになったのはバブル崩壊の後です（図５－７）。

　景気対策で減税と同時に公共事業を増やしました。しかし、思うように景気は回復せず、税収と歳出の差は開き続け、膨大な債務が積みあがりました。バブル崩壊後はずーっと借金でその場しのぎをしていたと言えるでしょう。

図 5-7 一般会計歳出・税収・建設国債・特例国債発行額の推移

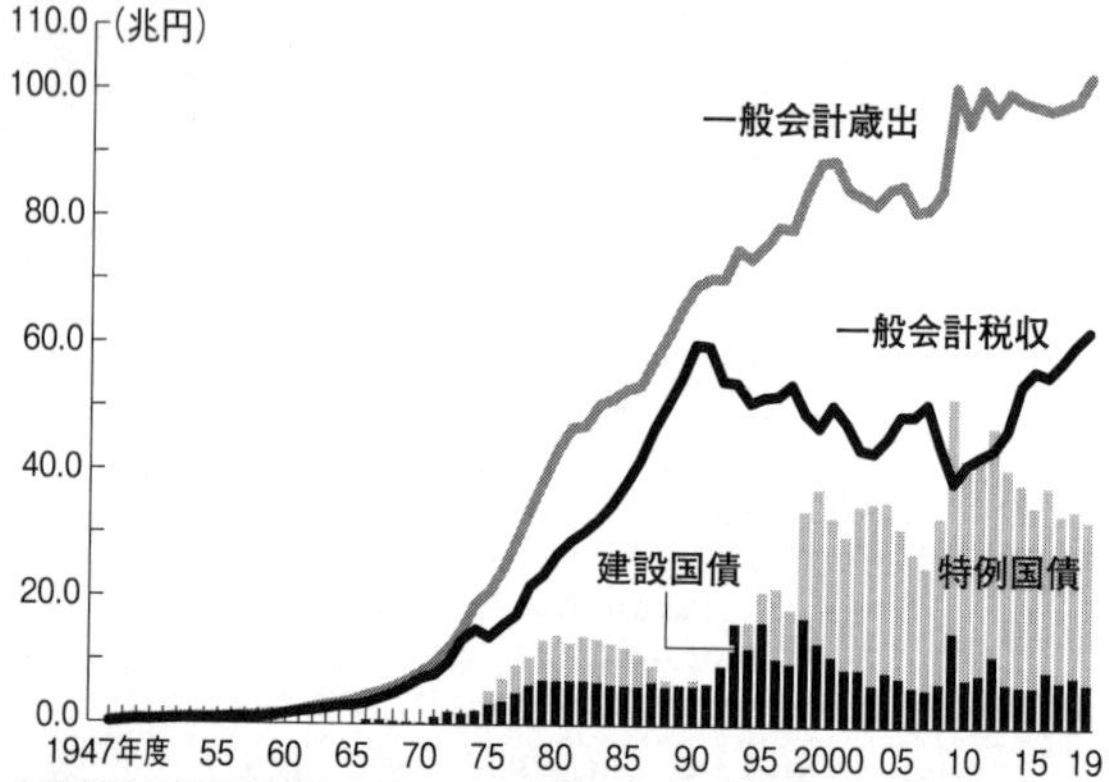

出典:財務省「財政統計」、新版『日本長期統計総覧』第1巻「5-2-a 一般会計―主要科目別歳入決算額(昭和21年度〜平成15年度)」、財務省「一般会計税収の推移」「戦後の国債管理政策の推移」

普通は財政が悪化すればその分国債に対する信用が落ち、金利が急上昇して利払費が跳ね上がります。そのまま放置すれば支払いができなくなってしまいます。だから、国民の反対を押し切ってでも増税と緊縮をせざるを得ない状況に自然と追い込まれるのです。ところが、日本の場合は「ほかにめぼしい投資先がない」という理由で国債が買われ続け、金利が抑え込まれました。だから利払費も低くて済み、極端な増税や緊縮をしなくて済んだのです。そのかわり、債務は膨らみ続けました。そして今は日銀が国債を爆買いしているので、金利が低く抑え込まれています。借換債を含む国債総発行額に対する日銀の流通市場からの総購入額は、ピーク時で7割にも達し、ペースが落ちた2019年度でも約5

割です。世界一異常な国債市場が日本国債市場です。

国債は、国が国民から徴収した税金をもって返済するというのが建前です。会社は財やサービスを生み出してお金に変えなければ返済できませんが、国は強制的に税という形でたくさんのお金を徴収できます。だから、返済が最も確実と期待され、低金利で国債を買ってもらえるのです。

しかし、日本国債の場合はそういった建前より、「周りが買っているから自分も買う」という惰性で買われていただけと言うべきでしょう。借換債だけでも一般会計の予算規模を超える100兆円以上発行しているのです。最も残高の大きい建設国債及び特例国債については、60年償還ルールにより、残高のたった1・6％しか毎年元本を返済していません。日本は基礎的経費すら税収で賄えない国ですから、借金は全部借金で返しているのです。「返済」と称しているのは、借りた金をまた配り直しているだけです。これは、「ポンジスキーム」という古典的な詐欺手法と全く同じです。

ポンジスキームというのは、「何かを運用して得た利益を分配すると謳《うた》ってお金を集めるが、実際は運用などしておらず、単に出資者から集めたお金を配り直すだけ」という詐欺手法です。最近の日本の例で言うとジャパンライフ事件が挙げられるでしょう。その手法は簡単に言うと「磁気ネックレス等の健康器具のオーナーになって、それをジャパンライフに預ける。ジャパンライフはそれをユーザーにレンタルして、レンタル料を取り、それをオーナーに渡す」と謳うものです。要するに健康器具のレンタル料を配当するということです。オーナーになろうとする人は、代金を払って健康器具を買いますが、どうせジャパンライフに預けるので、実物のやり取りはありません。単にジャパンライフにお金を払うだけです。そして毎月配当金が口座に振り込まれます。

しかし、オーナーの数に見合う健康器具はそもそも存在していませんでした。レンタル料を稼いで配当していたのではなく、単にオーナー達から集めた金をオーナー達に配り直していただけなのです。これは新たなオーナー達を確保し続けなければどこかの時点で必ず配当金を支払えなくなり、確実に破綻する商法です。しかし、やり方が巧みであったため、極めて長期間持ちました。

この手法は本当によくあるものです。投資の対象はジャパンライフの場合は健康器具でしたが、他の業者で言うと、牛、エビ、健康食品、水、ヘリコプター、仮想通貨、株主優待券など色々あります。なんでもよいのです。多くの出資者を集め、配当金をバランスよく配れば長持ちします。長持ちしますが、100％破綻します。

日本がやっていることは、投資家が出したお金で投資家にお金を返済しているのですから、ポンジスキームに他なりません。したがって、投資家達が手を引けば、あっという間に国債が暴落します。毎年発生する莫大な償還金も、新しく金を借りられるから一応形の上では返済できているのです。しかし、借金の貸し手がいなくなれば、それは成り立ちません。国債が暴落すれば、通貨も運命を共にしますので、通貨も暴落し、凄まじい通貨安インフレが発生します。これが大規模に発生したのが、1980年代〜1990年代における中南米の債務危機でした。

ここで、1800年〜2008年の間における、中南米諸国の最高インフレ率とその年などを表にしたものを見てみましょう（図5－8）。

年率1万%を超えているのが1985年のボリビアと1987年のニカラグア、他にもペルーは1990年に7481・7%、アルゼンチンは1989年に3079・5%、ブラジルは1990年に2947・7%。1980年代以降だけでもこんなに極端なインフレが発生しています。この原因は、端的に言えばお金を借り過ぎて返せなくなったからです。財政が悪化すると、究極的にはこのように通貨安インフレに襲われるのです。

この表では年率500%以上の極端なインフレをハイパーインフレと定義しています。100%のインフレで物価が2倍になることを意味するので、500%だと物価が6倍になるということです。100円のジュースが600円になる計算です。その発生件数を見ると、対象期間内でアルゼンチンが4件、ボリビアが2件、ブラジルが6件、ニカラグアが6件、ペルーが3件もあります。財政が安定しないとこうなるのです。

図 5-8 19世紀以降の最高インフレ率（中南米）

国名	対象期間開始年	高インフレ期間の比率(%)		ハイパーインフレ発生件数	最高インフレ率（年率）	最高インフレを記録した年
		20%以上	40%以上			
アルゼンチン	1800	24.6	15.5	4	3,079.5	1989
ボリビア	1937	38.6	20.0	2	11,749.6	1985
ブラジル	1800	28.0	17.9	6	2,947.7	1990
チリ	1800	19.8	5.8	0	469.9	1973
コロンビア	1864	23.8	1.4	0	53.6	1882
コスタリカ	1937	12.9	1.4	0	90.1	1982
ドミニカ共和国	1943	17.2	9.4	0	51.5	2004
エクアドル	1939	36.8	14.7	0	96.1	2000
エルサルバドル	1938	8.7	0.0	0	31.9	1986
グアテマラ	1938	8.7	1.4	0	41.0	1990
ホンジュラス	1937	8.6	0.0	0	34.0	1991
メキシコ	1800	42.5	35.7	0	131.8	1987
ニカラグア	1938	30.4	17.4	6	13,109.5	1987
パナマ	1949	0.0	0.0	0	16.3	1974
パラグアイ	1949	32.8	4.5	0	139.1	1952
ペルー	1800	15.5	10.7	3	7,481.7	1990
ウルグアイ	1871	26.5	19.1	0	112.5	1990
ベネズエラ	1832	10.3	3.4	0	99.9	1996

出典:『国家は破綻する――金融危機の800年』（カーメン・M・ラインハート、ケネス・S・ロゴフ著／村井章子訳／日経BP社）をもとに作成

なお、ハイパーインフレというと、アメリカの経済学者フィリップ・ケーガンによる「インフレ率が毎月50％を超えること」という定義を採用する人が多いようです。これは年間インフレ率が約1万3000％にも達することを意味します。しかし、この定義が広まっているせいで、この基準に達しなければ問題ないかのような誤った考え方が蔓延《まんえん》しています。しかしながら、既に指摘したとおり、物価が7％程度上がっただけで、賃金がそれに全然追い付かず、戦後最悪の消費停滞を引き起こしています。したがって、例えば1年間で物価が100％、つまり2倍に上がっただけでも、実質消費はとてつもない落ち方をするでしょう。先ほど紹介したハイパーインフレの定義には遠く及ばないインフレ率ですが、国民生活を破壊することは間違いありません。ハイパーインフレの定義を振りかざして詭弁《きべん》を弄《ろう》する人が後を絶たないので、私は「極端なインフレ」という言葉を使っています。毎年10％上がるだけでも極端なインフレと言うべきでしょう。賃金がそれに追いつかないことは明らかですから。

極端なインフレは、戦争等、供給能力が大幅に落ちた場合にしか発生しないという主張をよく耳にしますが、この表を見ればそれが誤りであることは明らかです。最高インフレ率を記録した年は、いずれも戦争など発生していません。

この表はやや古いので、ベネズエラのインフレが入っていません。ベネズエラのインフレ率は、IMF（国際通貨基金）の予測では、2019年内にインフレ率が1000万％に達するとも言われていました。もはや誰も正確な数値は分からないでしょう。ベネズエラも戦争は発生していません。ジンバブエも極端なインフレが発生しましたが、戦争とは関係ありません。戦争云々ではなく、国家財政への信頼が失われた時、通貨安インフレが発生するのです。

この通貨安インフレを止める方法は、極めて単純です。通貨の供給を極端に絞ればよいのです。極端なインフレに襲われた国は、いずれも通貨の供給を絞ることでインフレを鎮めています。分かりやすい例でいうと、ジンバブエは自国通貨を廃止してしまいました（2019年6月に復活させましたが）。アメリカドルや南アフリカランドを正式に通貨として使用することにしたのです。これでピタリとインフレは止まりました。なんで値段が上がっていくのかと言えば、通貨を過剰供給するからです。通貨を過剰供給すれば、人々は過剰な通貨を持つことになります。過剰な通貨をみんな持っていたら、過剰な値段にしても物やサービスは売れるでしょう。また、為替市場における通貨の交換レートも変動し続けてしまいます。通貨の過剰供給を止めれば、そういった現象は収まります。

方法は単純ですが、実行に移すのは簡単ではありません。なぜなら、通貨の供給を急に絞ると、お金が不足し、倒産や失業が増えるからです。この、極端なインフレに襲われた後、通貨の供給を絞る際に起こる不景気を「安定恐慌」と呼びます。通貨の過剰供給はほんの一時ですがその場しのぎにはなるので、この安定恐慌を先送りにすることができるのです。しかし、国民生活はいつまでたっても安定しません。極端なインフレを乗り越えるには、安定恐慌に耐えるしかないのです。ベネズエラはこれが理解できず、延々と安定恐慌を先送りにしていると言えるでしょう。戦後の日本も安定恐慌に襲われましたが、たまたま同時期に発生した朝鮮戦争特需のおかげで劇的に景気回復し、高度経済成長へ進んでいきました。

極端なインフレは、極端な課税をしているのと全く同じです。例えば、あなたが100万円の給料を受け取ったとしましょう。その後、物価が100倍になってしまったら、あなたの給料は実質的に1万円になってしまいます。それは、99万円奪われたのと同じです。一方で、借金をしている人は大きく得をします。最も大きな借金をしているのは国ですから、国が最も大きな得をします。国にとっては、物価が100倍になるということは、借金が100分の1になるのと同じです。したがって、全体を見ると、極端なインフレによって、国民の貯めたお金に99%課税される一方、国の借金の負担は1%に圧縮されたのと同じになるのです。だから、インフレは「インフレ税」と呼ばれるのです。前年比2%の物価上昇を目指すアベノミクスは、あからさまな増税をすると反発を受けるので、国民に気付かれにくい「インフレ税」を課そうとしたとも言えるでしょう。

さて、かなり話が大きく広がってしまいましたが、MMTの話に戻りましょう。要するに、**MMT論者は「返済」という要素を異常に軽視しているのです。**借金で通貨が増えていくという理解は合っていますが、返済スケジュールが守られることが最も重要な要素です。返済スケジュールが守られない状況が民間企業において大規模に発生すると、銀行危機になります。日本の金融危機がそうでしたし、リーマンショックもそうです。結局は、貸したお金が返ってこないので、金融危機が発生したのです。貸したお金が返ってこない状況が大規模に発生すると、銀行に対する信用が落ち、預金が次々と引き出されたり、銀行間取引において、他の銀行から借入れをすることができなくなります。そうすると、結局、引出しや他行への送金に応じるためのマネタリーベースが不足し、破綻してしまうのです。

そして、貸したお金が返ってこない状態が国に対して起きると、国家債務危機が起きます。国債が暴落し、通貨も運命を共にします。ここで、中央銀行に直接引受をさせるとさらに通貨に対する信用が落ちますので、火に油を注ぐ結果となります。それが問題ないなら最初からそうしています。日本も「日銀トレード」というインチキを最大限に活用して何とか国債を市中消化していますが、「インチキをしているから危ない」と為替市場に受け取られれば、想像を絶する円安インフレに襲われることになるでしょう。そうなったらもう普通の手段では止められません。

国家が借金しないと通貨が生まれない？

MMT論者は、国家が借金をしないと通貨が生まれないのだ、だから借金はいいことなのだと主張するようです。しかし、これも言い過ぎです。

たしかに、現在日銀がマネタリーベースを増やす主要な方法は、買いオペ、つまり国債を買い取ることです。そして、国債は政府が発行しないとこの世に存在しませんから、国家が借金をしないと、お金の素であるマネタリーベースも生まれないように思えます。

しかしながら、単に日銀が銀行等にお金を貸すだけでも、マネタリーベースは増えます。またば、銀行等から国債以外の何か財産を買い取っても同様に増えます。例えば日銀は約30兆円ETFを保有していますが、その分、日銀当座預金に代金を振り込んでいますので、マネタリーベースは増えています。したがって、国家が借金をしないと通貨が生まれないというのは言い過ぎです。

第3章でも指摘したとおり、1947年度〜1964年度まで日本は国債を発行していませんでした。そして、高度経済成長期は、1954年12月〜1973年11月までの19年間です。つまり、日本は、高度経済成長の約半分を、国債を発行せずに成し遂げたわけです。MMT論者の言うとおりであれば、この間、マネタリーベースも増やさずに経済成長を達成したことになりかねません。そんなわけないでしょう。単に日銀が銀行等に貸出しをするなどして、必要なマネタリーベースを調整していたのです。そして、銀行等は積極的に貸出しをして、マネーストックが増えていたわけです。したがって、国家が全く借金をしなかった場合でも、マネタリーベース・マネーストック共に増やすことができるということです。現に高度経済成長期の前半はそうだったわけです。MMT論者の言うことは、全て間違いというわけではなく、なるほどと思う部分もありますが、「国の借金はいいものである」という結論にしたいがために、「言い過ぎ」になる部分があります。

ここで、財政支出を全て税金で賄う場合と、全て借金で賄う場合にどういう違いが生じるのか確認しましょう。

まず、財政支出を全て税金で賄う場合について説明します。例えば、30兆円を徴税して、30兆円の財政支出をするとします。まず、国民から30兆円徴税しますので、マネーストックが30兆円減ります。そして、日銀当座預金から政府預金へ30兆円が移動します。つまり、マネタリーベースも30兆円減ります。これで政府は30兆円を徴税したことになります。次に、政府が公共事業や国家公務員の給料等の支払いをする場合、銀行等の口座を通じて行いますので、政府預金から日銀当座預金へ30兆円が移動します。つまり、30兆円がまた戻ってくるのです。そして、銀行等は国民の預金通帳の残高を増やすことによって支払いをします。つまり、30兆円マネーストックが増えます。最終的に、財政支出によって、マネタリーベース・マネーストック共に30兆円増えました。

結局、お金がぐるっと一周して戻ってきたのです。徴税と支出の前後で、マネタリーベースもマネーストックも金額は変わっていません。税金で全て歳出を賄う場合、既に存在するお金を集めて配り直しているだけなのです。だから、少なくとも財政支出の急拡大によってマネーストックが急増し、それによってお金の価値が下がってしまうという事態は起きません。

他方、全て借金で賄う場合はどうでしょう。国債が30兆円発行されたとします。これを銀行等が買うと、30兆円が日銀当座預金から政府預金に移動します。そして、政府の財政支出により、30兆円がまた日銀当座預金に返ってきます。さらに、銀行等は国民の預金通帳の残高を増やすことによって支払いをします。つまり、30兆円マネーストックが増えます。マネタリーベースの額は変わらず、マネーストックだけが30兆円増えるということになります。しかし、政府の側に負債として国債30兆円が残り、これは後で国民から税金を徴収して返済することになります。ただ、財政支出をした時点で見ると、税金で支出を賄う場合と比べ、マネーストックは減少せず、逆に増えることになります。

MMT論者は、この点も根拠として、国家が借金しないとお金が増えないと強調するようです。しかし、返済しなければならないのですから、マネーストックの減少が先送りにされているだけです。そして、現に返済されています。一般会計の約4分の1が借金返済に回されています。さらに、借換債で調達したお金で毎年100兆円以上返済されています。これらは実質的に見ると、新しい借金で古い借金を返済しているだけですが、「返済」には変わりありません。国債を買ってもらえなければ、返済できません。本来は税金で返さなければいけないものを、新しい借金で返済しているだけです。それは返済を延々と先送りにしているだけであり、**お金を出してくれる人がいなくなった途端に破綻するポンジスキームです。**

ＭＭＴ論者は、「誰かの赤字は誰かの黒字」という言葉をよく使います。誰かが借金しないと他の誰かの黒字は生まれないということです。間違いではありません。しかし、ここでも、「通貨安インフレ」という要素が無視されています。返済ができなくなれば、国家の通貨は信頼を失って暴落するのです。そうすると、いくら通貨をたくさん持っていても無意味です。その価値が無くなってしまうからです。ハイパーインフレに襲われた国だって、政府は大赤字、民間は大黒字でしょう。

そして、通貨が崩壊した場合、ある意味「帳尻が合う」のです。借金は現在価値と将来価値の交換と言いました。そして、見方を変えれば、借金は将来の自分からお金を奪うものであると。**通貨が崩壊すれば、お金が一気に奪われて借金返済に充てられるのと効果は同じです。**野放図な財政が行き着く先は、一生懸命貯めたお金が奪われることなのです。そして、奪ったのは、過去の国民です。その中には既に世を去った先人達もいますが、過去の自分も含まれています。

MMT支持者の心理の背後にあるもの

なぜMMTを支持する人がいるのか。それは極めて単純です。**「負担はしたくない。でもお金は欲しい」というわがままな欲望を叶えたいからです。**それはずーっと日本人が行ってきたことの延長線にある思想です。その欲望を叶えるため、ひたすら借金で未来に負担を先送りにしていきました。既にとんでもない額になっていますが、それでもやっぱり負担はしたくないから、「国の借金は善」という思想につながるMMTに飛びつくのでしょう。しかし、借金は返済とワンセットです。今は返済までも新しい借金でごまかせている状況ですが、信頼を失えばあっという間に崩壊します。コロナショックで株価が暴落するのをあなたも見たでしょう。人の信頼とはそんなものです。ある日突然失われるのです。

では財政再建のために増税や緊縮をすべきでしょうか。私はそうは思いません。**もう手遅れであり、財政再建は絶対に不可能だからです。**この国は1965年に特例国債を発行してから今に至るまで、一度たりとも借金の残高を減らすことができませんでした。積みあがった借金約1100兆円は、毎年5兆円の黒字を出しても、110年間かけてやっと半分の550兆円になるという膨大な額です。明らかに無理でしょう。財政再建なんて、無意味な苦しみを与えるだけであり、やるだけ無駄なのです。

図 5-9 政府総債務残高対GDP比

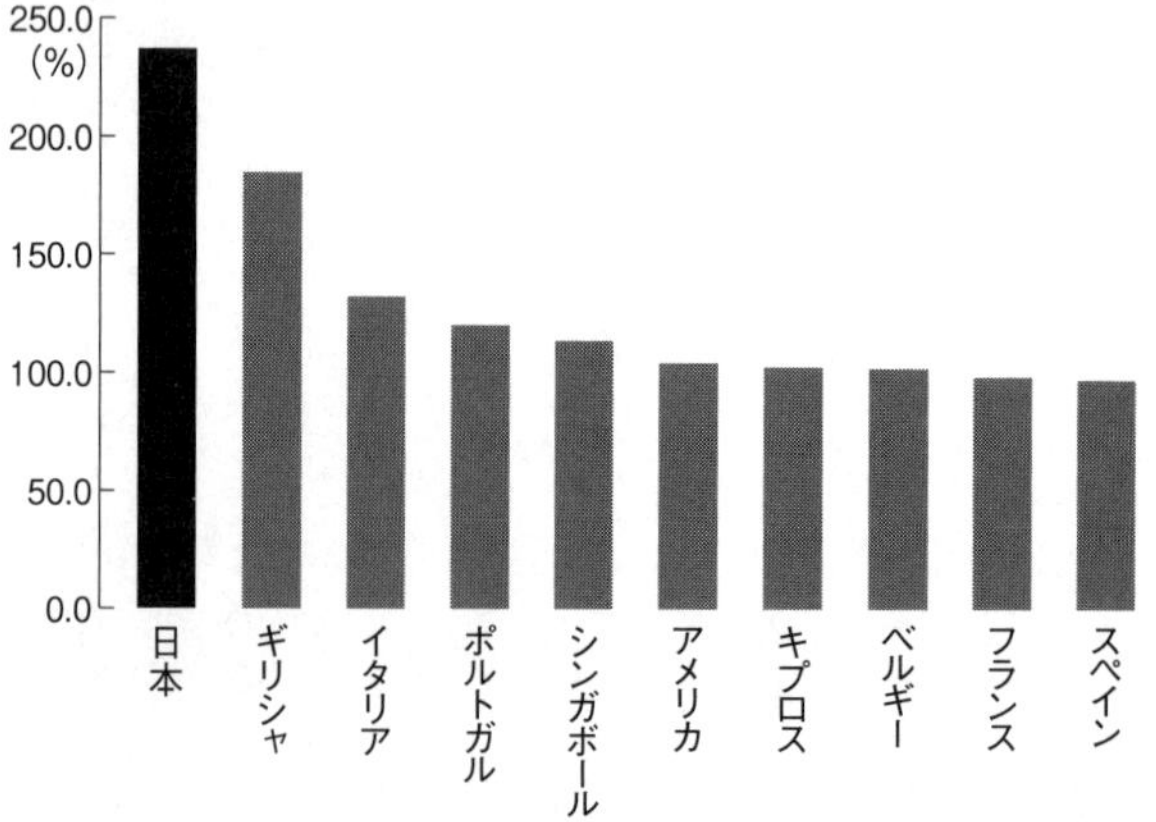

出典:IMF「World Economic Outlook Database, April 2018」

なお、地方公共団体の債務等も含めた政府総債務残高対GDP比でいうと、日本は圧倒的な世界1位です（図5－9）。

これは先進国のみを比較したグラフですが、IMFにデータのある全ての国で比較しても、日本は1位です。200％を超えているのは日本だけ。こんなことをできるのは、まだ信頼が継続しているからです。しかし、人口予測を考慮すると、その信頼が継続するとは思えません。生産年齢人口の推移を見ると、今後は減る一方であり、回復する見込みはありません（図5－10）。

2018年には7500万人いた生産年齢人口が、2056年には5000万人を切ります。2500万人以上減るということです。2500万人というのは、今の近畿地方全部

図5-10 生産年齢人口（15歳〜64歳）の推移

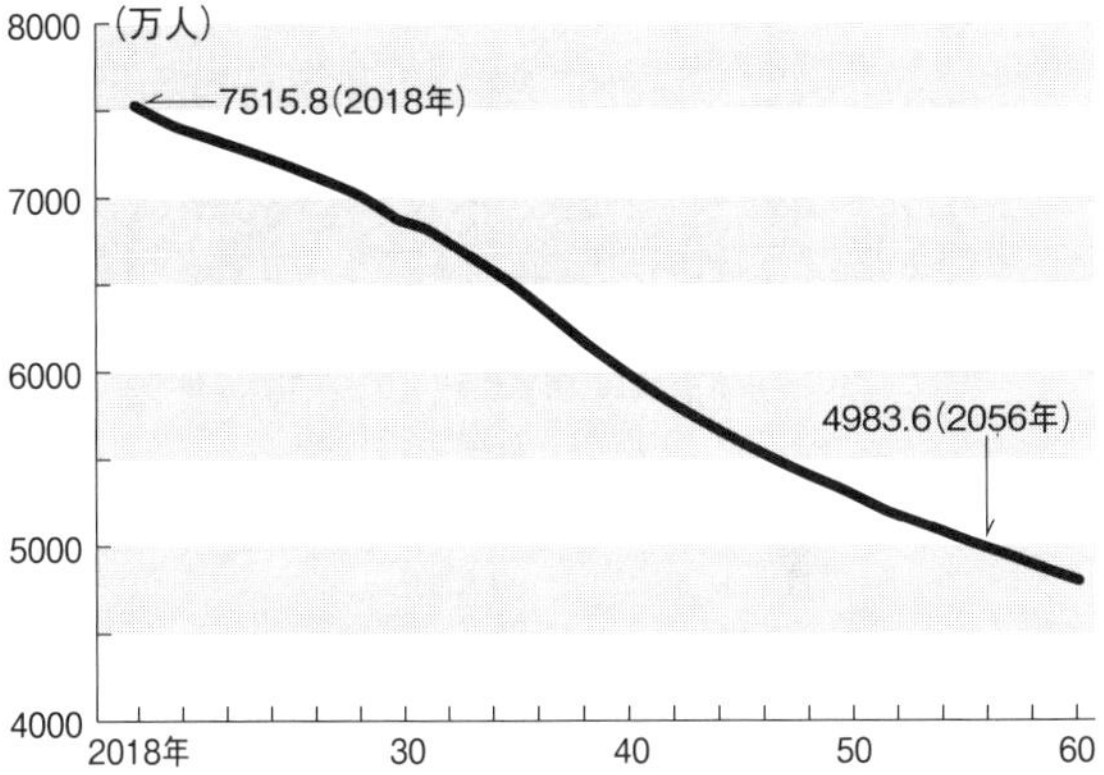

出典：国立社会保障・人口問題研究所「日本の将来推計人口」（平成29年推計）

の人口を合わせた数より多いです。働き手の約3分の1がいなくなってしまうということです。「ペースが異常に早い」という点がポイントです。1年ごとの減少数を見てみましょう（図5－11）。特に、2037年〜2039年は3年連続で毎年100万人以上生産年齢人口が減っていきます。

こうやって働き手が減る一方で65歳以上の高齢人口は増えていきます（図5－12）。ピークは2042年の3935万人です。しかし、もっと見なければいけないのは、介護費や医療費が跳ね上がる75歳以上の後期高齢者の人口です（図5－13）。

高齢人口のピークよりもさらに後にピークが来ます。2054年に2449万人です。その時の生産年齢人口は、今の3分の2程度

図5-11 各年生産年齢人口減少数

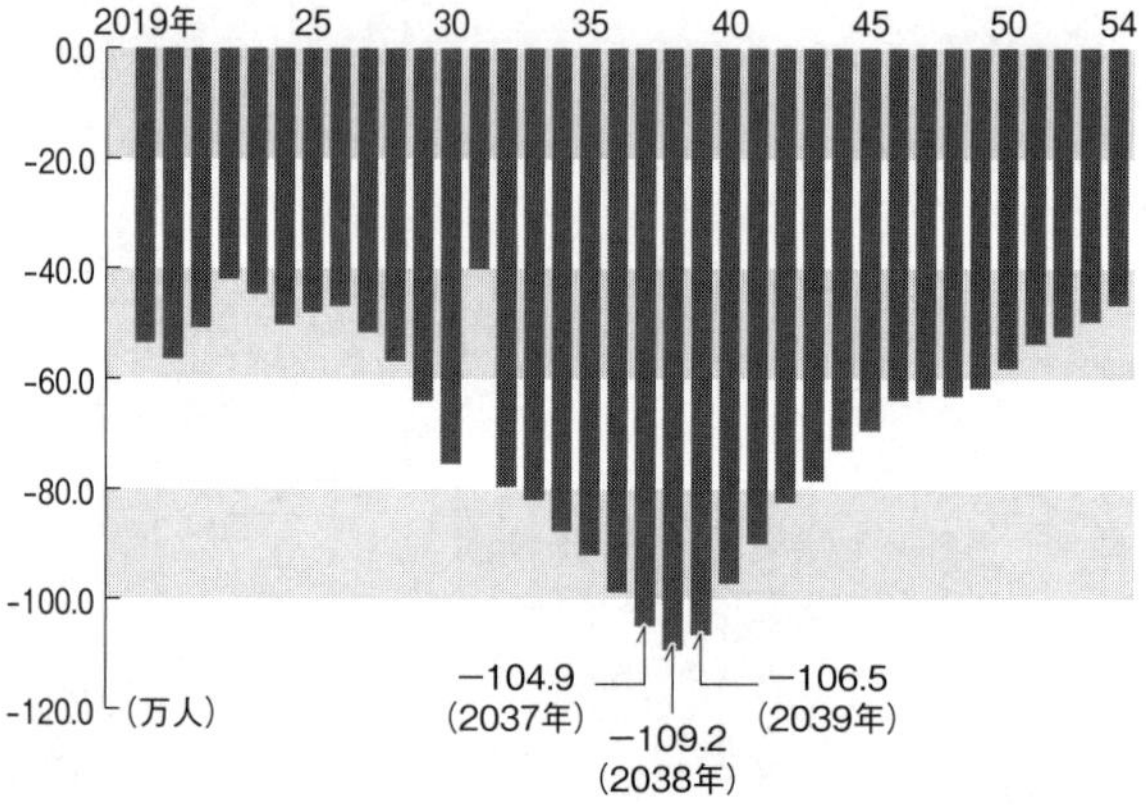

出典:国立社会保障・人口問題研究所「日本の将来推計人口」(平成29年推計)

図5-12 高齢人口(65歳以上)の推移

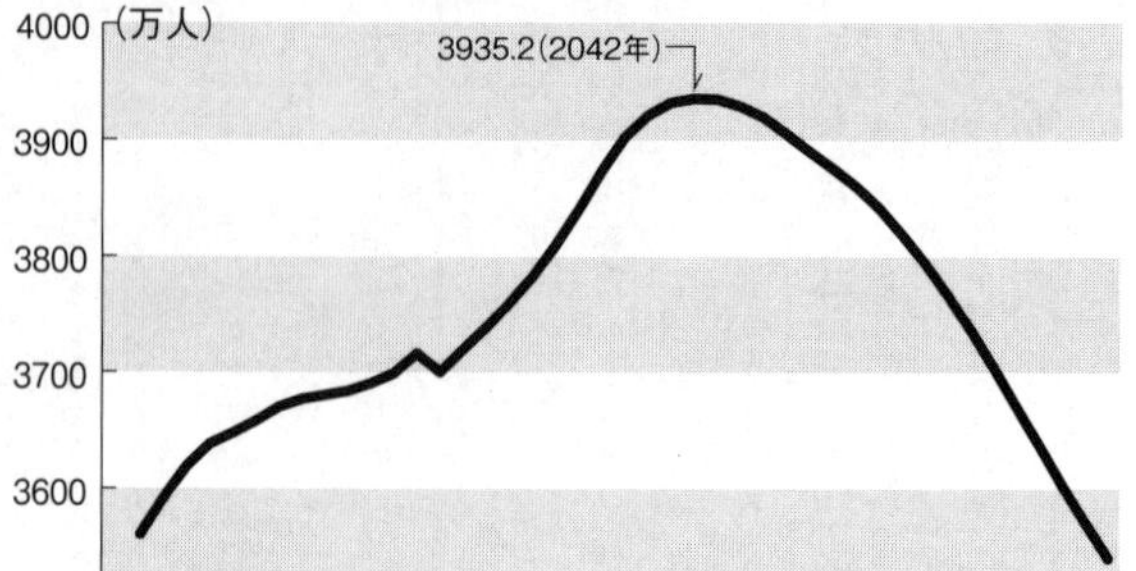

出典:国立社会保障・人口問題研究所「日本の将来推計人口」(平成29年推計)

図5-13 後期高齢者人口（75歳以上）

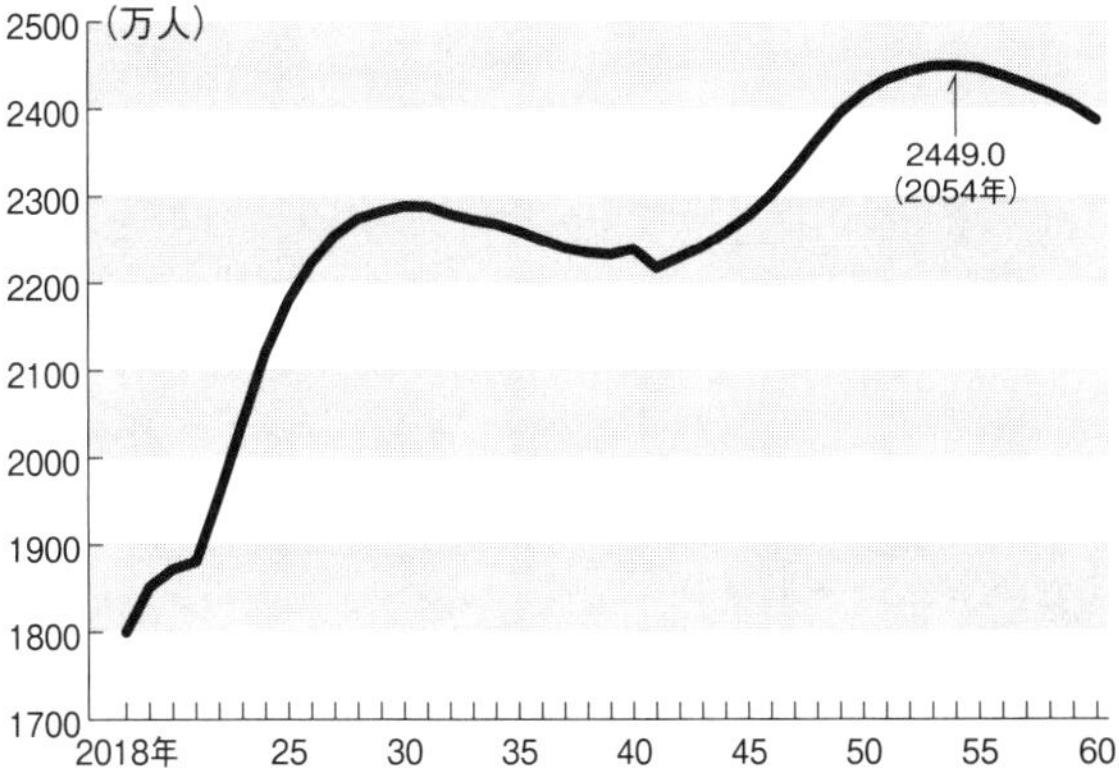

出典:国立社会保障・人口問題研究所「日本の将来推計人口」(平成29年推計)

にまで減っています。

こういう状態ですので、増税と緊縮をして財政再建をするなど不可能です。本気で再建するなら、超異次元の増税と緊縮をしなければなりませんが、国民が受け入れるわけがありません。そもそも国家財政に興味のある人など少数派です。これは責めても仕方がありません。学校教育で国家財政について真剣に教えてこなかったのですから。私はたまたま本を書く機会を得て、その過程で色々勉強したのでこのような認識になりましたが、本を書いていなかったら、そうはなっていないでしょう。気楽に「消費税廃止！」などと言えていたかもしれません。

消費税を廃止したらどうなるのか

ＭＭＴ論者には、消費税廃止を主張する人が多く見られます。しかし、そのような主張をする人の中で、国債市場への影響に言及する人を見たことがありません。国債への信用は、その国の徴税能力に依存しています。国債は、「税金で返す」のが建前だからです。

そして、国税に占める消費税の割合は約30％です。これを廃止したら国債の買い手はどう思うでしょうか。これを会社に例えましょう。売り上げの3割を占める部門を閉鎖すると宣言したらその会社の株価はどうなるでしょうか。暴落しますね。国債も同じです。国税の中で最も大きな割合を占め、かつ景気に左右されず安定している消費税を廃止すると宣言することは、国債市場に対し、「デフォルトします」と言うのと同じです。国債は大暴落し、円も運命を共にするでしょう。形式的にデフォルトを避けるため日銀に国債直接引受をさせても結果は同じです。それは円が発行し放題になるということであり、円の価値がさらに下がると市場は予想しますので、円売りは止まりません。国民は地獄のような苦しみを味わうことになります。特に社会保障の支えによって生きている方々が犠牲になります。消費税廃止というのは、「弱者のため」と言いながらその弱者を死に追いやるものであると断言できます。

社会保障を充実させている国々の中で、消費税の負担が軽い国は一つもありません。仮に、重い消費税負担抜きで社会保障を充実させている国がこの地球上に一つでも存在したならば、私は消費税廃止を主張していたかもしれません。しかし、そんな国は無いのです。例えばデンマーク、スウェーデン、フィンランドはいずれも対GDP比で言えば日本の倍以上消費税を取っています。なお、この点について、「対GDP比」ではなく、「税収構成比」を示して、日本の消費税負担は重いとミスリードする主張があります。これは大間違いです。税は国民が生み出した付加価値から取るのですから、税負担の軽重は「対GDP比」で見なければなりません。「税収構成比」で見てしまえば、日本の消費税を含む消費課税は、消費税率25％で**軽減税率も無い**デンマークより重いことになってしまいます。明らかにおかしいことが分かるでしょう。なお、税収構成比で見ても、日本の消費税を含む消費課税はOECD36か国（2016年時点）中30位であり、OECD平均より10％以上も低いです（図5－14）。

デンマークの消費課税構成比が日本のそれより低いのは、所得税を日本よりはるかに多く取っているからです。GDP比で見ればOECD加盟国の中でダントツです。所得税収の構成比が大きい分、消費税収の構成比が下がっているだけです。

「日本低迷の原因は消費税だ」という主張もよく聞きますが、本当でしょうか。消費税収（付加価値税収）対GDP比トップ10の国の名目GDPと、日本の名目GDPの推移を比べてみましょう（図5－15）。これは1996年を100とする指数です。

消費課税 (36か国中30位)	
リトアニア	67.2%
スロベニア	65.8
エストニア	65.5
ハンガリー	63.9
トルコ	61.3
ポーランド	59.7
スロバキア	59.4
チリ	58.8
チェコ	58.6
ラトビア	58.6
ギリシャ	55.8
ポルトガル	54.3
オランダ	49.2
フィンランド	46.5
スペイン	45.6
イスラエル	45.3
メキシコ	44.5
ドイツ	44.1
オーストリア	43.7
ノルウェー	43.2
イタリア	40.7
イギリス	40.4
アイルランド	39.8
フランス	38.9
ニュージーランド	38.3
韓国	38.1
ベルギー	36.8
スウェーデン	36.7
ルクセンブルク	35.3
日本	34.3
デンマーク	32.5
スイス	28.2
カナダ	27.3
オーストラリア	27.1
アイスランド	25.1
アメリカ	22.3
OECD諸国平均	45.4

資産課税等 (36か国中10位)	
アイスランド	38.5%
フランス	24.2
韓国	19.6
イスラエル	16.8
スウェーデン	16.8
カナダ	16.6
オーストラリア	15.7
イギリス	15.6
アメリカ	14.6
日本	14.4
イタリア	13.5
オーストリア	13.4
ルクセンブルク	13.2
スペイン	11.6
ベルギー	11.6
ギリシャ	11.4
スイス	10.3
トルコ	9.0
アイルランド	8.0
ポーランド	8.0
ハンガリー	7.2
オランダ	6.8
ポルトガル	6.6
メキシコ	6.4
ニュージーランド	6.1
チリ	5.1
ラトビア	4.8
ドイツ	4.8
フィンランド	4.7
デンマーク	4.7
ノルウェー	4.5
スロベニア	3.1
チェコ	2.6
スロバキア	2.3
リトアニア	1.9
エストニア	1.2
OECD諸国平均	10.4

(備考)

1. 計数は2016年のものである。
2. OECD"Revenue Statistics"の区分に従って作成しているため、利子、配当及びキャピタル・ゲイン課税は所得課税に含まれる。
3. 資産課税等には、資産課税の他、給与労働力課税及びその他の課税が含まれる。
4. 資産課税とは、富裕税、不動産税(固定資産税等)、相続・贈与税及び流通課税(有価証券取引税、取引所税、不動産取得税及び印紙収入)等を指し、日本の割合は14.0%である。

(出所)OECD"Revenue Statistics 1965-2017"

出典:財務省「わが国税制・財政の現状全般に関する資料」

図5-14 OECD諸国における所得・消費・資産課税等の税収構成比の国際比較（国税＋地方税）

所得課税合計（36か国中11位）		個人所得課税（36か国中18位）		法人所得課税（36か国中3位）	
アメリカ	63.2%	デンマーク	56.6%	チリ	25.5%
デンマーク	62.8	アメリカ	53.1	メキシコ	24.9
スイス	61.5	スイス	45.1	日本	20.1
オーストラリア	57.2	カナダ	43.5	スロバキア	19.7
カナダ	56.1	ドイツ	42.7	チェコ	19.2
ニュージーランド	55.6	フィンランド	41.7	韓国	18.5
ノルウェー	52.3	オーストラリア	40.8	ルクセンブルク	17.0
アイルランド	51.8	ベルギー	40.2	ニュージーランド	16.5
ベルギー	51.6	ニュージーランド	39.1	オーストラリア	16.5
ルクセンブルク	51.5	スウェーデン	38.5	スイス	16.4
日本	51.3	イタリア	38.3	ノルウェー	14.3
ドイツ	51.1	ノルウェー	38.0	オランダ	14.1
メキシコ	49.1	アイルランド	38.0	アイルランド	13.9
フィンランド	48.8	ルクセンブルク	34.5	イスラエル	12.6
スウェーデン	46.6	オーストリア	34.0	カナダ	12.6
イタリア	45.8	イギリス	33.8	ポルトガル	12.1
オランダ	44.0	スペイン	32.4	ベルギー	11.4
イギリス	44.0	日本	31.2	スペイン	10.3
オーストリア	42.9	アイスランド	30.7	イギリス	10.2
スペイン	42.8	オランダ	29.9	アメリカ	10.0
韓国	42.3	フランス	29.8	ギリシャ	9.8
ポルトガル	39.2	スロバキア	18.6	リトアニア	9.3
チェコ	38.8	ラトビア	28.8	トルコ	9.1
スロバキア	38.3	ポルトガル	27.0	ハンガリー	9.0
イスラエル	37.8	エストニア	25.8	ポーランド	8.9
フランス	36.9	イスラエル	25.2	オーストリア	8.8
ラトビア	36.5	韓国	23.8	ドイツ	8.4
アイスランド	36.4	メキシコ	24.2	スウェーデン	8.0
チリ	36.1	スロベニア	23.9	ラトビア	7.7
エストニア	33.3	ポーランド	23.4	エストニア	7.6
ギリシャ	32.8	ギリシャ	23.1	イタリア	7.5
ポーランド	32.3	リトアニア	23.0	スロベニア	7.3
リトアニア	32.3	トルコ	20.6	フィンランド	7.1
スロベニア	31.1	ハンガリー	20.0	フランス	6.2
トルコ	29.7	チェコ	19.6	デンマーク	7.7
ハンガリー	28.9	チリ	10.7	アイスランド	9.3
OECD諸国平均	44.2	OECD諸国平均	31.9	OECD諸国平均	12.4

図5-15 付加価値税対GDP比上位10か国と日本の名目GDP比較

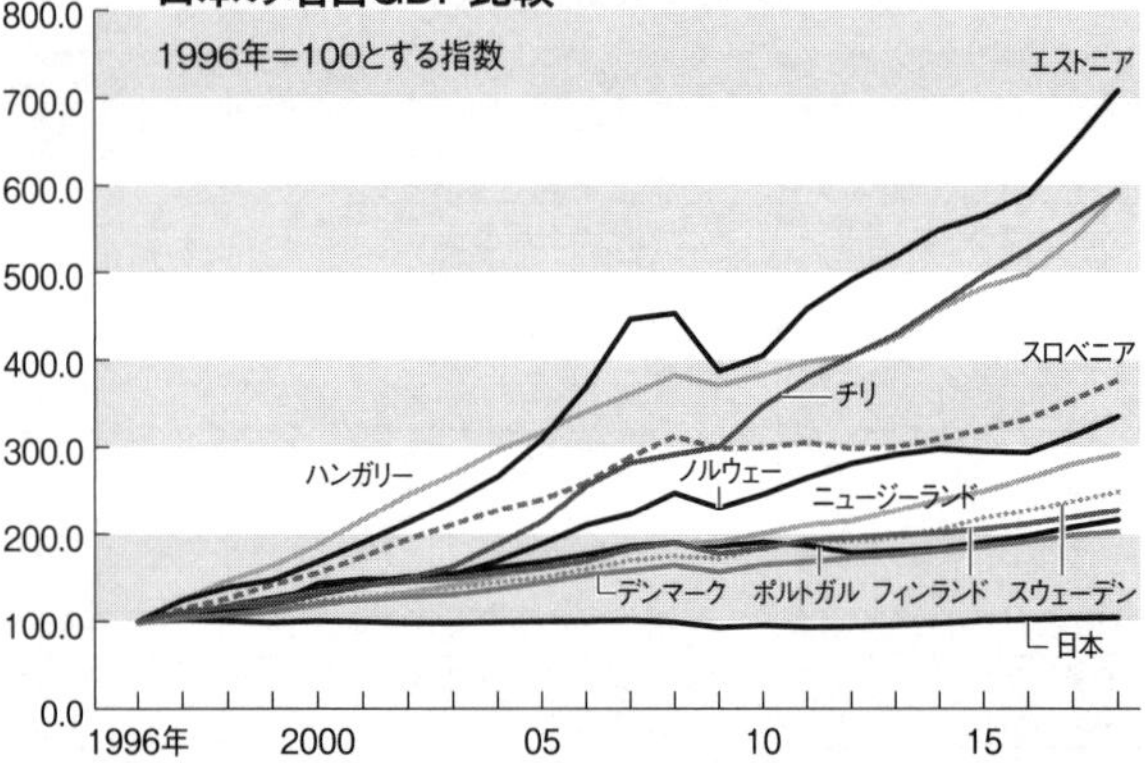

出典:IMF「World Economic Outlook Database, October 2019」

最も伸びているのはエストニアで、2018年の名目GDPは、1996年の約7倍になっています。日本を除けば最も伸びていないのはデンマークですが、**それでも約2倍に**なっています。日本は104・4。絶望的に伸びていません。これがもし仮に2倍になっていれば、債務残高対GDP比は今の2分の1に収まっており、財政の健全性は今とは比較にならないくらい良好でした。

次に、実質GDPで比較してみましょう(図5-16)。同じく1996年を100とする指数です。

こちらも1位はエストニアで、2018年は1996年と比べると約2・4倍です。日本を除くと一番伸びていないのはポルトガルで、131・6です。日本は118・6で最

図5-16　付加価値税対GDP比上位10か国と日本の実質GDP比較

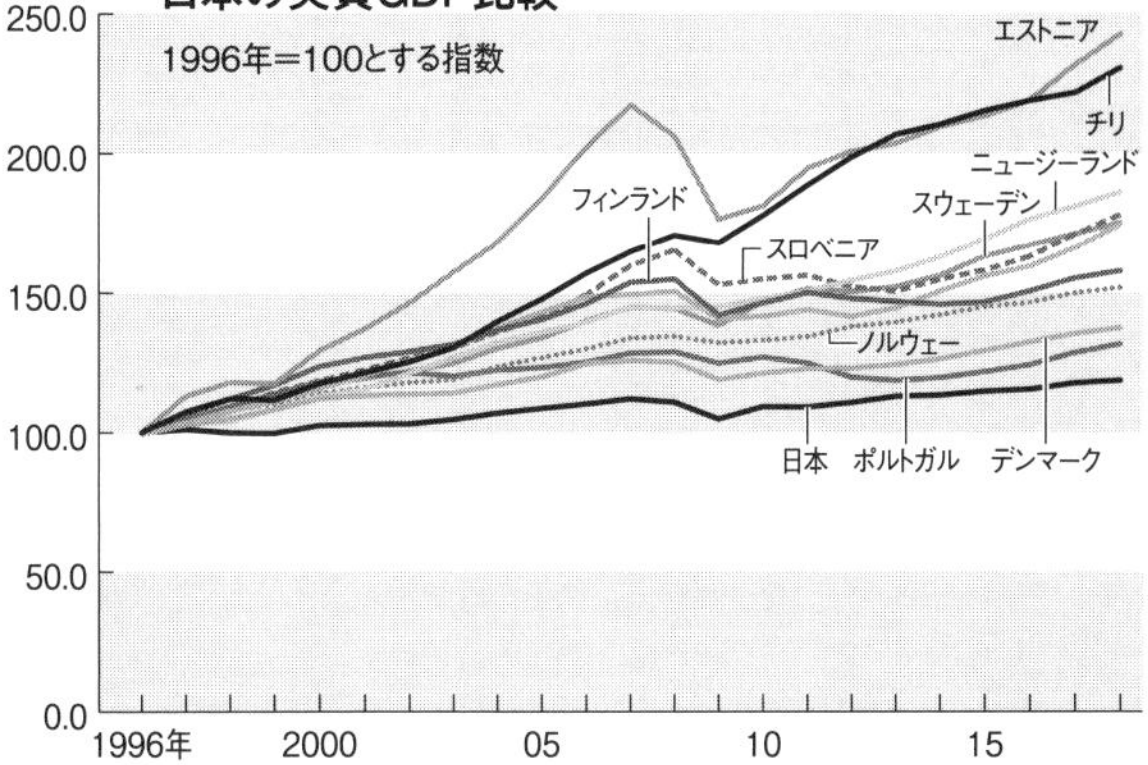

出典:IMF「World Economic Outlook Database, October 2019」

下位。

「消費税のせいで経済成長できなかった」のであれば、日本よりはるかに消費税（付加価値税）の負担の重いこれらの国は、日本より停滞していなければおかしいでしょう。しかし、現実はそうなっていません。では何が違うのかと言えば、第3章で既に指摘したとおり、賃金が違うのです。名目・実質共に、他の国々は賃金がきちんと伸びています。負担が上がる一方、負担の前提となる負担能力も上がっているということです。日本は全然伸びていません。人件費を削ってその場しのぎをすることを放置していたからこうなるのです。

　この状態で消費税を上げられたら、抵抗するのは当然でしょう。負担能力が上がっていないのに、負担だけ増えてしまうからです。そして、こうやって賃金を抑えつけてきたことが、デフレを招き、名目GDPの停滞を引き起こしました。人件費は会社運営のためのコストの大きな部分を占めますが、ここを削ることで、商品やサービスの値段を異常に下げることが可能になってしまいます。それはデフレにつながります。さらにそうやって物価が上がらなければ、名目GDPは伸びません。名目GDPが伸びなければ、債務残高対GDP比を抑えることはできません。なお、なぜ債務残高対GDP比が重視されるのかというと、GDPとはその国の儲けを合計したものであり、借金の返済能力を示すからです。

高い消費税が受け入れられるためには、「受益感」が必須です。例えば、デンマークでは25%の消費税率で、軽減税率も無いという「容赦の無い」課税をしていますが、医療費、介護費、教育費は全て無料です。高い負担でも見返りがあるからみな納得できるのです。では同じことを日本がやるとどうなるでしょう。受益感は絶対に増しません。なぜなら、膨大に積みあがった借金返済の方に吸い込まれてしまうからです。八方ふさがりの状態と言ってよいでしょう。

先ほども説明したとおり、税金というのは「取られっぱなし」ではありません。**徴税された税金は、財政支出としてまた国民の元へ還ってくるのです**。経済における消費の主体は、政府と企業と家計です。政府は大きな消費主体です。高負担の国は、政府がたくさん税金や社会保険料を取る一方で、たくさんお金を使うから、公的な雇用もたくさん生み出し、それが経済にも好影響を与え、結果的に経済成長につながっているのです。そして、日本のように借金を積み上げていないので、たくさん集めたお金は、今を生きる国民のために使うことができます。日本はそうではありません。過去の債務に足を引っ張られます。だから、仮にたくさん税金を集めたとしても、過去の債務の返済に消えてしまうという羽目になります。そうすると、国民の痛税感はますます強まるという悪循環にはまっていくのです。

高負担・高福祉の国というのは、人間の体に例えると、非常に血の巡りの良い状態と言ってよいでしょう。たくさん税・社会保険料を取るので、経済の血液であるお金がため込まれず、グルグルと循環し、一か所に滞留しない状態です。他方、低負担・低福祉の国では、税・社会保険料として取られるお金が少ない分、富裕層にお金がため込まれてしまいます。一か所に血が溜まってしまい、他のところへ行かないような状態です。お腹だけ脂肪が溜まって、足腰はやせ細っているようなイメージです。日本はそれに近い状態と言ってよいのではないかと思います。

なぜ消費税なのか

消費税は世界155か国（2019年4月現在）で採用されている税金です。なぜこんなに世界中で採用されているのか。その背景には、少子高齢化があります。少子高齢化に直面してい

図5-17 合計特殊出生率（OECD平均）の推移

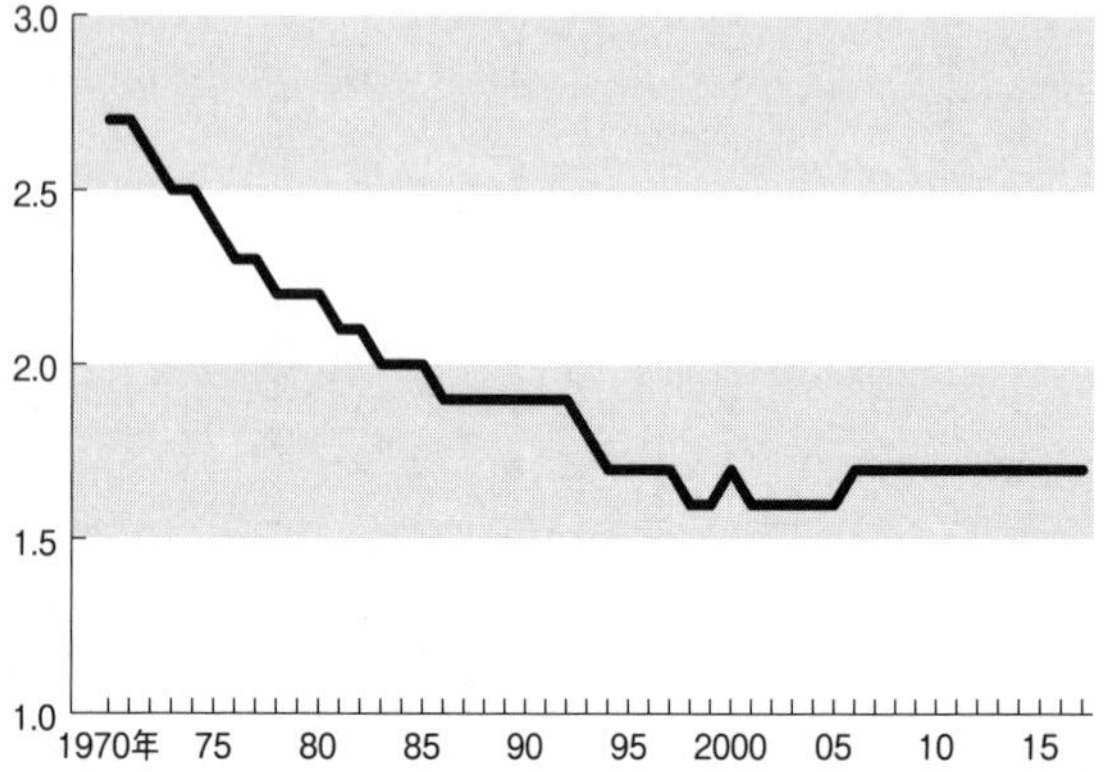

出典:OECD Data

るのは日本だけではないのです。ます、合計特殊出生率（一人の女性が出産可能とされる15歳から49歳までに産む子供の数の平均）のOECD平均を見てみましょう（図5－17）。

　このように、1970年は2・7でしたが、現在では1・7にまで落ち込んでいます。ちなみに、合計特殊出生率が2・07を下回ると、人口が減少していきます。次は生産年齢人口割合（15～64歳人口）を見てみましょう（図5－18）。これを見ると、2009年から減少に転じているのが分かります。

　さらに、若年人口（0－14歳）のOECD平均を見てみましょう（図5－19）。一貫して減っているのが分かります。昔は28％程度だったのに、今は18％ぐらいまで低下しています。

　次に高齢化率を見てみましょう。この数値に

図5-18 OECD全体の生産年齢人口割合の推移

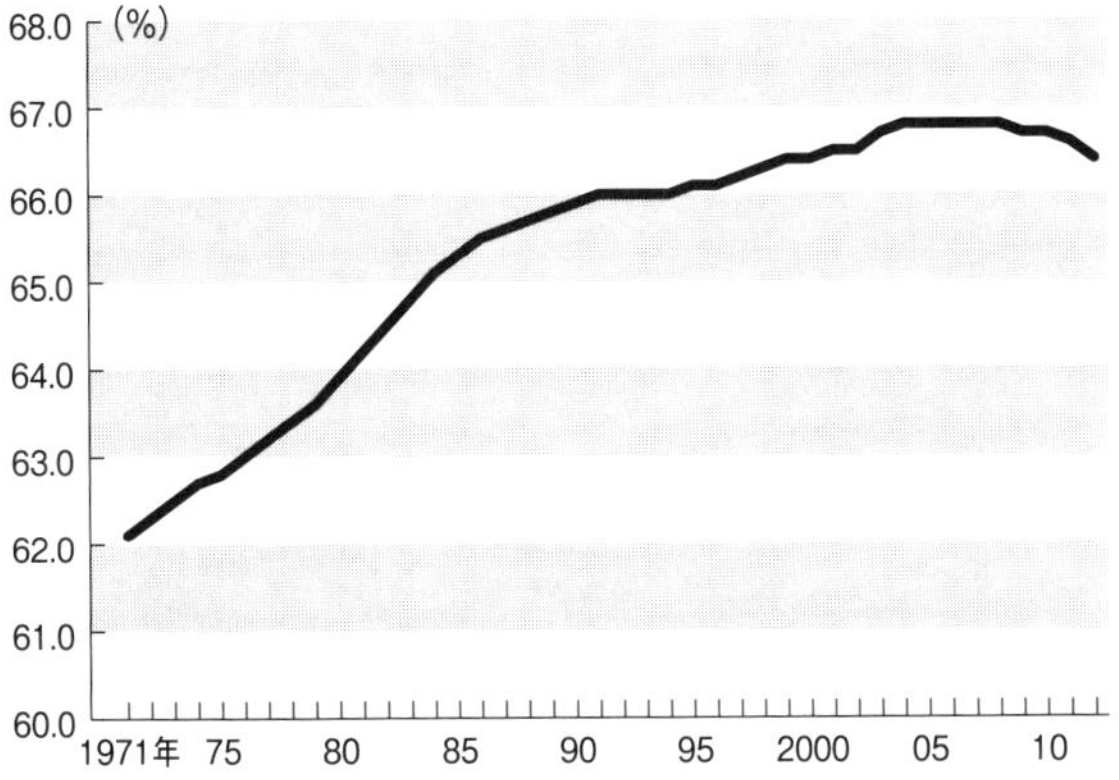

出典:OECD Data

図5-19 OECD全体の若年人口(0〜14歳)率の推移

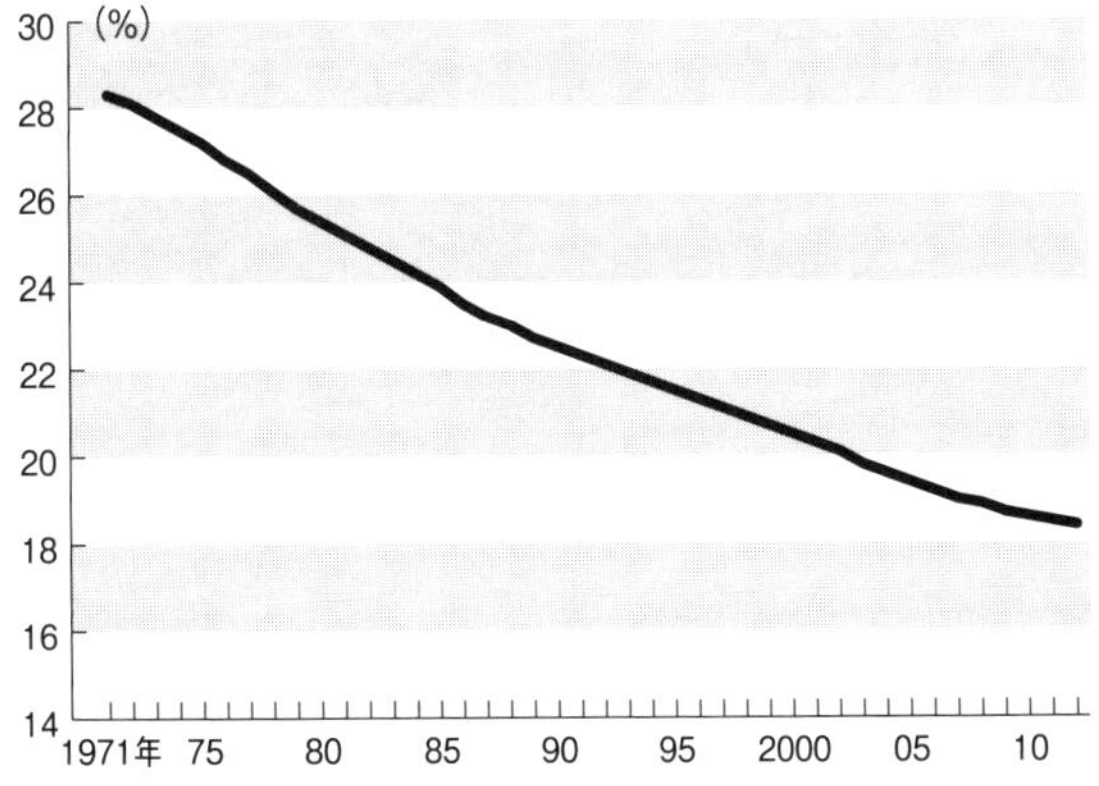

出典:OECD Data

図5-20 高齢化率の増加（2013年−1970年）

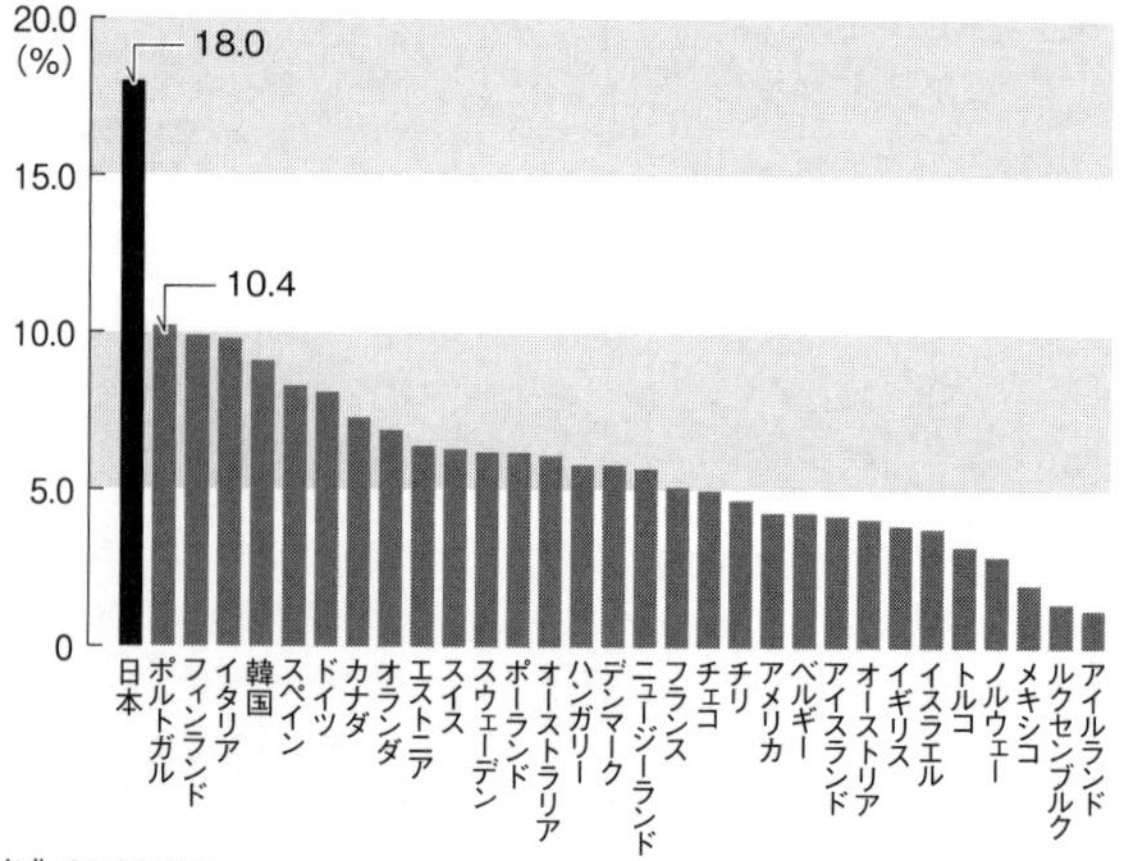

出典:OECD Data

ついてはOECD平均が無いので、2013年の高齢化率（65歳以上人口が総人口に占める割合）から1970年の高齢化率を引いた値を比較してみましょう（図5－20。加盟国のうち、1970年と2013年のいずれの数値もOECDのサイトにおいて公表されている国のみを抽出して比較）。

日本の高齢化率が圧倒的1位ですが、他の国も高齢化が進行しています。1970年を下回る国は一つもありません。さらに、2013年の各国の平均寿命から、1970年の平均寿命を引いた数値を見てみましょう（図5－21）。この数値を見ると、どの国も平均寿命が延びているのがよく分かります。これが高齢化率上昇に寄与しています。

最後にOECDの総人口の推移を見てみま

図5-21 平均寿命の延伸(2013年－1970年)

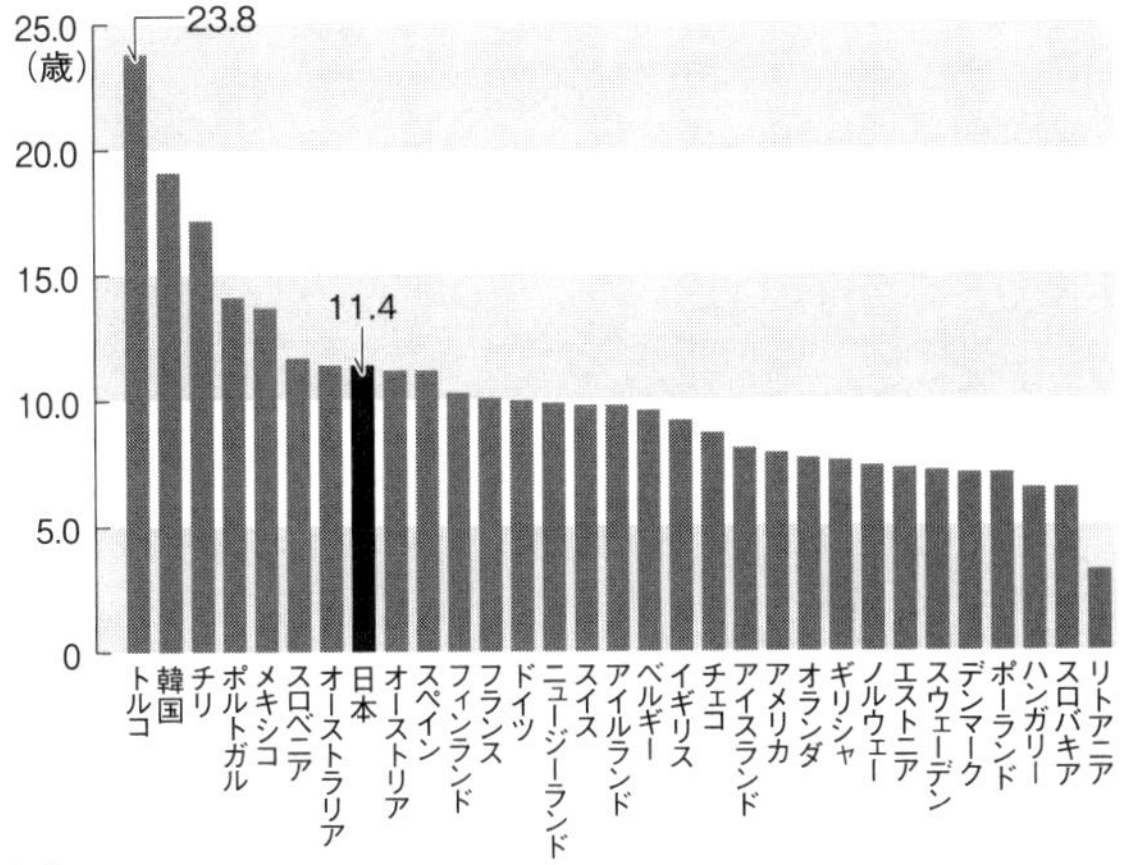

出典:OECD Data

しょう(図5－22)。1970年は8・9億人ですが、2013年は12・6億人にまで増えています。人口が41・5％も増えたということです。

まとめると、人がたくさん生まれ、かつ平均寿命が延びた後、今度は少子化が進行する、というパターンが見て取れます。寿命が延びたことで高齢者がたくさん増えるから、医療費、年金、介護費がたくさんかかるようになるのです。それを、どんどん減少していく現役世代が支えていく状況になります。ここで、社会支出対GDP比率のOECD平均の推移を見てみましょう(図5－23)。

1980年は約14％でしたが、今は約20％になっており、約6％上がっています。6％という数字は大変なものです。例えば名目G

図5-22 OECD全体の人口の推移

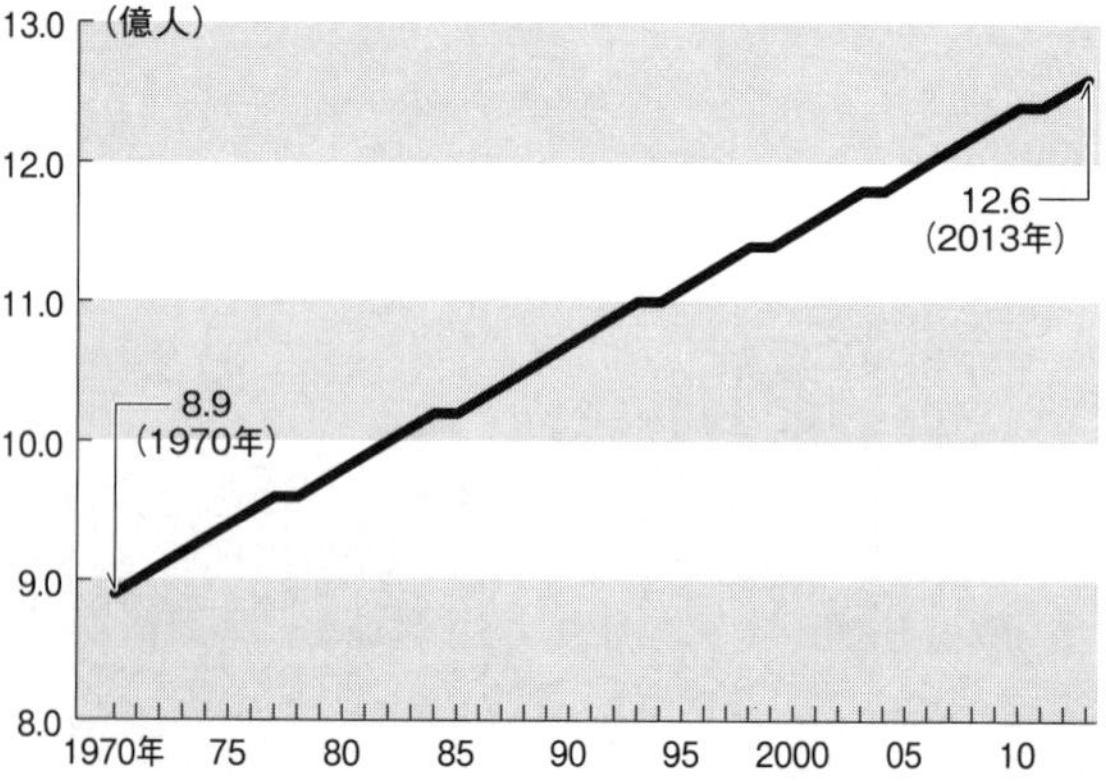

出典:OECD Data

図5-23 社会支出対GDP比(OECD平均)の推移

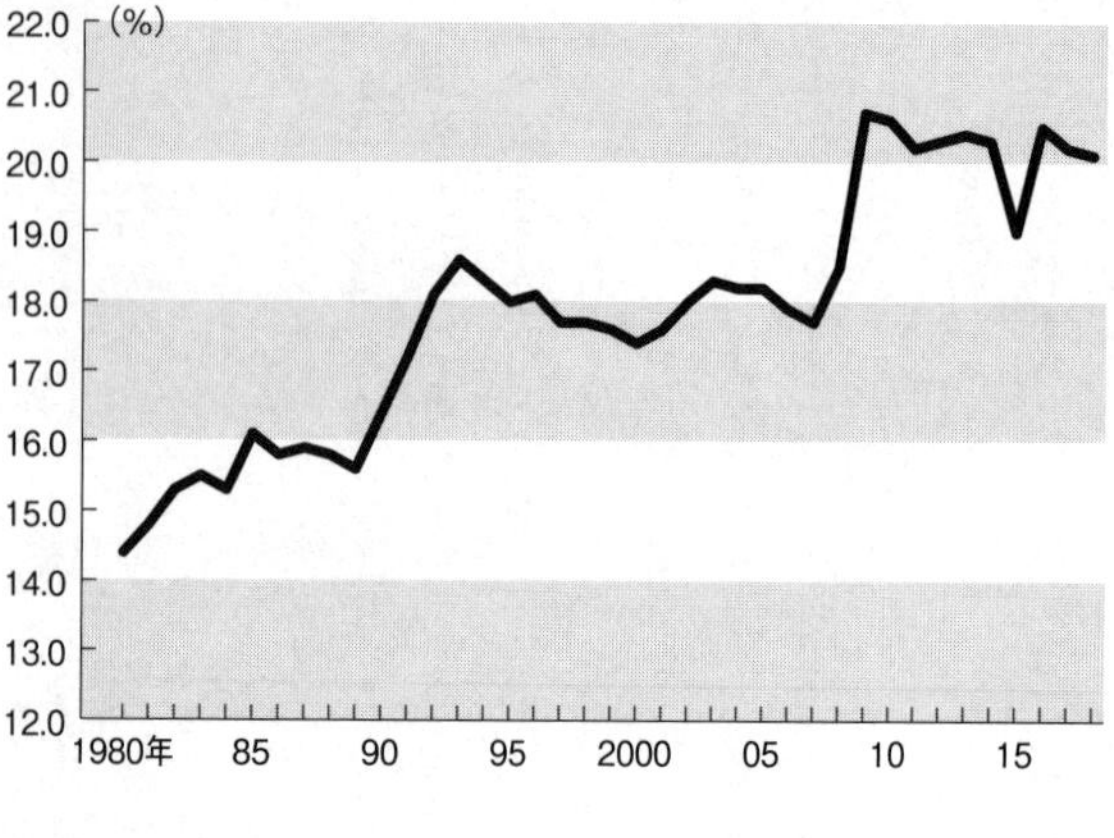

出典:OECD Data

図5-24 一般会計税収の推移

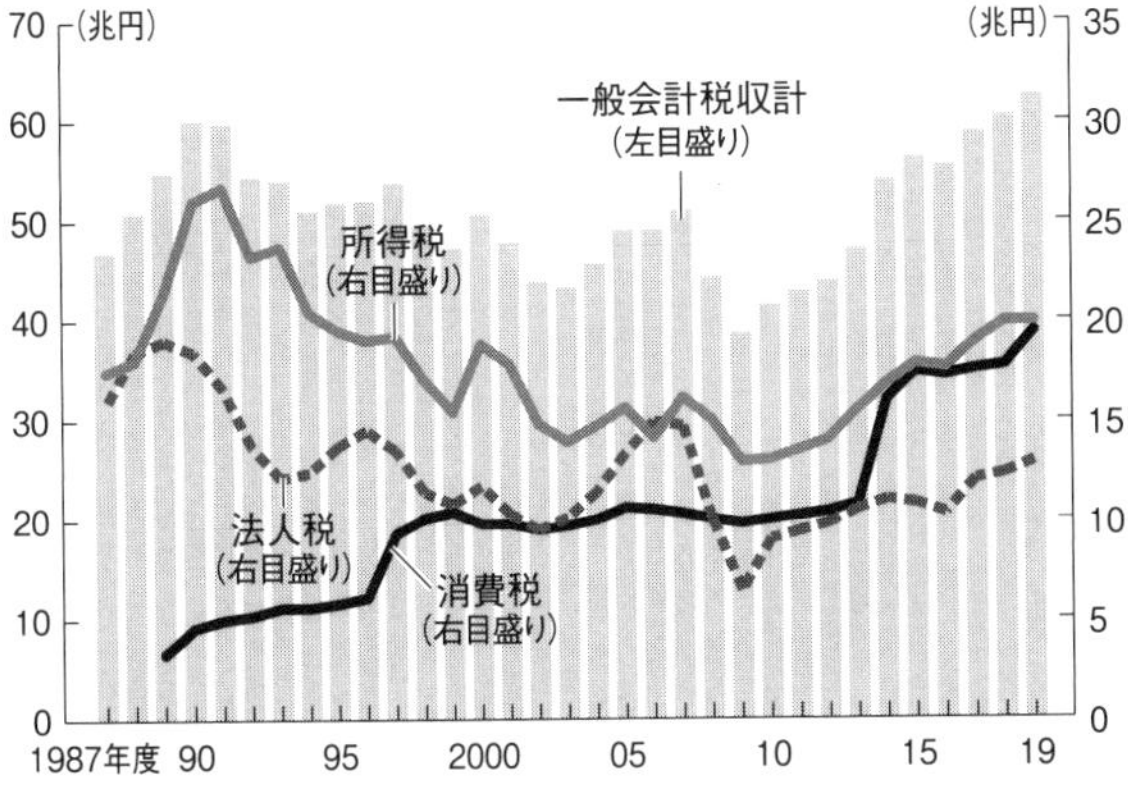

出典:財務省「税収に関する資料」(※2019年度のみ予算額)

DPが500兆円なら、30兆円増えたことになります。

所得税や法人税だけでこの増大していく社会保障費を賄おうとすると、現役世代の負担額が増え過ぎてしまいます。だから全世代が負担する消費税、ということになるのです。消費税の特徴は税収の推移を見るとよく分かります（図5－24）。

所得税収や法人税収は上下動が激しいですが、消費税は基本的に横一線で、税率を上げた時にきれいに税収が上がります。消費税収だけ階段のようです。所得税・法人税の上下が激しいのは、大きく減税をしてきたことに加え、景気の波に左右されるからです。所得税・法人税は、端的に言うと、赤字の場合は発生しません。したがって、大不況の場合は税収が大きく落ち込みます。例えばリーマンショックに襲われた2008年度と2009年度を見てください。所得税も法人税も大きく落ちているのが分かるでしょう。それと比較すると、消費税収の方はほとんど落ちていません。これは、消費税は赤字でも納める必要があるからです。消費税について直接納税義務があるのは事業者です。事業者は消費税分を価格に転嫁するので、現実に負担するのは消費者となります。こうやって間接的に負担するので「間接税」と呼ばれるわけです。そして、消費税は、ざっくり言えば、売上から仕入を引いた額に課税されます。だから赤字でも納めなければならず、景気に左右されないのです。さらに、負担者は全世代です。つまり、「広く安定してがっぽりとれる」のが消費税ということです。

増大する社会保障費について頭を悩ませているのはどの国でも同じです。したがって、税金を取る方からすれば、これほど優秀な税は無いでしょう。そして、国民の側からしても、たくさん取られた消費税が、真に社会保障の充実に使われるのであれば、文句は無いでしょう。だから高負担国家はうまく回っているのです。しかし、繰り返しますが、日本が今さら高い消費税率にしても、高負担国家と同じにはなりません。借金を積み上げ過ぎたため、返済に吸い込まれてしまうからです。

ここで所得税・法人税・付加価値税対GDP比OECD平均値の推移を見てみましょう(図5-25)。

図5-25 所得税・法人税・付加価値税対GDP比（OECD平均）の推移

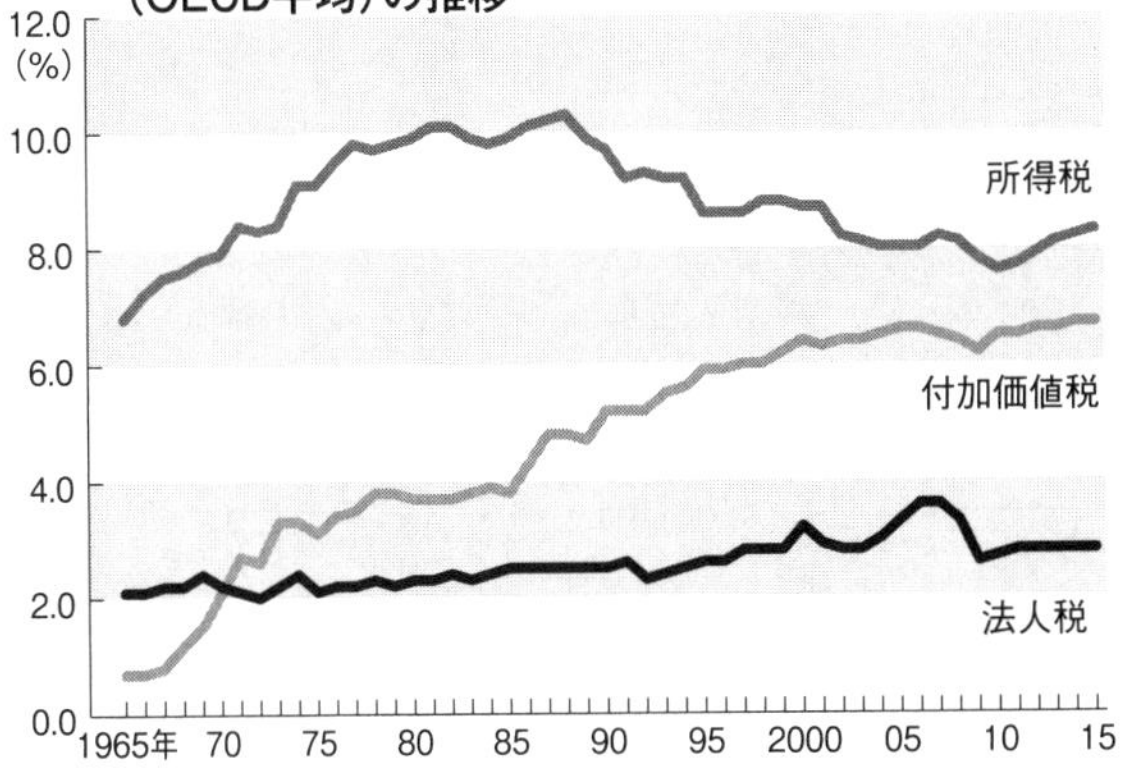

出典：OECD Data（※2020年2月7日時点の情報に基づく）

このように、付加価値税の割合が右肩上がりに増えているのが分かるでしょう。所得税は2010年あたりまで減少傾向にありましたが、その後反転しています。日本よりも高く取っています。法人税は基本的に横ばいといったところです。

このような他国の情勢も見ると、消費税抜きで財政を維持することなどあり得ないことが分かります。消費税抜きで少子高齢化国家を運営するのは、人類の歴史上誰も成し遂げたことがない快挙と言えるでしょう。私はこの現実を見た時に、消費税は受け入れざるを得ないという考えになりました。なお、消費税減税や廃止を謳う人の中で、このようにOECDのデータを丹念に分析している人を見たことはありません。

図5-26 税制改正の影響を除いた税収

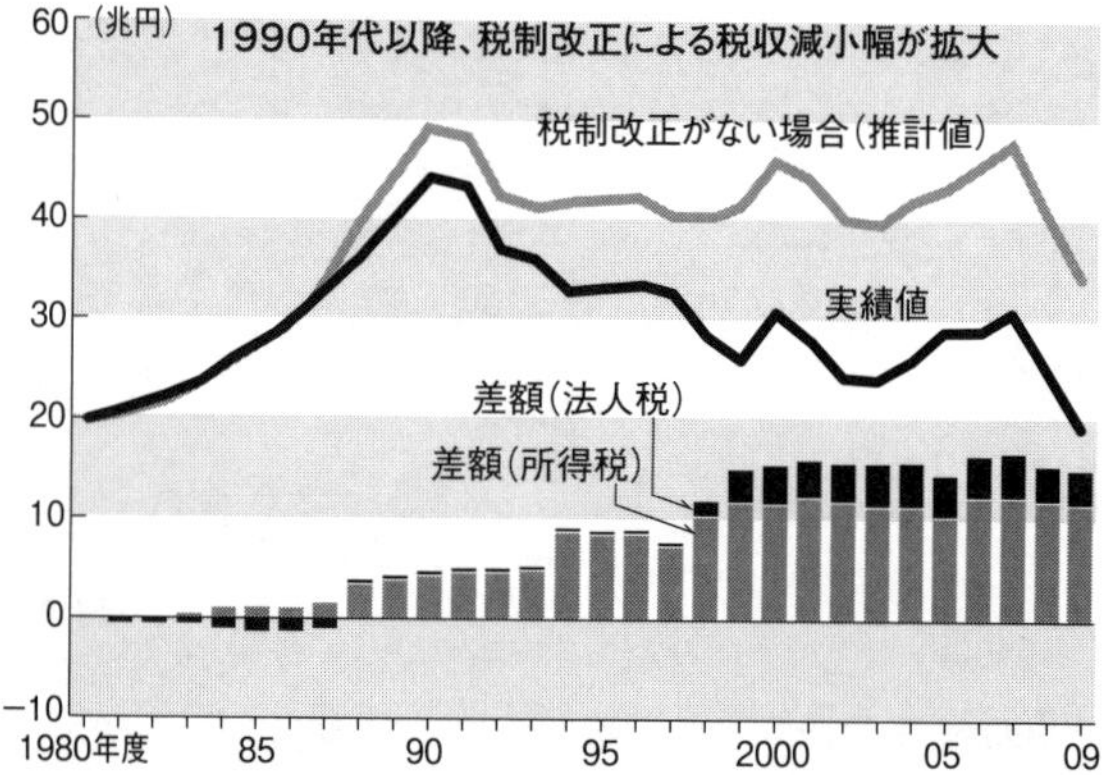

出典:内閣府「平成24年度年次経済財政報告」

所得税や法人税を上げれば、消費税を上げなくても社会保障費を捻出できるのだと言う人もいますが、現実にはそんな国家は地球上に存在しません。社会保障を充実させている国は、例外なく消費税負担が重いです。ただし、私は所得税や法人税を上げることを否定するわけではありません。この国の財政失敗の要因の一つが、所得税と法人税を減税し過ぎたことにあるからです。1990年代以降の税制改正が無かった場合の税収について、内閣府が試算を出しているので見てみましょう(図5-26)。

改正が無ければ、税収が全く違ったことが分かります。特に所得税の減税の影響が大きく、1999年以降は、改正しなかった場合との差額が毎年10兆円程度になっています。

図5-27 申告納税者の所得税負担率

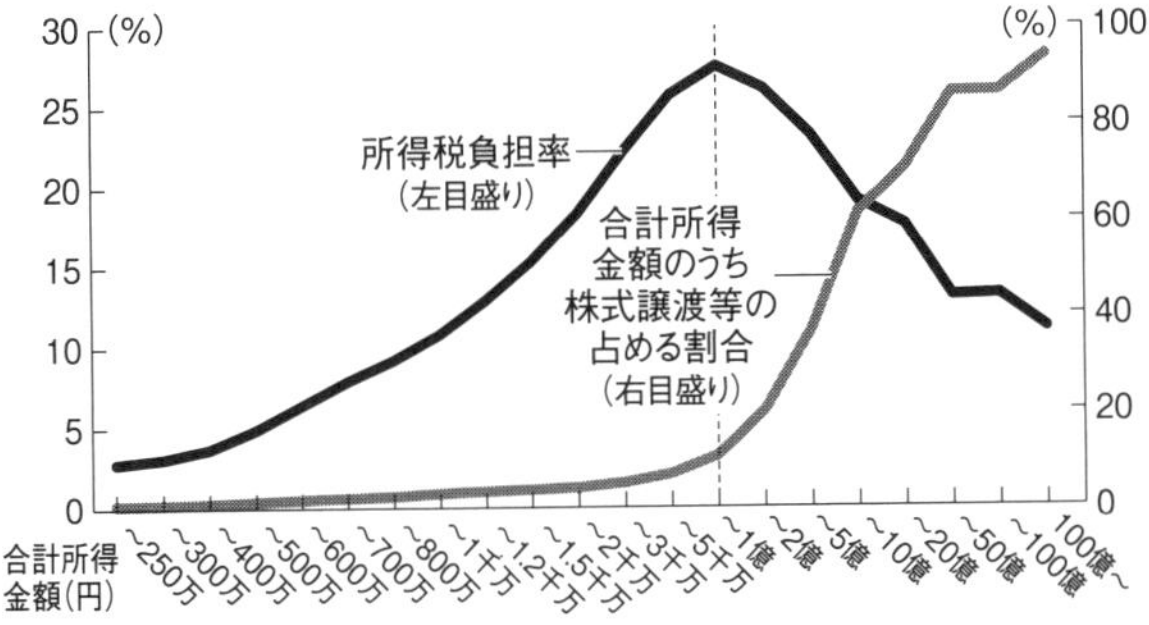

（備考）国税庁「平成25年分申告所得税標本調査結果（税務統計から見た申告所得税の実態）」より作成。
（注）所得金額があっても申告納税額のない者（例えば還付申告書を提出した者）は含まれていない。また、申告不要を選択した場合の配当所得や源泉徴収で課税関係が終了した源泉徴収特定口座における株式等譲渡所得や利子所得等も含まれていない。
出典:平成27年10月14日付財務省作成資料

法人税の減税が強調されますが、実際には所得税減税の影響の方が大きいです。

所得税収は、既に指摘したとおりOECD諸国と比べると非常に低い水準です。そして、所得税の負担率を見ると、年収1億円を超えると負担率がどんどん低くなっていくという極めて不平等な状態となっています。やや古いですが2013年の所得税負担率を見てみましょう（図5－27）。

これは分離課税が大きく影響しています。株の売買で得たお金等は、通常の所得とは別の税率が適用されます。株式譲渡益の税率は所得税だけだと約15%、地方税も含めて約20%です（2037年末までは復興特別所得税が上乗せされるので、細かく言うと20・315%）。この分離課税はやめるべきでしょう。ただし、所得税を増税する場合、通常の労働者の負担も重くならざるを得ません。高額所得者というのは全体のごく一部に過ぎないからです。

法人税については、たしかにOECD諸国と比べれば高い水準になっていますが、大企業を優遇する数々の制度があり、極めて不公平な状態になっていることは間違いありません。また、賃金が全然上がっていないことも考慮に入れる必要があります。諸外国は法人税こそ日本より低めですが、ちゃんと賃金を上げています。それによって社会を維持していくための費用を負担していると言えます。これに対し日本の会社の場合は賃金を全然上げていません。「税金も払いたくない。賃金も払いたくない」というのはただのわがままでしょう。そういうわがままをゆるしてきたことがデフレの一要因になっているのです。

さらに、所得税・法人税については、タックスヘイブン等を利用した租税回避も横行しています。これらについても対処しなければいけませんが、それには国際的協調が必要ですから、すぐにできることではないことに留意すべきです。

ただ、所得税・法人税を上げても、消費税抜きでは社会保障費を賄えないことは明らかです。「消費税は法人税減税の穴埋めに使われた」とさかんに喧伝されていますが、正確には所得税減税の穴埋めのようにもなっています。というか、そちらの額の方が大きいです。さらに重要なのは、穴の方が年々広がってしまっているため、全然穴を埋めることができていないということです。消費税減税を主張する人は、この歳出の拡大という事実に触れません。所得税収がピークだった1991年度の一般会計歳出は約70兆円に過ぎませんが、今は100兆円を超えています。そして、今後はもっと恐ろしい勢いで増えていきます。所得税や法人税をピーク時と同じくらいの水準に戻しても、消費税抜きではこの莫大な歳出を賄えません。働き手が急減する一方で、高齢者は増えていくからです。

消費税については、逆進性が強調されます。つまり、1人が負担する消費税額の割合でいうと、低所得者の負担の方が重くなるというのです。低所得者は所得の大部分を消費に回さないと生きていけませんが、富裕層はそうではないため、負担額の所得に対する割合を見ると、たしかに低所得者の方が上です。しかし、これもよく考えると説得力が無いのではないかと私は思っています。というのは、負担「率」ではなく、「額」で見れば、富裕層の方がはるかに大きな消費税を負担することになるからです。100万円の消費では消費税10万円の負担ですが、1億円の消費なら消費税は1000万円です。そして、給付を充実させるには、「額」の方が重要です。所得再分配効果は超過累進税である所得税より弱いのは確かですが、消費税だって結局富裕層の方が大きな額を負担するわけですから、再分配効果はあります。逆進性の不公平は、給付の充実でカバーすればよいでしょう。現に他の国はそうしているのです。

「まずは無駄を削れ」という主張もよく耳にします。それはもうずーっとやっています。日本の公務員の数は国際的に比較すると凄く少ないです。

ここで、教育社会学者の舞田《まいた》敏彦《としひこ》氏による２０１６年10月5日付ニューズウィーク日本版記事を引用します。


「社会を成り立たせる事業には、公でしか担えないものもある。どの国でもこういう線引きがされていて、働く人たちの中には公的機関での就業者（公務員）が一定数いる。その割合は国によって大きな差があり、日本はおそらく低いが、旧共産圏の国々ではいまだに高いことが想像される。

そこで、就業者に占める公務員比率の国際比較をやってみた。２０１０～14年にかけて、各国の研究者が共同で実施した『第6回世界価値観調査』のデータを用いる。就業者のうち、公的機関で働いていると答えた人の割合を国ごとに計算し、高い順に並べてみた（作者注：図5－28）。

日本は10・7％で、調査対象の58か国の中では下から2番目だ。公務員比率が1割という日本の現状は、国際的に見ると特異だ。先進国の中でも格段に低い。

58カ国の平均値は32・6％で、就業者の３人に１人が公務員というのが国際的な標準のよ

図 5-28 就業者の公務員比率の国際比較

国・地域名	公務員比率(%)
リビア	78.42
ベラルーシ	78.29
クウェート	77.99
カタール	76.39
アルメニア	63.83
アゼルバイジャン	61.29
ウクライナ	58.27
エジプト	52.18
アルジェリア	48.43
スロベニア	47.61
イラク	47.45
ロシア	47.09
スウェーデン	46.15
中国	44.62
ヨルダン	44.49
キルギスタン	43.02
バーレーン	41.61
ルーマニア	41.10
エストニア	39.82
イエメン	39.64
カザフスタン	36.50
トリニダード・トバゴ	35.03
オランダ	33.91
ポーランド	33.27
パレスチナ	31.68
オーストラリア	30.01
エクアドル	27.87
チュニジア	27.63
タイ	27.21

国・地域名	公務員比率(%)
アメリカ	27.15
ニュージーランド	26.49
パキスタン	23.75
メキシコ	23.63
インド	23.02
シンガポール	22.98
香港	22.92
ジンバブエ	22.78
トルコ	21.25
ドイツ	21.04
南アフリカ	20.24
ペルー	19.95
キプロス	19.00
アルゼンチン	18.94
ブラジル	17.50
ウルグアイ	17.19
レバノン	16.87
韓国	16.54
台湾	16.08
マレーシア	15.79
ナイジェリア	15.75
コロンビア	14.60
ルワンダ	14.60
スペイン	13.08
チリ	12.75
ガーナ	12.68
フィリピン	12.01
日本	10.73
モロッコ	10.35

「Government or public institution」の勤務者の比率(%)である。
『世界価値観調査』(2010-14)より筆者作成。

出典:https://www.newsweekjapan.jp/stories/world/2016/10/post-5959.php

うだ。これより高い国は、北欧のスウェーデンが46・2％、旧共産圏の国々では60〜70％となっている。
何から何まで『私』依存、好んで使われる言葉が『自己責任』の日本だが、そんな風潮が就業者の公務員比率にも反映されている。」

こうやって公務員を削ってきた影響により、少ない人数で過剰な業務をこなさなければならないので、公務員の過労死が後を絶たないのです。これも「負担はしたくない」という国民の要望に応じて、政治家が目先の人気取りのために公務員の人員削減を進めてきた結果と言うべきです。みんなが負担を嫌がるから、公共サービスがやせ細るのです。官僚の過重労働が問題になっていますが、問題の根にあるのは「みんなが負担から逃げる」ことです。「無駄な支出が無いか」という視点を持ち続けることは必要ですが、今の状況だと、本当は必要な部分まで削る羽目になっています。「無駄を削れば増税は必要ないのだ」と言えば人気は取れるでしょうが、それは人口予測を無視した主張です。無駄な支出をしないように努力をしつつ、同時に税や社会保険料負担を増やしていかなければ、社会保障費を確保できません。

マレーシアは消費税を廃止できた？

消費税の話となると、必ず消費税を廃止したマレーシアを引き合いに出す人がいます。マレーシアにできたのだから日本にもできるだろうと。しかし、マレーシアと日本では全く状況が違います。まず、人口ピラミッド（2019年）を比べてみましょう（図5－29）。

全然違うことが分かりますね。マレーシアは下の方が大きく、まさにピラミッドですが、日本は下へ行くほど細くなっています。マレーシアの65歳以上人口比率はたったの6・92％。対する日本は28・00％。**マレーシアの高齢化率は日本の4分の1程度でしかありません**。当然、社会保障費の負担も日本より比較にならないぐらい軽い。

違うのはこれだけではありません。経済成長で大きく違います。1990年を100とし、日本とマレーシアの名目・実質GDPを比較してみましょう（図5－30、31）。

マレーシアの名目GDP指数は2018年の時点で1132・5。つまり1990年と比較して名目GDPが11倍以上になっています。対する日本は121。28年もかけて21％しか伸びていません。

実質GDP指数を見ると、マレーシアは464・8。実質でみても約4・6倍という急成長です。対する日本は131・6。28年かけて31・6％しか伸びていません。

次に人口指数についても見てみましょう。こちらも1990年を100とします（図5－32）。マレーシアは177・3ですが日本は102・5。ほとんど増えていません。最後に政府総

図 5-29 日本とマレーシアの人口ピラミッド(2019年)

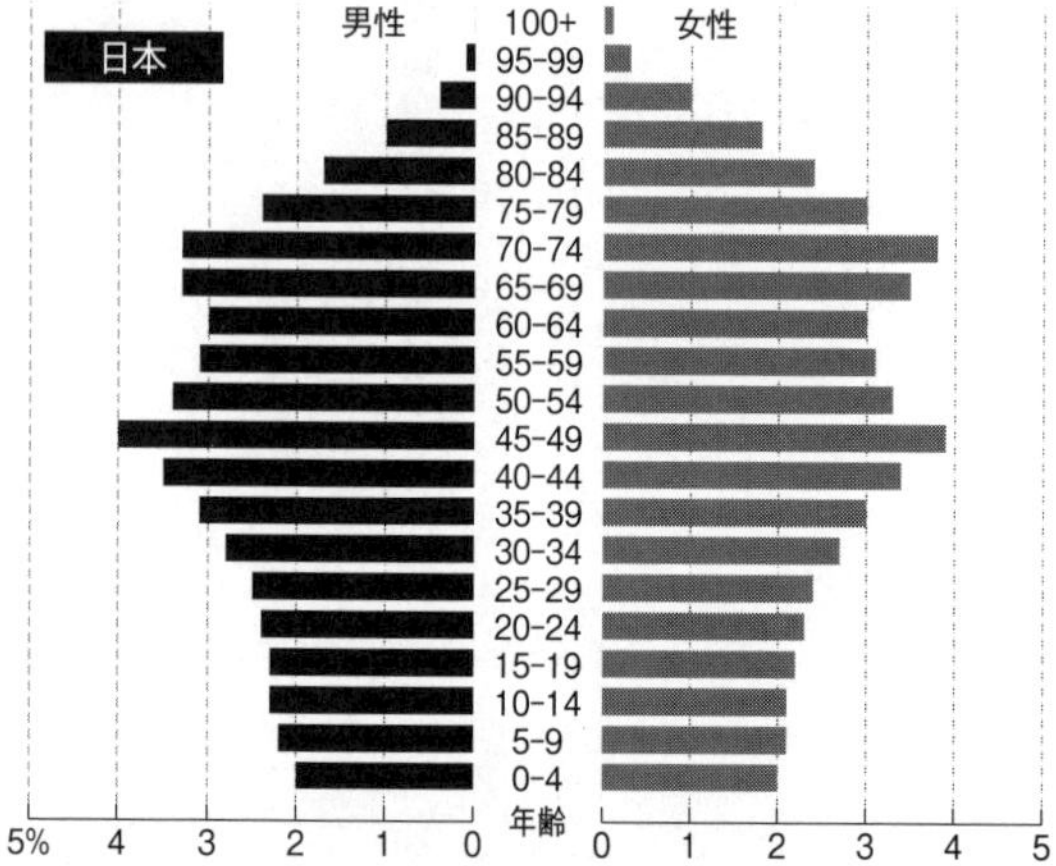

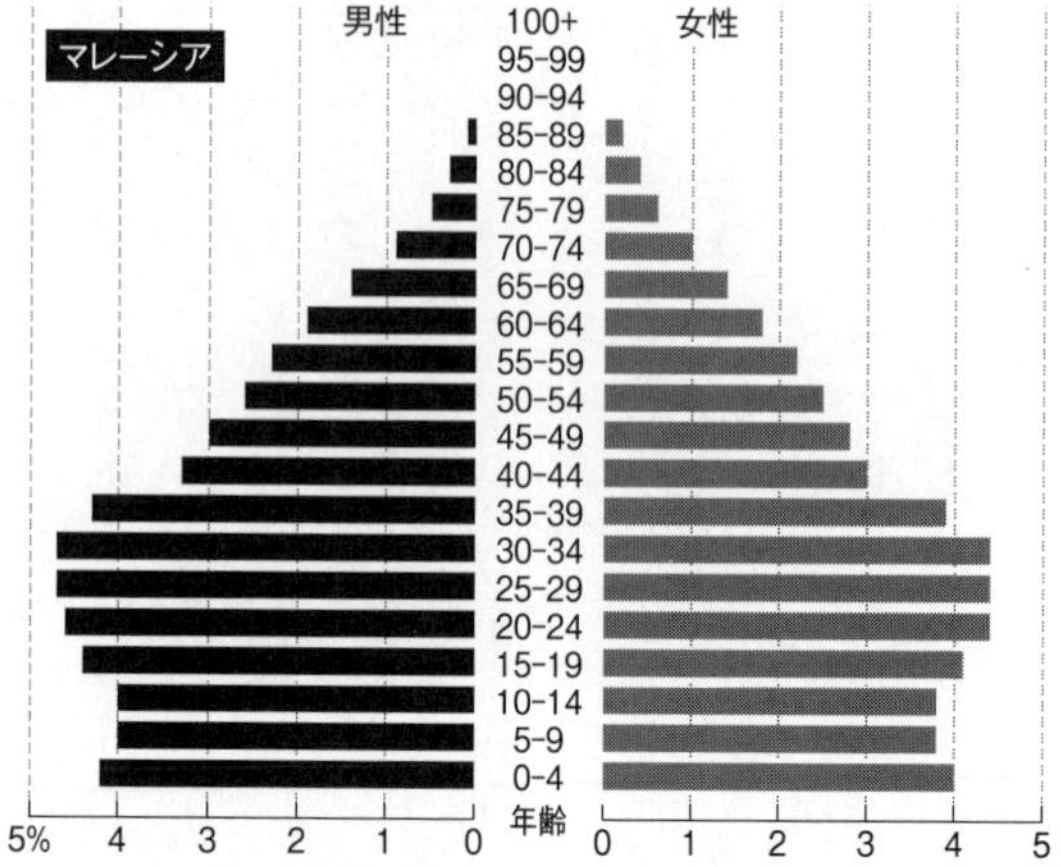

出典:Population Pyramid.net

図5-30 日本とマレーシアの名目GDPの推移

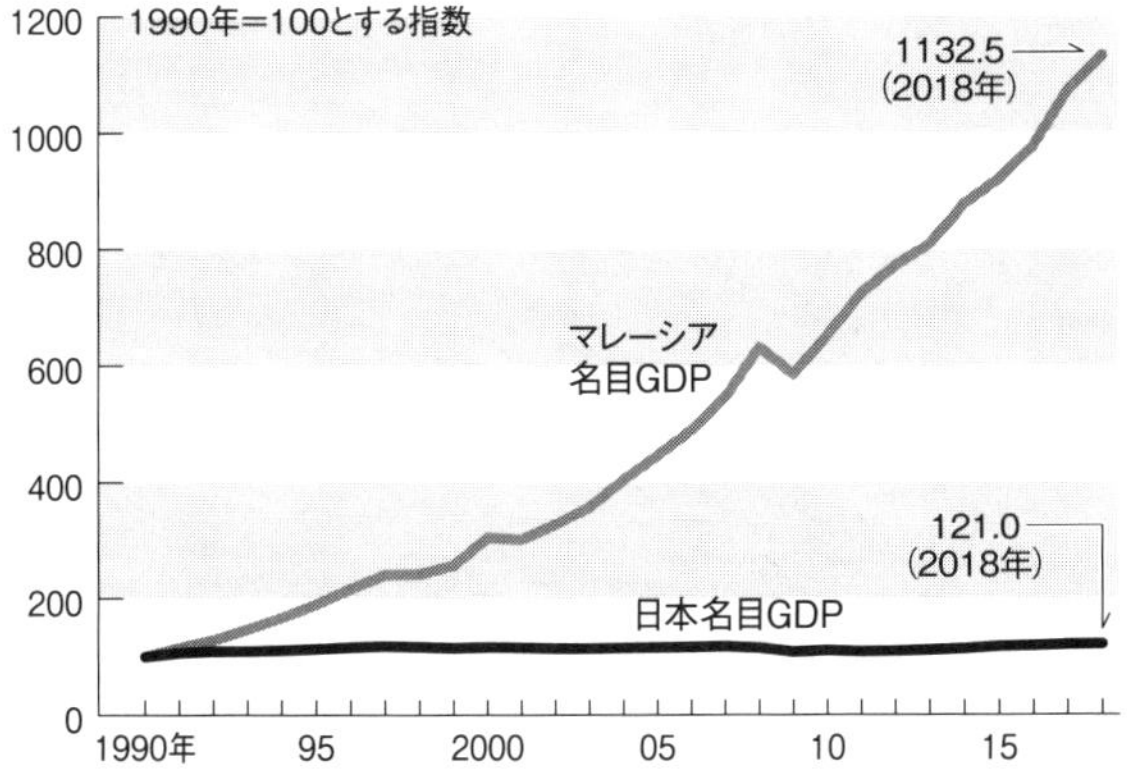

出典:IMF「World Economic Outlook Database, October 2019」

図5-31 日本とマレーシアの実質GDPの推移

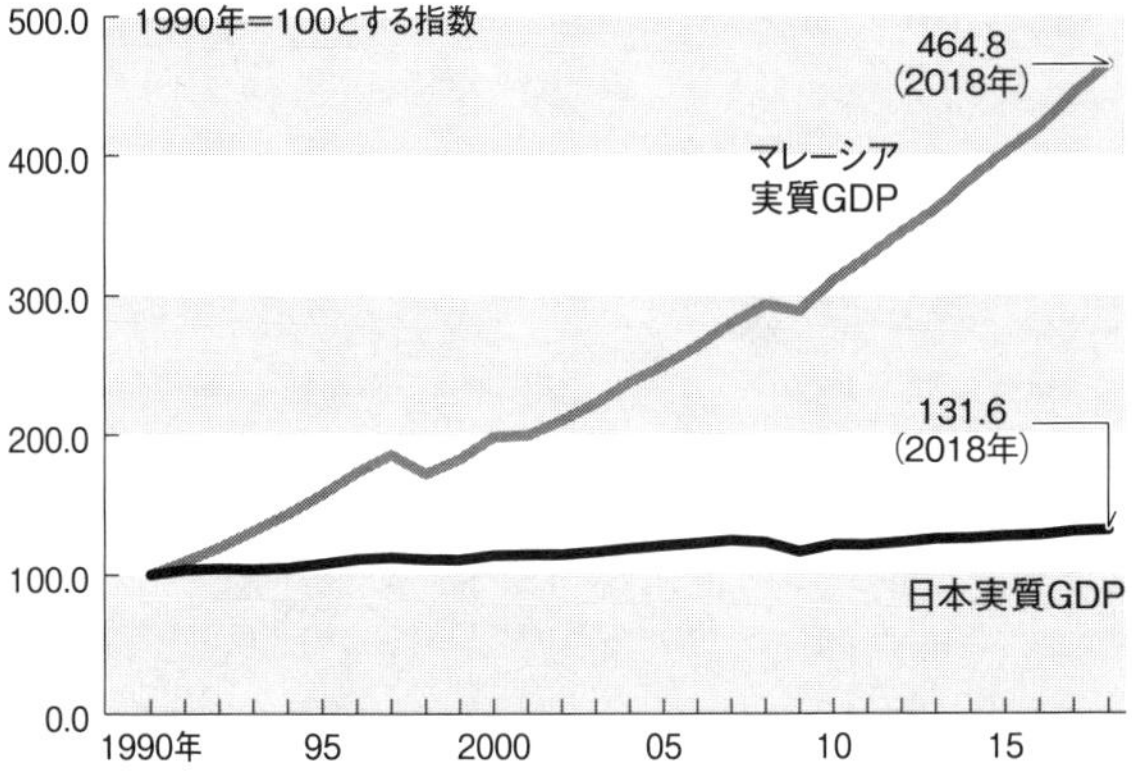

出典:IMF「World Economic Outlook Database, October 2019」

図5-32 日本とマレーシアの人口の推移

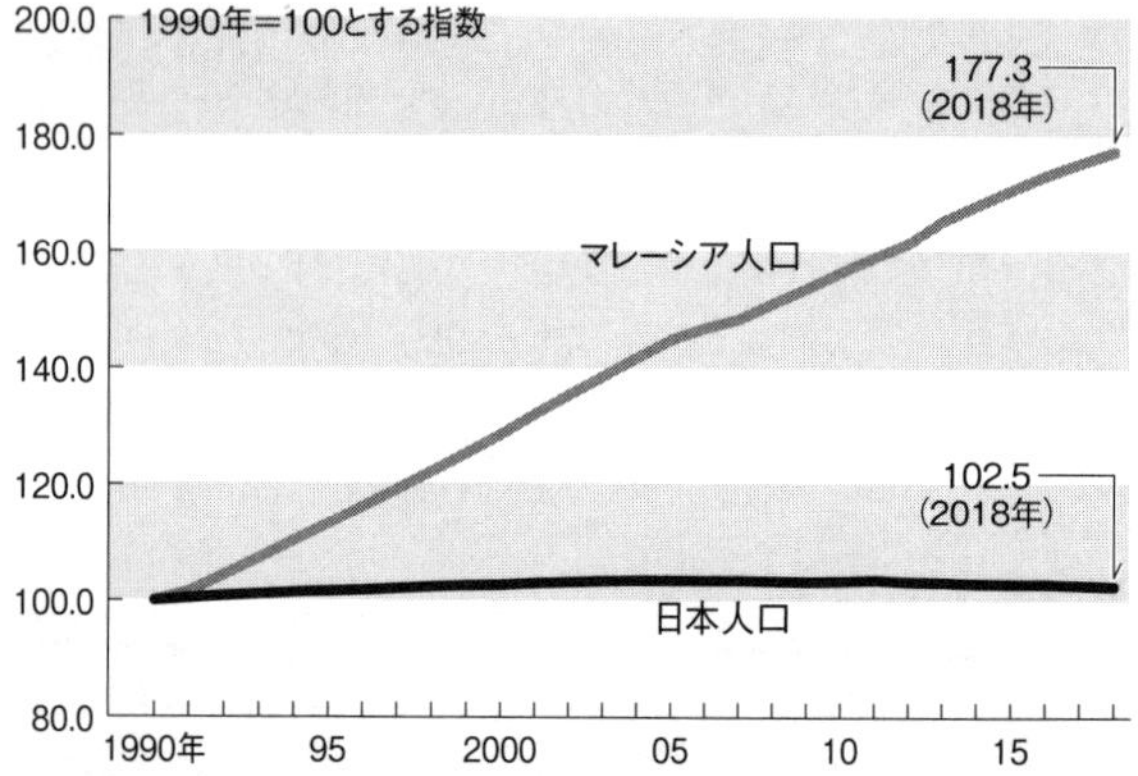

出典:IMF「World Economic Outlook Database, October 2019」

債務残高対GDP比を見てみましょう（図5－33）。

ここだけは日本が圧勝しています。日本は237・1％ですが、マレーシアは55・6％。経済が急成長しているため、ほとんど横ばいになっています。日本は成長できない分を借金でごまかす、ということを継続してきたので、マレーシアの4倍を超える債務残高になっています。マレーシアと日本が全く違う状況にあるということが分かったでしょうか。

マレーシアは日本の高度経済成長期のように人口と経済が共に急成長している国です。かたや日本は成長を終えた衰退国で、世界一進行した高齢化により莫大な社会保障費の負担を抱える国です。

さらに、マレーシアには日本と異なり石油

図5-33 日本とマレーシアの政府総債務残高対GDP比の推移

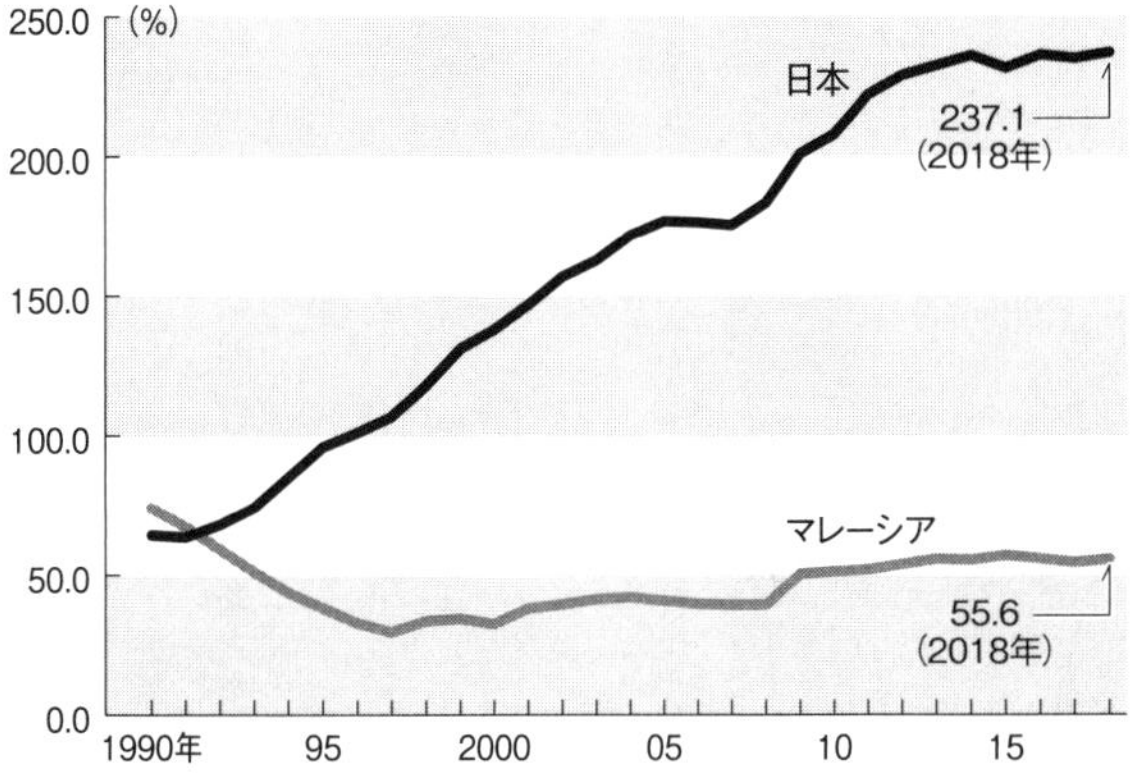

出典:IMF「World Economic Outlook Database, October 2019」

収入もあります。こういった違いを無視して、「マレーシアが消費税を廃止できたのだから日本もできる」と主張することは明らかな誤りですし、**知的誠実さに著しく欠けます**。これを強調して消費税廃止を訴える政治家は、有権者を騙《だま》しているというべきでしょう。

加えて、マレーシアは消費税こそ廃止しましたが、売上サービス税（ＳＳＴ）が再導入されました。これはかつて日本にもあった物品税のようなものです。つまり、何か消費するときに課される税がゼロになったわけではありません。高齢化も進行しておらず、まだまだ経済が成長し続けると見込まれるマレーシアですら、消費に対する課税をゼロにはできないということです。

恨むなら、先人達を恨んでください

こういう暗い話をすると叩かれます。見たくもない現実を突きつけられるのがみんな嫌なのでしょう。しかし、**恨むなら、先人達を恨んでください。我々に負担を押し付けて天寿を全うした先人達が一番得をしています。**今を生きる我々は、いつ通貨崩壊にあってもおかしくない状況ですから、たとえ団塊の世代であっても、「逃げ切り」は保証されていません。というより、コロナショックでまた財政が悪化しますから、団塊世代の逃げ切りはさらに危うくなったと言うべきです。

コロナショックに際して、他国は思い切った財政出動をしているのに、なぜ日本はお金を出し渋るのか、多くの人が不満に思っているようです。たしかに、持続化給付金200万円(中小法人等の場合。個人事業主等の場合は100万円)も、特別定額給付金10万円も、自粛に対する補償としては極めて不十分です。しかし、他国と日本では財政状況が全然違うのです。日本財政は膨らみ過ぎていつ破裂するか分からない特大の風船のような状態です。一方、諸外国は少なくとも日本より財政規律に気を遣い、赤字が膨らみ過ぎないようにしてきたので、こういう緊急事態に思い切った財政出動ができるのです。「今だけ」を考えてずっと現実逃避をしてきた日本と諸外国は根本的に違うのです。

日本が極端な財政支出をした場合、「さすがにもう危ない」と思われて大規模な円売りが発生するかもしれません。そうなったらもう終わりです。円安インフレを止める手段を日銀は持っていないのですから。それを恐れて、日本政府は思い切った財政出動を渋っているのでしょう。ただ、現在は各国がコロナショックに対して大きな財政支出をしているため、日本が大きな財政支出をしても、相対的に見て通貨の価値が落ちづらい状況にあるとはいえます。どこか一国だけが極端な財政支出で通貨を増やすのではなく、ほとんどの国がいっせいに通貨を増やせば、結局通貨の交換比率は変わらないからです。**全ては為替相場次第です。どんなに滅茶苦茶な財政出動をしても一切為替相場が崩れないのなら、いつまでもどこまでも財政出動できます。**しかし、そんなおいしい話は無いと私は思います。

いずれにせよ、財政再建は絶対に不可能であり、円の暴落は避けられませんから、私はもう好きにすればよいと思っています。崩壊が早いか遅いかの違いです。

第4章でも指摘したとおり、2020年度の国債総発行予定額は250兆円を超えていますが、極端な円安になることなくこれを乗り切れた場合、「円の暴落なんておきなかったじゃないか、もっと財政出動しろ」という声はより一層強まることでしょう。政府もその声に応じてきっと財政出動をさらに拡大することでしょう。円の暴落で思いっきり痛い目に遭うまで、この流れは誰にも止められません（というか、痛い目に遭ってもなおしばらくは止まらないでしょう）。

ＭＭＴ論者に対する批判からだいぶ話が広がってしまいましたが、結局、「ＭＭＴ論者は通貨安インフレを無視している」の一言に尽きます。それは市場を無視しているということです。通貨の価値を決めるのは市場。その判断の前提となるのが財政規律です。野放図な財政はいつか必ず為替市場の信頼を失います。**通貨は無限に発行できますが、信頼は無限ではないのです。**

日本は資産があるから大丈夫？

これはＭＭＴとは関係がありませんが、日本財政の話をすると、必ず「日本は資産を持っているから大丈夫だ」と言ってくる人がいますので、それについても触れておきます。

２０１８年度末時点の国の貸借対照表が図５－34です。

これを見ると、国は約６７０兆円もの資産を持っています。これを根拠に、「国の借金を語るなら、資産を差し引け」と主張するのです。資産を差し引くということは、いざとなったら全部売るということでしょう。まず、資産を全て売り払った国家など、人類の歴史上存在しません。当たり前でしょう。国の資産を売り払ってしまえば、国の運営ができません。例えば、国の資産には自衛隊の基地や武器も当然入るわけですし、皇居も入ります。それを全部売ると言うのでしょうか。文字通り売国になりますが、不可能なのは明白です。

このように深く考えなくても異常なことを言っているのが分かりますが、個別に見ていきま

図5-34 貸借対照表

（単位:兆円）

	29年度末	30年度末	増▲減		29年度末	30年度末	増▲減
【資産の部】				【負債の部】			
現金・預金	47.9	51.3	3.5	未払金等	12.0	12.0	▲0.0
有価証券	118.5	119.6	1.1	政府短期証券	77.0	76.1	▲0.9
たな卸資産	4.3	4.3	0.0	公債	966.9	986.1	19.2
未収金等	10.9	10.8	▲0.1	借入金	31.4	31.9	0.5
前払費用	5.5	4.7	▲0.8	預託金	6.5	6.4	▲0.1
貸付金	112.8	108.9	▲3.9	責任準備金	9.1	9.4	0.2
運用寄託金	111.5	112.7	1.2	公的年金預り金	120.1	120.8	0.6
その他の債権等	3.3	3.8	0.6	退職給付引当金等	7.0	6.8	▲0.3
貸倒引当金	▲1.6	▲1.5	0.1	その他の負債	8.8	8.7	▲0.1
有形固定資産	182.5	184.4	1.9	**負債合計**	1238.9	1258.0	19.1
無形固定資産	0.3	0.3	0.0				
出資金	74.8	75.4	0.6	【資産・負債差額の部】			
				資産・負債差額	▲568.4	▲583.4	▲15.0
資産合計	670.5	674.7	4.2	負債及び資産・負債差額合計	670.5	674.7	4.2

出典:財務省「平成30年度『国の財務書類』のポイント」

しょう。まず、最も金額が大きいのは有形固定資産です。これは道路や橋、堤防等です。これを売りに出してもいったい誰が買うのでしょう。そして、買った人はどうやって元を取るのでしょう。例えば道路を買った人は、当然通行料で元を取ろうとするでしょう。そうすると、日本中が料金所だらけになって、少し移動するだけでお金がかかるような状況になってしまいます。また、ここにはさっき指摘した自衛隊の基地や武器、皇居も入っていますし、国会議事堂や最高裁判所も入っています。これを全部売るなんて無理です。そもそも、ここに記載されている額はあくまで財務省の評価額であり、市場価格ではありません。仮に百歩譲って売るとなっても、非常に安く買いたたかれるでしょう。すなわち、莫大な売却損が出ます。

次に有価証券。これが120兆円ほどありますが、大半を占めるのは米国債です。これは一見売れそうに見えますが、現実的には全部売るなんてできません。これを一気に売ろうとしたら、米国債が大暴落し、米国金利が急上昇して、米国の財政がとんでもないことになります。そうなったら、世界経済が大混乱となり、日本も当然ダメージを負います。また、暴落した値段で売らざるを得なくなるので、莫大な売却損が出るでしょう。つまり、仮に全部売ったとしても、120兆円には達しません。

次は貸付金で、これが約110兆円あります。これは、財投債で調達したお金を、政策金融公庫等の財投機関に貸し付けているものです。これも、いきなり返済を迫ってかえって来るわけがありません。無理に返済させようとすれば、史上空前の貸しはがしの連鎖が起き、多くの公的機関が倒産し、民間企業も潰れるでしょう。これを債権譲渡するにしても、普通の金融機関であれば実現不可能な低金利で貸し出しているお金ですから、安く買いたたかれてしまうでしょう。つまり、膨大な債権の売却損が出ます。

次に運用寄託金です。こちらも約110兆円ですが、これはGPIFに預けられているお金です。GPIFの運用金はほぼ全て株か債券に姿を変えています。したがって、急にこれを返せというと、GPIFは保有している株・債券を売却しなければいけません。世界最大の機関投資家と言われるGPIFがいきなり全財産を売却するのですから、市場は大混乱になるでしょう。国内外の株・債券が暴落し、経済に大ダメージを与えます。

他には出資金が約75兆円ありますが、これは一体どうするのでしょう。出資金は売買の対象にできるものではありません。売れないのであれば、出資先に対し、返せというのでしょうか。そうしたら、いくつもの独立行政法人が潰れてしまい、失業者が大量に生まれ、日本経済に大ダメージを与えるでしょう。

最後に現預金が約50兆円ありますが、これは何かの支払いのためにたまたま期末の時点で保有されている額でしょう。これを借金返済に回してしまえば、公務員の給料が払えなかったり、必要な物を調達できなくなったりして、国の資金繰りがつかなくなってしまいます。

このように、詳細に見ても、およそ売れないものばかりです。一部は売れるかもしれませんが、ほんの一部です。「日本の借金は大したものではない」と思い込みたいがために、このような言説を信じてしまうのです。それは結局「負担はしたくない。でもお金は欲しい」という都合の良い願望を実現したいという考えが背景にあると言ってよいでしょう。MMT論者と根は同じです。

このほか、「日本は経常収支黒字だから大丈夫」と主張する人がいます。経常収支というのは、非常にざっくり言えば、日本に入ってくるお金から出ていったお金を差し引いたものです。

2019年の経常収支は約20兆円の黒字でした。しかし、この収支は民間企業も合わせた収支の話です。国の財政の話をしているのに、なぜか民間企業も合わせた収支の話にすり替えられてしまうのです。なお、経常収支黒字が、円の価値の維持につながっている側面があるのは確かです。国際的な決済通貨はドルですから、経常収支黒字というのは、入ってくるドルの方が多いことを意味しています。それを日本人がドルから円に替える際にドルが売られて円が買われますので、円高に寄与する側面があります。しかし、これも為替市場で円が大きく売られる事態になれば、円に替えずにドルのまま保持するでしょう。したがって、経常収支が黒字というのは安心材料にはなり得ません。

さらに、日本は対外純資産が世界一、という点もよく指摘されるところです。たしかに、日本の対外純資産は、2018年末の時点で341兆5560億円もありますが、これは民間企業も合わせた数字です。中央銀行及び一般政府の純資産で見ると、マイナス6兆9020億円です。ここでも、なぜか急に民間と混ぜた話にすり替えられてしまう不思議があります。日本が危機に陥った時に、民間企業が一斉に対外純資産を売って日本国債を買い支えてくれるのなら話は別ですが、そんなことが起きるわけがないでしょう。誰も危ない国の国債に投資しようとは思いません。

このように、たくさん借金をしているという現状を肯定し、さらに借金を積み重ねたいがために、次から次へと色々な言説が湧き出てきます。目的は全部同じです。**「負担はしたくない。でもお金は欲しい」**という願望を叶えたいのです。そして政治家の側も、目先の選挙に勝ちたいがために、負担から逃げ、人気取りに走ってしまうのです。今も、野党の一部に消費税の減税や廃止を掲げて人気を取ろうとする者がいます（自民党の一部にもいますが）。

増税法案を通したのは、全て元野党が与党のとき

消費税が導入されたのは1989年、自民党の時代です。そして増税されたのは1997年、2014年、2019年の3回。増税時の与党はいずれも自民党です。しかし、増税の根拠となる法律を成立させたのは誰でしょう。1997年増税の根拠法を成立させたのは、1994年の村山内閣です。そして、2014年、2019年の増税の根拠法を成立させたのは、2012年の野田内閣です。すなわち、**消費税増税法案が成立したのは、全て野党が与党になった時です**。もちろん、野党は与党になる前は消費税増税に反対しています。初めて消費税導入が試みられたのは、1979年ですが、この時も反対しています。その後、何度も消費税が導入されようとしましたが、そのたびに反対し、1989年に導入された時ももちろん反対していました。**しかし、結局自分達が与党になった時は、消費税増税法案を成立させているのです。**

私は本当に怒りを込めて言いたい。**「だったら最初から反対するな」**と。消費税抜きで財政

を安定させ、社会保障を充実させている国家はこの地球上に存在しません。そして、先ほども見たとおり、消費税負担が日本よりはるかに重い国はいずれも日本より経済成長しています。「負担」の面だけではなく、「給付」の面も併せて考えなければなりません。「高負担無くして高福祉無し」なのです。たくさん税金を取るからたくさん社会保障にお金を使えるのです。消費税無しで少子高齢化していくこの国を支えることはおよそ不可能でした。しかし、野党はあたかも低負担で高福祉が実現できるかのように喧伝し、目先の票を取ることを優先しました。そして、自分達が与党になった時は、結局増税法案を成立させているのです。**これではただの嘘つきではないでしょうか。**

高福祉・高負担国家のデータを分析して、私は自分の租税観が変わりました。それまでは、税金は「取られるもの」というイメージでした。しかし、本来はそうではないのです。「出し合って、支え合うもの」と言うべきです。だから高福祉国家は、高負担でも幸福なのです。その前提として、「信頼」が無ければなりません。信頼を得るためには、国家が徹底的に情報公開し、国民の監視が行き届くようにしなければなりません。それには大変な努力が必要です。ところが、日本は「経済成長すれば何とかなる」という発想で、国民に負担を求めることから逃げてきました。そして、結局未来に負担を押し付けました。**それが一番楽な道だったからです。**一番責任が重いのはもちろんほぼ全期間与党だった自民党ですが、野党にも責任があります。

それでも負担から逃げたいから、MMTという理屈を持ち出すわけです。消費税減税・廃止を掲げる政治家にMMT支持者が多いように見えますが、これは決して偶然ではないでしょう。しかし、「二度あることは三度ある」といいます。野党は既に2度、自分が与党になったら手のひらを返して消費税増税法案を成立させる、ということをやっています。結局、自分達が与党になってみないと、財政の厳しい現実は分からないということでしょう。

そして、与党にならない限りは、人気取りを優先して、到底実現不可能なことを無責任に言うことができるのです。それは目先の選挙に勝つことを考えれば、ある意味合理的な手段でしょう。しかし、私から見れば、**それは国民を騙しているだけです**。

とはいえ、私のように厳しい現実を真正面から言ってしまえば、誰も投票する人はいないでしょう。私は「この国はもう手遅れなので一度破滅するしかありません」と言っているのですから。

戦後、1947年度〜1964年度までこの国は国債を発行せず、均衡財政を貫いてきましたが、それは、戦後発生した急激なインフレを抑え込み、通貨の価値を安定させる狙いもあったと言うべきでしょう。野放図に財政を拡大すれば、マネーストックが増え過ぎてしまい、通貨の価値が下がり続けてしまうからです。円の暴落に襲われた場合、また同じように無借金経営をする状況に追い込まれるでしょう。もし借入れをしても、衰退していく一方ですから、お金を返せなくなるだけです。アルゼンチンは何度もデフォルトを繰り返していますが、日本も同じような状態になってもおかしくありません。

借金無しで膨大な社会保障費を賄うためには、全方位的大増税が必要になるでしょう。もしそれができなければ、生きていけなくなる人が増えるだけです。病気やケガ等、何かリスクが顕在化すれば、その負担のほぼ全部を自分で背負わなければいけないような状態になってしまいます。しかし、日本人はきちんとした租税教育を受けておらず、「給付増のためには負担増が必要」ということが分かっていないと思います。今の社会保障水準は、異常な額の借金によって支えられており、税・社会保障の負担に比較すると恵まれていると言うべきですが、そう感じる人は少ないでしょう。果たして円暴落の後に、この国はどうなってしまうのか。私は助け合いのためには負担増は避けられないと考えますが、私のような人は少数派かもしれません。

私は単に綺麗事で言っているのではありません。私だって突発的な事故や病気で働けなくなるリスクがあるのです。そのような時に国家に支えてもらうためには、平時から高い負担を担わなくてはなりません。高い負担があるから、国家財政に余裕ができ、困った時に手を差し伸べてもらうことができるのです。大きな負担は他人のためでもありますが、自分のためでもあります。しかし、負担から逃げることばかりしてきたこの国で、このような理解に達するのは極めて困難です。

あとがき

　未来の年金は一体どうなっているのか。これは誰も正確に予測できません。なぜなら、通貨崩壊という異常なイベントが発生するからです。仮に通貨が崩壊せず、MMT論者のいうように国債をどんどん増発して支出を賄えるなら、何も心配しなくてよいでしょう。しかし、そんな都合の良いことにはなりません。コロナショックでまた国債残高が増えますから、崩壊までの時間は早まったと言うべきでしょう。

　第1章で述べたとおり、現時点においても、平均的な高齢夫婦2人の世帯で、年金だけでは毎月約5万円の赤字が出る状態です。そして、年金財政検証はあまりにも楽観的過ぎて全くあてになりません。賦課方式ですから年金がゼロになることは決してありませんが、所得代替率はどんどん下がっていき、その上支給開始年齢もどんどん上がっていくでしょう。つまり、「ほとんど一生働く」ことを前提に考えなければなりません。これは決して逃げられない現実です。

そして、この現実を前にすると、今の日本の絶望的な労働環境が問題になるのです。拙著『人間使い捨て国家』において、まさに人間の使い捨てになっている日本の労働環境を指摘しました。脳・心疾患による過労死と、精神疾患による過労自死を合わせると、日本では毎年約200人もの労働者が死亡しています。これはあくまで労災認定された数に過ぎませんので、潜在的な過労死はもっと多く存在します。

この原因が、残業代の不払いです。時間外労働をさせた場合、割増賃金を払わなければなりません。そうすることによって、残業にブレーキをかけることが狙いです。しかし、多くの企業はこの残業代を払っていません。したがって、労働者を信じられないくらい長時間働かせることが可能になっているのです。私はブラック企業被害対策弁護団の事務局長を務めており、様々な長時間労働の事案に接していますが、現状は本当に悲惨です。月に残業時間が200時間を超える事件も珍しくありません。これは法律に数々の抜け穴がある上に、「固定残業代」等、残業代を払わないで済ませるテクニックを企業側が編み出し、裁判例もそれを追認してしまうような現状があるからです(もちろん、そういったテクニックを使わない単純な不払いも横行しています)。

この現状を放置すれば、過労死する高齢労働者が続出することは目に見えています。そして、高齢者の過労死はなかなか表面化しません。身寄りのない方も多いからです。過労死の場合に労災請求や損害賠償請求をするのは遺族です。しかし、身寄りのない高齢者は誰もいませんから、人知れず「使い捨て」にされてしまうのです。

したがって、あまりにも緩すぎる労働法制と運用を改善し、労働者を徹底的に保護する必要があります。前掲『人間使い捨て国家』第8章には、そのための具体的な23の立法提言を書いてあります。本書では紙幅の都合があるので割愛しますが、興味のある方は是非読んでみてください。

ただ、自民党政権の下では、労働法制とその運用を改善することは全く期待できないと言い切れます。自民党の最大のスポンサーは経団連であり、同党は使用者側の利益ばかり見ているからです。だからこそ、労働基準法をはじめとする労働関連法規とその運用がどんどん骨抜きにされ、過労死が頻発する地獄のような労働環境ができてしまいました。年金保険料の引上げが止められたのも、現役世代の労働者への配慮というよりは、企業のコスト増を抑えたいから、というのが理由でしょう。

さらに、残業代不払いに加え、派遣法を改正するなどして非正規雇用を増大させ、賃金も低く抑え込んできました。これが年金財政にも大きく影響しました。保険料収入は賃金に比例するからです。最近では、「雇用によらない働き方」も推進しようとしています。これは、労働者ではなく個人事業主として働かせるという意味です。正規雇用から非正規雇用へシフトし、今度は「非雇用」にしようというのです。これは年金財政をさらに悪化させます。個人事業主に業務委託する、という形を取れば、社会保険料負担を免れることができてしまうからです。特に厚生年金に大きく影響します。労働者が減って個人事業主が増えれば増えるほど、厚生年金保険料収入は落ちてしまいます。被保険者ではなくなるからです。こういった施策を推進するのは、単にコストカットをしたいからです。それは短期的に見れば利益をもたらすように見えますが、長期的に、かつ、社会全体の利益から見れば、不利益をもたらします。

どうして日本は世界で唯一と言ってよいくらい賃金が全く伸びないのか。もちろん金融危機に襲われた影響も大きいですが、構造的に交渉力の弱い労働組合も影響していると思います。日本の労働組合の組織率は2019年時点で16・7%しかなく、しかも組合が存在するのは大企業に偏っています。その上、産業別ではなく企業別組合が基本です。だから、企業の横暴に対する歯止めになっていないのです。

諸外国は産業別組合が基本です。その産業別組合と使用者側が締結した労働協約の効力が、組合員ではないものにまで拡張適用される仕組みを持っています。賃金も、同じ産業であれば差がありません。日本の場合、経済のためにも社会保障のためにも賃金を上げていくことが必要不可欠なのですが、それを言うと、「会社が潰れてしまうじゃないか」と反論されます。たしかに、1社だけ賃金を上げれば、他の低賃金企業にコスト競争で負けてしまうでしょう。これに対し、産業別組合の場合、産業全体で賃上げしますから、そのようなことが起きません。人件費という面において「抜け駆け」ができないわけです。人件費を削ることで利益を上げられませんから、企業は他のところで勝負をせざるを得なくなります。高騰していく人件費を払えなければ、淘汰されるだけです。そうすることで、本当に生産性の高い企業しか自然と生き残らなくなりますし、産業構造の転換も促されるのです。

日本では緩すぎる労働関連法規制とその運用により、不適切なコスト競争が可能になっています。したがって、本来淘汰されていなければならない「ブラック企業」が生き残ってしまい、人間を使い捨てる状態が続く上に、産業の構造変換も進みません。また、長時間労働で疲弊しきった労働者にイノベーションを求めるのも無理な話でしょう。私は低賃金・長時間労働を放置したことが、本来淘汰されるべき低生産企業を延命させ、イノベーションも阻害してきたと思っています。さらに、賃金を削るということは社会保障負担も削っていくということですから、年金等の社会保障制度の持続可能性も危うくしています。加えて、税負担能力も奪いますから、税収の低下を招く上、国民の痛税感も高めてしまいます。また、低賃金で購買力を奪うことにより、経済成長も阻害してきました。**全ての根に「低賃金・長時間労働」があると言うべきです**。だから私は、野党は低賃金・長時間労働撲滅を掲げて共闘すべきだとずーっと言い続けているのです。こういう私の視点からすると、相変わらず消費税を争点にして戦うべきという野党政治家がいる現状は、本当にうんざりします。それは野党共闘を阻害する上に、国民を騙しているだけです。

企業別組合を基本としてきた日本の労働組合を、いきなり産業別労働組合に改変し直すことなど不可能ですから、本来組合が果たすような労働者保護の役割も、国が後見的に担っていく必要があるでしょう。そうしないと、経済も社会保障も持ちません。老齢年金については支給年齢の引上げ、支給額の引下げはやむを得ませんが、年金はそれだけではなく、障害年金も遺族年金もあります。さらには健康保険料や介護保険料も捻出できなければ、医療・介護が崩壊します。

低賃金・長時間労働を変えることは、一朝一夕にはできません。近道ではありません。しかし、これほど崩壊してしまった日本を立て直すのに、近道などあるわけがないでしょう。地道にやるしかないと思います。私の理想は、労働者が家族を生み育てる余裕がある賃金を企業がきちんと支払い、その賃金からみんなが税金と保険料をたくさん出し合って、支え合う社会です。それを実現するのは極めて困難ですが、実現できなければ、「リスクが顕在化したらオシマイ」の自己責任国家になってしまうだけでしょう。私はそんな国は嫌ですが、あなたはどうですか。

さて、なぜこの本のタイトルが『キリギリスの年金』なのかが分かったのではないでしょうか。イソップ寓話の「アリとキリギリス」では、夏の間、アリは冬の食料を蓄えるために働き続け、キリギリスはヴァイオリンを弾き、歌を歌って過ごします。やがて冬が来ると、キリギリスは食料が無いのでアリに食べ物を分けてもらおうとしますが、拒否されて死んでしまいます。

こんなに一生懸命働いてきたのに、日本人がキリギリスなわけがないだろうと思うかもしれません。そうです。多くの日本の労働者はアリのように勤勉に働いてきました。しかし、**リーダーたちはそうではありません**。目先の利益のみを優先し、「少子高齢化」という「冬」に対する備えを一切してきませんでした。経営者は目先のコストカットばかりを考えて低賃金・長時間労働を推し進め、政治家は目先の票を優先し、正面から負担の話をして国民の理解を得ることから逃げ、借金でその場しのぎをしてきました。だから特大の債務を背負った状態で少子高齢化が世界トップレベルで進行する羽目になり、年金で老後を過ごすことが不可能になってしまったのです。受け入れがたい現実ですが、受け入れるしかありません。せめて法律を変え、運用を変え、仕事に殺されて人生が終わるような状況にしないことが、最悪の状況の中で取りうる最善の手段だと私は思います。

【参考文献】

吉原健二、畑満著『日本公的年金制度史――戦後七〇年・皆年金半世紀』（中央法規出版）
海老原嗣生著『年金不安の正体』（ちくま新書）
本間初一著『日本の公的年金の話』（日本法令）
香取照幸著『教養としての社会保障』（東洋経済新報社）
長妻昭著『「消えた年金」を追って――欠陥国家、その実態を暴く』（リヨン社）
カーメン・M・ラインハート、ケネス・S・ロゴフ著　村井章子訳『国家は破綻する――金融危機の800年』（日経BP）
高木久史著『通貨の日本史――無文銀銭、富本銭から電子マネーまで』（中公新書）
野口悠紀雄著『マネーの魔術史――支配者はなぜ「金融緩和」に魅せられるのか』（新潮選書）
岩村充著『貨幣進化論――「成長なき時代」の通貨システム』（新潮選書）
三菱東京UFJ銀行円貨資金証券部著『国債のすべて――その実像と最新ALMによるリスクマネジメント』（きんざい）
岩井克人著『貨幣論』（ちくま学芸文庫）
L・ランダル・レイ著　島倉原監修　鈴木正徳訳　中野剛志、松尾匡解説『MMT現代貨幣理論入門』（東洋経済新報社）
中野剛志著『目からウロコが落ちる――奇跡の経済教室【基礎知識編】』（ベストセラーズ）
島倉原著『MMT〈現代貨幣理論〉とは何か――日本を救う反緊縮理論』（角川新書）

明石順平 あかし・じゅんぺい
1984年、和歌山県生まれ、栃木県育ち。弁護士。東京都立大学法学部卒業、法政大学法科大学院を修了後、現職。主に労働事件、消費者被害事件を担当。ブラック企業被害対策弁護団事務局長。著書に『アベノミクスによろしく』『データが語る日本財政の未来』『国家の統計破壊』『ツーカとゼーキン』(以上、インターナショナル新書)、『人間使い捨て国家』(角川新書)がある。

朝日新書
784

キリギリスの年金《ねんきん》

統計が示す私たちの現実

2020年9月30日第1刷発行

著　者　明石順平

発行者　三宮博信
カバーデザイン　アンスガー・フォルマー　田嶋佳子
印刷所　凸版印刷株式会社
発行所　朝日新聞出版
〒104-8011　東京都中央区築地5-3-2
電話　03-5541-8832（編集）
　　　03-5540-7793（販売）

Published in Japan by Asahi Shimbun Publications Inc.
ISBN 978-4-02-295088-8
定価はカバーに表示してあります。

落丁・乱丁の場合は弊社業務部(電話03-5540-7800)へご連絡ください。
送料弊社負担にてお取り替えいたします。